경·북·市·편

내 고향의 전설

한국학술정보(주)

경·북·市·편

내 고향의 전설

● 김환대 엮음

한국학술정보(주)

책을 내면서

우리나라 어느 고장이든 전국에는 우리 선조들이 물려준 설화나 전설이 다 전해진다. 갖가지 재미난 이야기와 효행 그리고 나무와 유적들에 대한 이야기가 때로는 재미있는 감동으로 전해진다.

당시 삶이 녹아 있는 구수한 할아버지들의 옛이야기처럼 지역 내에 전해지는 이야기를 듣고 혹은 책의 자료로만 읽어 보아도 과거를 알 수 있어 현재와 미래를 꿰뚫는 지혜를 배우게 된다.

전설(傳說)은 특정한 인물·장소 등 지방마다 전통적으로 내려오는 이야기이다. 초자연적인 신앙의 존재부터 다소 신화적인 요소와 역사적인 사실이 이야기화되어 구전된 것이다.

널리 알려진 이야기도 있으나 대부분 잘 알려지지 않은 지역 내 이야기로 예전 자료에서만 읽어 보던 내용을 이 책에 모아 정리했다. 예전에 방영된 전설의 고향은 많은 이들의 기억에 남아 있듯이 전설은 이제 스토리텔링이 되어 드라마나 지역 내 자료로 좀 더 많은 이들에게 친근감 있게 다가가고 있다.

이 책은 수많은 경북 지역 내 전설을 발간된 지 오래된 자료들에 수록된 것을 참고하여 재정리한 것이다. 역사와 전통을 간직한 지역 내 향토 문화의 이런 자료가 다시 소중한 우리 문화의 자료로 활용되길 바라며 교열을 맡아 주신 김호인 선생님과 구하기 어려운 자료들을 협조하여 주시고 자료 정리에 도움을 주신 주위 많은 분들께 감사의 마음을 전하며 이 책이 경북지역 전설을 담은 길라잡이가 되길 바란다.

2010. 7.

엮은이 김환대

이 책은 경북지역 각 시(市)에 전해지는 전설을 모아 수록하였다.

불교전설, 해학, 야담, 민담, 인물, 동물, 유적 등 다양한 내용이 있으나 별도의 구분 없이 함께 작성되었다.

현재와 맞지 않는 예전 전설은 일부 제외되었고 지역적 특색과 전통성을 고려하여 일부 사투리는 그대로 수록된 것이 있다.

수록된 내용들은 각 시(市)의 『시지(市誌)』, 『시사(市史)』, 『군사(郡史)』, 향토자료, 마을지 등을 참고하였다.

자료 수집 과정에서 현재 달라진 것이 있어 수록된 일부 내용이 기존 자료와 다를 수 있음을 미리 밝혀 둔다.

차 례

03 김천시(金泉市) 93

04 안동시(安東市) 105

05 구미시(龜尾市) 149

06 영주시(榮州市) 165

07 영천시(永川市) 191

08 상주시(尙州市) 235

09 문경시(聞慶市) 251

10 경산시(慶山市) 267

참고문헌 289

01 포항시(浦項市)

포항시
浦項市

기계면 시장터의 전설

　포항시 기계면에서 살았던 옛날 할아버지들 사이에서는 김유신(金庾信) 장군이 기계면 태생이라는 이야기가 전해져 오고 있다.

　포항시 기계면 현내동은 옛날 시장터였는데 옛 기계면 사무소가 있던 자리에 김유신 장군이 출생한 집이 있었다고 하며 그 후손들이 대대로 살았다고 한나. 또 한편으로는 기계면 회대동의 숙비라는 곳에서 탄생하였다는 말이 전해 오기도 한다.

　김유신은 어릴 때부터 재주가 남보다 뛰어났으며, 용기와 지혜가 남달라 나라 안에 소문이 자자하였다. 김춘추가 왕위에 오르기 전에 그의 명성을 듣고 찾아와 화랑도에 들어올 것을 권유하자 김유신은 쾌히 승낙하고 당시의 서울 금성(지금의 경주)으로 김춘추와 함께 길을 떠나게 되었다. 현재 용산이라 불리는 내단동의 사산에 이르러 재를 넘어가고 있을 때 갑자기 큰 호랑이 한 마리가 나타나 길을 가로막고 비켜 주지 않자 김유신은 김춘추에게 "제가 큰 뜻을 품고 나아가려는 이 마당에 산중 호랑이가 길을 가로막아 불길하오니 다시 돌아가 후일을 기약함이 어떻겠습니까?" 하고 말할 때, 용산 꼭대기에서 한 젊은이가 나타나 범을 보고 크게 꾸짖었다. "너는 산중 영웅이라지만 짐승에 불과하거늘 감히 대인의 행차를 가로막는 것은 옳지 못하니 물러가라." 그래도 호랑이는 꼼짝하지 않고 그대로 있었다. 화가 난 젊은이는 단숨에 범을 쓰러뜨려 김유신의 앞길을 도왔다고 한다. 김유신 일행이 이상하게 생각하여 그 젊은이에게 "그대는 어디에 사는 누구인가?" 하고 물으니, "사산에 있는 사람이옵니다." 하고 사라져 버렸다 한다. 이렇게 해서 김춘추와 김유신 장군 일행은 무사히 상경하여 훗날 삼국통일의 큰 대업을 이룰 수 있었다고 한다.[1]

이덕명 흥덕비

이덕명은 지금의 포항시 지곡동 부근에서 출생했는데 일찍이 부모님을 잃는 바람에 가정 형편이 몹시 어려워 낮에는 밭에 나가 일하고 밤에는 공부를 하였으나 겨우 이름 석 자나 해득할 정도의 무식꾼이었다. 그런데 연일읍 지곡동에는 매년 가뭄과 홍수가 들어 번갈아 흉년이 계속되어 이 지역 농민들은 배고픔을 견디지 못하고 살기 좋은 곳을 찾아 떠나기가 일쑤였다. 이덕명은 이런 비참한 모습을 눈 뜨고 볼 수 없어 가뭄과 홍수를 막아 낼 방법을 골똘히 생각하곤 하였다. 그러던 중 하루는 땔감을 하러 깊은 산속에 들어갔다가 나이 많은 스님 한 분이 쓰러져 신음하는 것을 발견하고 집으로 데려다가 친절히 간호를 해 주었다.

스님은 이덕명의 정성스러운 간호 덕분에 건강을 회복했는데 하루는 이덕명이 스님과 이야기를 나누다가 마을 걱정을 하였다.

이덕명은 "스님 제가 사는 이 마을에는 해마다 가뭄과 홍수가 심하여 고향을 버리고 떠나는 사람이 많은데 불쌍한 농민을 구제할 수 있는 방법은 없을까요?" 하자 이야기를 듣던 스님은 장삼 속에서 종이, 붓, 벼루를 꺼내어 덕명에게 이 지방의 지형, 하천, 산세 등을 자세히 그리게 하였다. 그리고 그 그림을 찬찬히 들여다보던 스님은 붉은 묵으로 선을 그어 주고는 이 붉은 선을 따라 제방을 쌓으면 반드시 가뭄과 홍수를 막을 수 있을 거라고 일러 주었다. 그날 밤 이덕명은 깨끗이 목욕을 한 후 천지신명에게 자신의 뜻을 알리고 용

---

1) 영일군, 『내고장 전통가꾸기』, 1981, pp.78-79 참고.

기와 힘을 줄 것을 기도했다. 이렇게 해서 지곡 제방공사가 시작되었는데 흙을 져다 붓고 돌을 쌓는 등 이덕명의 고생은 이루 말할 수 없었다. 처음에는 사람들이 미친 사람이라 비웃고 손가락질을 하였는데 너무나 열성적으로 일을 하는 것을 보고 한 사람 두 사람 도와주기 시작해 마침내 온 마을 사람들이 힘을 모아 일을 하게 되었다. 그러나 워낙 큰 공사라 도와주던 사람들도 가망이 없다고 생각했는지 다시 하나둘 떠나기 시작했다.

결국 혼자 남은 이덕명은 오직 그 스님의 말을 굳게 믿고, 이 마을을 기필코 살리겠다는 신념으로 이를 악물며 구걸을 하며 공사에 전력을 다해 마침내 공사를 시작한 지 3년 만에 지곡제방을 완성하였다. 나라에서는 이 소식을 듣고 이덕명에게 지곡제방의 소유권과 물세 받을 권리를 주었으나 그는 지곡제방을 마을 사람들에게 기증하였다. 이덕명이 죽은 후 마을 사람들은 그의 덕을 기리기 위해 송덕비를 세우고, 봄·가을로 제사를 지냈으며 그의 업적은 오늘날까지 전해지고 있다.2)

탑산사(塔山寺)의 폐사(廢寺)

청하면 황암리 구내에 속하는 신라시대 고찰 탑산사지에 전해지는 이야기이다.

탑산사는 법광사의 말사로서 전답을 수백 마지기나 소유하고 있었다. 추수 분곡 시가 되면 승려라기보다 대지주로서 횡포가 심했으며 소작인들을 몹시 괴롭혔다. 어느 해 승려 한 사람이 추수 분곡을 위하여 소작인 집에 들러서 후한 대접을 받고 돌아오다가 취기에 못 이겨 원구붓재에서 그만 잠이 들고 말았다.

시간이 얼마나 지났는지 심한 한기를 느껴 깨어 보니 아주 큰 호랑이가 승려 앞에 떡하니 앉아 있었다. 대경실색한 승려는 어찌할 바를 모르고 멍하니

---

2) 영일군, 『내고장 전통가꾸기』, 1981, pp.114 - 115 참고.

범만 바라보고 있었다. 그때 구구 영천가리 갈가마귀야 어사용(어사유)을 부르며 고개를 넘어오는 사람이 있었다. 넋이 반쯤 나가 있던 승려는 죽을힘을 다해 사람 살려 달라고 소리쳤다. 어사용을 부르며 다가온 사람은 태연스럽게 범을 향하여 꾸짖는 것이었다.

"너는 산중의 왕이라고 하나 만물의 영장인 사람을 해하려 하느냐, 용서할 수 없다." 그러고는 범을 힘껏 차서 계곡으로 떨어뜨려 버렸다. 범도 호락호락하지 않았다. 범은 계곡에서 기어 올라와서 사람에게 달려들었다. 사람과 범의 생사를 건 혈투가 벌어졌다. 시간이 흐를수록 사람이 점점 밀렸다. 힘이 빠진 사람이 승려에게 간신히 도움을 요청했다.

"'이놈' 하는 한마디만 해 주면 내가 범을 잡을 수 있소. 빨리 고함을 쳐 주시오." 하고 애원하였다. 그러나 승려는 사태가 심상치 않자 자기만 살겠다고 탑산사로 도망을 쳐 버렸다. 절로 돌아온 승려는 옷은 누더기가 되었으며, 온몸은 피투성이가 된 채였는데 승려에게 주지스님이 그 원인을 물었다. 승려는 있었던 일을 사실대로 이야기했다. 말을 다 들은 주지는 크게 노해 화를 냈다.

"석불을 모신 몸으로 음주 혹취가 부당하고, 사무(寺務)를 띠고 나가서 속가의 폐를 끼침이 부당하고, 인호상쟁(人虎相爭)에 사람을 도와야 하는 길을 망각함은 대자대비의 불제자로서 파문의 큰 죄를 범하였으니, 내가 부처님을 대신하여 사문살정(死門殺精)을 하노라."

주지는 목침으로 승려의 머리를 쳐서 그 자리에서 죽였다. 당시의 나라 법에는 승려가 살인하면 참수하고 그가 있던 절은 폐사하도록 했는데 이에 따라 탑산사는 폐사 처분되었다고 한다.3)

---

3) 영일군, 『내고장 전통가꾸기』, 1981, pp.79 - 80. 迎日郡史編纂委員會, 『迎日郡史』, 1990, pp.1069 - 1070.

소태재에 얽힌 전설

　　포항시의 나루끝이라는 곳에서 4~5㎞ 동해안 고속도로를 타고 북쪽으로 달리면 영일군 의창읍 흥해와 포항시가 경계를 이루는 고개가 있는데 이 고개를 소태재라고 한다. 신라 말 경명왕(景明王) 때 신라 조정에 성씨가 소씨(蘇氏)라는 정승이 있었는데 그 부인이 만고의 절색이라 장안에 소문이 자자하였고 정숙하고 남편을 공경하는 여자의 덕을 겸비하여 부부간의 정이 자별하였다고 한다. 그런데 어느 날 왕은 소 정승의 부인을 한 번 보고는 그 미모에 반하여 연정을 품게 되었다. 그래서 그의 신랑을 없애 버리고 부인을 차지할 방법을 연구하며 때가 오기만 기다리고 있었다. 때마침 일본의 사절이 신라를 방문하게 되어 그 답례로 소 정승을 사절로 일본으로 보내기로 하였다. 이것은 왕이 소 정승이 없는 동안 그 부인을 농락하고자 함이었다. 그 후 왕명으로 소 정승이 통신사로 떠난 후 그 부인을 궁중에 불러들여 금력과 권력으로 유혹함은 물론 온갖 협박, 꾐 등 갖은 수단을 다하였으나 절개 있는 소 정승의 부인은 끝내 왕의 요구를 거절하였다. 불의(不義)의 연정을 품은 왕은 목적을 이루지 못하자 그게 노하여 부인을 죽여 버리려고 했으나 외국 사신으로 떠난 중신의 부인이라 왕가의 체면상 죽일 수는 없어 궁중 부근에 사는 것을 금하고 가산을 몰수하여 쫓아 버렸다고 한다. 쫓겨난 부인은 남편이 타던 말과 개와 종을 데리고 연화현(蓮花峴) 솔개재에 움막을 짓고 동해 바다로부터 남편의 배가 돌아오기만 기다리고 있었다.

　　소 정승은 일본에서 충실하게 그 사명을 마치고 귀국하면서 배를 타고 바다로 건너오던 중 격심한 풍파를 만나 타고 오던 배가 침몰되어 그만 익사하고 말았다. 남편이 익사하여 돌아오지 못하게 된 줄 모르고, 봄, 여름, 가을, 겨울 없이 움막 속에서 동해 바다의 푸른 물결만 바라보고 낭군이 돌아오기만 기다리다가 나중에는 문둥병에 걸려 천추의 한을 품고 동해의 파도소리를 들으며 숨을 거두었다고 한다. 말과 개도 주인이 죽자 굶어 죽었다고 한다. 이후 인근 촌로들이 부인의 죽음을 가련하게 여겨 부인과 함께 말과 개를 후하게 장례를 지내 주었다 한다. 향인(鄕人)들은 부인의 정절을 추모하며 망부사(望夫舍)라는 제실을 지어 부인의 영혼을 위로하였다고 하며 현재 말무덤, 개무덤이라는 흙무덤이 있으나 사당은 오랜 세월이 흘러 그 형태조차 찾아볼 수 없게 되었다. 이후 고려시대 흥덕 군수가 이 연화현을 지날 때 조망부사(早望夫詞)라 시를 지어 부인의 혼을 위로하였다고 전한다.[4]

흥해읍 회화나무 전설

조선시대 지상학자 풍수(地相學者 風水) 어전관상감(御典觀相監)이었던 이성지(李聖智)가 영남지방의 산세를 조사하고자 경상도에 이르러 흥해를 지날 때 동해의 명산인 비학산에 올라 흥해 분지를 보고, 과연 천년 옛 고을의 승지(勝地)라 하였다. 그러고는 또 흥해 군수에게 다음과 같은 말을 하였다.

"흥해는 다풍질(多風疾)이며, 어떤 사람을 막론하고 5대 이상 이어서 살 곳이 못 된다. 그 이유로는 지세와 지리적으로 선사시대에는 큰 호수였으며, 수만 년 동안 호수였던 곳을 동편 낮은 곳의 산맥을 절단하여 그곳으로 물을 흘려 보내고 평야를 이룩하였으므로 가뭄에는 걱정이 없으나 그 반면에 풍다(風多), 수다(水多), 습다(濕多)의 피해가 우려되는데 틀림없이 괴질이 많을 것이다."

---

4) 영일군, 『내고장 전통가꾸기』, 1981, pp.80－81.

이어서 그는 이 풍습기(風濕氣)를 방지하기 위한 방법으로 집집마나 회화나무를 심도록 권하였다. 회화나무는 다른 나무에 비하여 습기를 4~5배 이상 섭취하기 때문에 지하의 습기를 제거하는 데는 최선의 방법이라고 하였다. 이 말에 따라 흥해 군수는 이유를 막론하고 집집마다 회화나무 심기를 권장하여 물 좋고 농사가 잘되고 또한 사람 살기에 적당한 오늘의 땅으로 만들었다고 한다. 흥해 영일민속박물관 내의 회화나무는 이러한 전설을 간직하고 있다.5)

---

5) 迎日郡史編纂委員會, 『迎日郡史』, 1990, p.1060.

강사리(江沙里)의 고인돌

　동해 바다가 보이는 대보면 강사1리 229번지에는 높이 3m, 둘레 8m 정도의 바위가 있다. 강사3리 속칭 명월이란 마을에도 이와 비슷한 바위가 있다.

　옛날 금강산을 꾸미기 위하여 하늘의 신들이 전국에 있는 바위들을 나르게 되었다. 옥황상제(玉皇上帝)의 명령을 받은 하늘의 한 여장수(여신)가 바위를 하나는 머리에 이고 또 하나는 치마에 싸서 금강산으로 운반하던 중이었다. 그런데 금강산에 바위가 더 이상 필요하지 않다는 전갈을 받고는 그 바위를 이곳에 그냥 버렸다고 전한다.

금정(金井)과 광명을 찾은 소경

청하면 금정리의 유래에 관한 이야기이다.

성지비결(性智秘訣)이란 풍수서에 지형이 물 위에 뜬 금바가지 형국이라 하여 금호(金湖)라고 불렀다. 그 후 고려 초기에 이르러 금정(金井)으로 개명하였다.

고려 초, 어느 날 한 절름발이 누이와 소경인 오빠가 이 마을을 지나가고 있었다. 목이 말랐던 남매는 소녀가 마을 어귀에 있는 샘에서 물을 떠 마시려고 허리를 굽히는데 우물 속에서 번쩍이는 황금 덩어리를 보고 엉겁결에 "금 봐라."고 소리를 쳤다. 이 소리에 놀라 소경이던 오빠가 눈을 번쩍 떴는데 앞이 환하게 열리며 사물을 볼 수 있게 되었다고 한다.

현감이 이 사실을 전해 듣고 남매의 우의를 칭찬하고, 샘의 이름을 금정이라고 붙였다. 세월이 흐르면서 마을의 이름도 이에 따라 부르게 되었다 한다.[6]

---

6) 迎日郡史編纂委員會, 『迎日郡史』, 1990, p.1086.

의로운 바위 전설

　　장기면 양포리에서 신창으로 가는 국도 변에는 험한 바위산이 하나 있다. 늘 돌이 굴러떨어져 위험한 곳이다. 옛날 한 선비가 늦은 밤에 이 길을 지나가다가 도적을 만났다고 한다. 그런데 난데없이 산에서 돌이 굴러 내려와서 도적들을 덮치는 바람에 선비가 무사했다고 한다. 그 후부터 이 바위산을 의로운 바위라고 불렀다고 한다.

임금님을 도운 까치

　　청하면 미남리와 고현 사이의 고개를 까치고개(鵲峴)라 한다. 조선 숙종대왕은 백성을 위하여 미행을 자주 하였다. 어느 날 숙종대왕은 미복으로 팔도강산을 순시하다가 이 고개까지 이르니 날이 저물었다. 당시 이 고개는 삼림이 울창하여 낮에도 사람들이 떼를 지은 후 넘어갈 만큼 험악한 지역으로 망설이지 않을 수 없었다. 어떻게 할 것인가 골똘히 생각하고 있을 때 어디서 날아왔는지 까치가 임금의 앞에서 세 번을 울고 날아갔다. 임금은 괴이하게 생각하고 불길한 예감이 들어 고개를 넘지 않았다. 하룻밤을 고개 밑에서 지내고 이튿날 고갯마루를 넘어가니 도적 무리에게 살해당한 시체들이 나뒹굴고 있었다. 까치가 임금을 살린 것이었다. 이에 임금은 그 까치의 고마움을 기리기 위해 고개 이름을 까치고개(鵲峴)라고 명하였다고 한다.[7]

---

7) 迎日郡史編纂委員會, 『迎日郡史』, 1990, p.1069.

빛을 다시 찾은 희날재

동해면 약전리와 상정리 사이에 희날재라는 작은 고개가 있다.

신라 때 어느 왕이 이곳을 돌아보다가 봉상현(장기현의 옛 이름)에 이르렀을 때 갑자기 태양이 빛을 잃고 밤과 같이 캄캄해졌다고 한다. 놀란 왕이 일관(日官)을 불러 그 이유를 물어보았다. 일관이 왕에게 "왕의 몸으로 경솔하게 나다니면서 오랫동안 궁을 비워 두었기 때문에 하늘이 크게 노하여 빛을 거두어 간 것입니다."라고 했다.

왕은 크게 뉘우치고 환궁을 서둘게 되었다. 어둠 속으로 막 고개를 넘자 태양이 다시 빛을 얻게 되어 밝은 날이 되었다는 뜻의 흰날재, 희날재, 히나리재 등으로 불리고 있다.8)

즘수(禽獸)의 보은(報恩)

고려 초기에 형산강 주진이라는 나루터에 한 노인이 나룻배로 사람들을 건너다 주며 살고 있었다. 어느 해에 비바람 홍수로 형산강이 넘쳐 상류에서 사람을 비롯하여 소, 돼지, 닭 등 동물이나 곡식들이 많이 떠내려왔다고 한다. 노인은 위험을 무릅쓰고 배를 강에 띄워 사람과 짐승들을 구해 냈다. 저녁 무렵 노인도 지친 나머지 배를 밖으로 저어 가고 있는데 노루 한 마리가 허우적대며 떠내려오고 있었다. 노인은 얼른 뱃전으로 끌어 올렸다. 또 큰 뱀도 한 마리 건져 올렸다. 그런데 이번에는 열대여섯 되어 보이는 소년이 떠내려오고 있었다. 의식이 없는 상태였다. 죽을힘을 다해 건져 올려서 간호한 결과 얼마 후 간신히 의식이 돌아왔다. 강가로 나온 노인은 노루와 뱀을 놓아 주었다. 소년은 집으로 데려와서 완전히 소생할 때까지 돌보면서 알아보니 고아라고 하였다. 그래서 외롭던 노인은 그 소년을 양자로 삼아 글도 가르치고, 도

---

8) 迎日郡史編纂委員會, 『迎日郡史』, 1990, p.1078.

선일도 시키며 오순도순 함께 살게 되었다. 세월이 한참 지난 후, 하루는 노인의 집에 노루 한 마리가 나타나서 낑낑대는 것이었다. 자세히 보니 노인이 홍수 범람 때 구해 준 바로 그 노루였다. 노인이 마당으로 나오자 노루는 노인의 옷소매를 물고 끌어당기며 어디로 가자는 듯 자꾸만 조르는 것이었다. 이상하게 생각한 노인은 노루를 따라 산으로 올라갔다. 어느 곳에 이르러 노루가 가리키는 곳을 파 보았다. 조그만 상자 하나가 있기에 주워서 뚜껑을 열어 보니 찬란한 반짝이는 금은보화가 가득하였다. 노인은 이를 팔아서 논밭을 장만하여 부자가 되었다. 남부럽지 않은 생활을 하게 되자, 양자가 말썽을 피우기 시작했다. 글공부와 일은 뒷전이고 밤낮없이 나쁜 친구들과 어울려 술판을 벌이는 한편 여자와 도박을 가까이했다. 노인은 이를 말려 보았지만 반성하는 기미가 보이지 않았다. 보다 못한 노인은 파양자 선언을 하게 되었다. 이에 앙심을 품은 양자는 연일현 관청을 찾아가서 거짓으로 양부가 사람을 죽이고 그 재물을 약탈하여 부자가 되었다고 고발하였다. 연일 현감은 노인을 잡아다가 하옥시켜 버렸다. 양부를 감옥에 넣은 후에도 양자는 방탕한 생활을 계속하였다. 노인은 살인강도라는 엄청난 누명을 쓰고 감옥에 갇힌 신세가 되었다. 억울함을 하소연해 보았지만 아무도 들어 주는 사람이 없었다. 오히려 나머지 죄까지 추궁한다며 혹독한 고문에 시달려야 했다. 고통 속에서 수십 일을 보내던 어느 날 밤이었다. 느닷없이 커다란 뱀 한 마리가 나타나더니 노인을 덥석 물고는 사라져 버리는 것이었다. 기진맥진해 있던 노인은 놀라고 아팠지만 소리도 지르지 못하고 혼자 상처만 부둥켜안고 있었다. 뱀독이 퍼지면서 의식이 가물가물해져 갔다. 노인은 차라리 죽는 게 낫겠다는 생각으로 누워 있었다. 바로 그때 사라진 줄 알았던 뱀이 어떤 풀잎을 물고 와서는 상처 위에다 붙여 주는 것이었다. 자세히 보니 홍수 때 살려 준 바로 그 뱀이었다. 그 약초를 붙이고 나자 이내 의식이 돌아왔다. 노인은 참 괴이한 일이라고 생각하며 잠을 청하였다. 그때 밖에서 옥리들이 왁자지껄하게 떠드는 소리가 들렸다. 자세히 귀 기울여 들어 보니 조금 전에 현감 부인이 뱀에게 물려 사경을 헤매고 있다는 이야기였다. 여러 가지 약을 써 봤지만 소용이 없다는 것이었다. 이 말을 들은 노인은 뱀이 다녀간 이유를 그제야 알았다. 노인은 옥리들에게 소리쳤다. 자신이 뱀독을 치료하는 묘법을 알고 있으니 현감께 알려 달라고 하였다. 이 말을 전해 들은 현감은 노인을 집으로 불렀다. 노인은 뱀이 주고 간 그 약초를 부인의 상처에 붙여 주었다. 얼마 지나지 않아 죽어 가던 사람이 숨을 크게 내쉬며 일어났다.

현감은 크게 고마워하면서 노인에게 그 비법을 물었다. 노인은 그간에 있었던 일들을 자세하게 이야기하였다. 이야기를 다 들은 현감은 노인은 풀어 주고, 당장 짐승보다 못한 양자를 잡아다가 감옥에 가두고 사형에 처하려고 하자 노인이 양아들을 살려 달라 호소하는 모습에 감동하여 10년 유배의 형에 처하였다고 한다.9)

효자동(孝子洞)의 유래

포항시 효자역이 있는 마을을 효자동(孝子洞)이라고 부른다. 이 마을에 전희(田禧)라는 착실하고 부모에게 효성이 지극한 사람이 살았다. 학문이 높고 덕행이 두드러져 이 고장 사람들이 추앙하여 효공거사(孝公居士)라 불렀다고 한다. 소년 시절에 그 부친이 세상을 떠나자 묘 옆에 움막을 짓고 봄바람을 맞고 가을비에 젖으면서 3년 동안 시묘를 살았는데, 그 움막에 영위를 모시고 아침저녁으로 호곡(號哭)을 끊지 아니하니 그 지극한 효심이 하늘에 닿아 호랑이가 밤바다 여

막(廬幕) 옆에 와서 신변을 보호하여 주었다고 한다. 그 후 모친이 세상을 떠난 후에도 시묘 3년을 살고 호곡을 끊지 아니하니 밤마다 범이 와서 보호한 것이 전과 같았다. 전희 효자의 지극한 효성이 알려지자 경상도 감사는 효자상을 내렸으며, 그가 죽은 후에 조정으로부터 효자리(孝子里)라 칭하였다 한다. 그에게 내렸던 효자각은 없어지고 효자동 국도 옆 솔밭에 '효자리孝子里 학생 學生 전희田禧'라고 새긴 화강암 비석만 서 있었는데, 1976년 도로를 확장하면서 효자초등학교 교정에 옮겨 세웠으나 토지구획 정리로 인하여 구 효자초등학교터에서 인근 토지구획 한 소공원으로 2008년 1월 19일에 옮겨 놓았다.

형제산(兄第山)의 단맥(斷脈)

형제산은 포항시와 경주시의 경계에 위치해 있다. 형산강 어귀의 남쪽에 북형산성(北兄山城)이 있고, 김부대왕(金傅大王) 경순왕을 모신 용왕사가 있는 산을 북형산(고려 때부터는 형산이라 부름)이라 하고, 그 북쪽 산을 제산(第山)이라고 한다. 형산강은 이 두 산 사이를 지나 포항으로 흘러온다. 그런데 옛날, 형제산이 단맥되기 전에는 남천, 북천, 기계천의 물이 안강 일대에 모여 호수를 형성하였고, 범람하면 경주까지 그 피해를 입었다고 한다. 그래서 안강의 치수문제는 신라의 숙원사업이었다. 경순왕 김부가 왕위에 올랐을 때는 후삼국이 일어나 서로 각축을 벌였을 뿐만 아니라, 나라 안에서는 사방에서 도적떼가 일어나 치안이 극도로 문란해지는 등 신라는 장래를 예측할 수 없는 상황이었다. 답답해진 경순왕은 사관에게 신라의 장래에 관한 점을 보도록 하였다. 신라의 산천과 지세를 살펴본 사관은 장차 신라의 왕위를 찬탈할 역적은 북쪽의 궁예도 아니고, 남쪽의 후백제왕도 아니고 동쪽 임정현(臨汀縣)에서 일어날 것이라고 하였다. 또 이를 막기 위해서 형산포의 산을 끊어 안강호수의 물을 어용사(漁龍沙), 즉 영일만으로 흘러 보내면 임정현 땅의 지정왕기(地情王氣)가 제압되어 역적이 출현하지 못할 것이라고 하였다. 이에 경순

왕은 태자 김충(金忠)과 의논하여 백 일간의 기도를 올리기로 하였다. 경순왕은 하늘에 올라가 목침(木枕)으로 삼층집을 짓고 옥황상제와 천지신명과 신라왕실의 조종(祖宗)들에게 종묘사직의 안녕을 기원하였다. 땅에서는 태자 김충이 형제산맥의 단절을 천지신명께 기도하였다. 태자는 기도 끝에 큰 뱀이 되었다. 그러나 사람들이 그를 용으로 불러 줘야만 용이 될 수가 있었다. 길가에 누워 지나가는 사람이 용으로 불러 주기를 기다렸다. 그러나 아무도 용이라 불러 주는 사람은 없고, 큰 뱀을 보고는 두려워서 달아나기만 하였다. 왕과 약속한 백일이 불과 하루밖에 남지 않은 날이었다. 크게 낙심을 하고 있는데 마침 한 노인이 손자를 업고 지나가다 큰 뱀을 보고 깜짝 놀라면서 "저런 큰 뱀도 이 세상에 있는가?" 하고 말했다. 그때 업혀 있던 손자가 "할머니! 저것은 뱀이 아니고 용이에요."라고 했다.

뱀을 용으로 불러 준 아이에게 안강 호수에 물이 빠진 후 생긴 땅과 그 일대의 논밭을 주고 들의 이름을 아이의 이름을 따라 유금들이라고 불렀다. 현재 강동면의 유금이라는 지명은 여기서 비롯되었다. 형산 산정의 왕룡사원에는 김부 대왕과 김충 태자의 목상(木像)을 세워 제향을 하고 그 유덕을 추모하고 있다.10)

한배라 한매 바위

　장기면 금곡리 입구에는 용암이라는 바위산 남쪽에 다소곳이 앉은 할매 바위와 몹시 화를 낸 것 같은 할배 바위가 있다. 머리를 바다 쪽에 두고 동서로 누운 모습은 마치 용트림을 하는 것과 같다.

　용두의 동쪽으로 금곡들이 펼쳐져 있는데 옛날에는 바다 밑이었다고 한다. 호수 같은 이곳에는 항상 구름이 비치고 있어서 사람들은 이를 구름다리라고 불렀다. 이 구름다리를 이용하여 용궁과 뭍을 왕래하던 용이 어떤 이유인지는 모르지만 용왕의 미움을 받아 그만 돌로 변하게 되었다 한다.

　용은 이웃 할매의 아들을 대신 보내어 용서하여 줄 것을 간청하기로 하였다. 이웃의 할매 부부는 아들 7형제를 두고 있었다. 바위가 된 용은 고집이 센 할배 몰래 할매만을 꾀어 막내아들을 얻어 냈다. 용의 부탁을 받은 할매의 막내아들은 구름다리를 건너 용궁으로 갔으나 약속된 기간이 지나도 돌아오지 않았다. 이런 사실을 모르는 할배는 할매에게 아들을 찾아오지 않는다고 성화가 대단하였다. 할배의 성화도 성화지만 돌아오지 않는 아들 때문에 애를 태우던 할매는 가슴이 타들어 가서 그만 돌이 되어 버렸다.

　나중에 막내아들이 없어진 이유를 알게 된 할배는 할매에 대한 노여움이 머리끝까지 치받치어 역시 돌이 되어 버리고 말았다.

　지금까지도 할배, 할매 바위는 서로 외면한 채 다른 방향을 바라다보면서 집 나간 막내아들을 기다리고 있는 모습을 하고 있다.11)

---

10) 迎日郡史編纂委員會, 『迎日郡史』, 1990, pp.1061 - 1062.
11) 迎日郡史編纂委員會, 『迎日郡史』, 1990, pp.1083 - 1084.

용(龍)이 승천(昇天)한 구룡포

구룡포읍 병포리 해안 절벽에 구룡산맥(九龍山脈)이 흘러오다 멈춘 곳에 기암용문(奇巖龍門)이 있는데 구룡승천지지(九龍昇天之池) 또는 구룡소(九龍沼)라 한다.

신라 진흥왕 때 장기현감이 각 마을을 순찰하던 중 용주리(龍珠里, 현 구룡포 6리)를 지날 때 별안간 천둥과 폭풍우가 휘몰아쳤다. 그 비바람을 뚫고 병포리 해안에서 용 열 마리가 승천하다가 불행하게도 현감의 눈앞에서 그만 한 마리가 떨어져 죽고 말았다고 한다. 이때부터 애석하게 아홉 마리만이 승천하였다고 하여 구룡포라고 불렀다. 또 다른 전설은 신라 때 형산강이 형제산에 막혀 있었기 때문에 장마만 지면 안강 지역은 물론 경주에 이르기까지

물이 고여 그 피해가 극심하였다. 이를 해결하려고 경순왕과 왕자가 백일기도를 드렸는데, 그 마지막 날 신인(神人)이 나타나서 왕자에게 말했다. "네게 이 주문을 줄 테니 초아흐렛날 형제산 밑에 가서 외어라, 그러면 너는 구렁이가 될 것이다. 구렁이가 된 너를 보고 용이라고 하는 사람이 나타나면 너는 용이 될 것이다. 그때 하늘로 오르면서 꼬리로 산의 중허리를 쳐라, 산이 갈라지고 물이 흐를 것이다." 구렁이가 된 왕자는 용이라고 불러 줄 사람을 기다렸다. 그런데 지나가는 사람마다 '구렁이 봐라!'고 외치며 도망칠 뿐 한 사람도 용이라고 말하는 사람이 없었다. 왕자가 낙심을 하고 있을 때 한 할머니가 우는 아이를 업고 가다가 그 아이를 달래기 위하여 "자꾸 울면 저 구렁이가 널 잡아먹는다!" 하고 겁을 주었다. 그러자 울고 있던 아이가 울음을 뚝 그치더니 "할머니 구렁이가 아니라 용이야 용!" 하고 소리쳤다. 그 말에 왕자는 용이 되어 하늘로 오르면서 꼬리로 힘껏 형제산 허리를 쳤다. 천지가 진동하면서 산이 두 쪽으로 갈라지고 서울(경주) 일대에 괴였던 물이 빠져 강을 이루었다. 그 강이 지금의 형산강이고 그때 떨어져 나간 산꼭대기가 동해로 날아가다 떨어져서 영일만의 장기곶을 이루게 되었다고 한다.[12]

어룡사(魚龍沙)의 신비

지금 포항제철소가 있는 백사장 일대를 이 지방 사람들은 '어룡사', '어룡불' 또는 '어링이불'이라고 부른다.

옛사람들은 장기곶이 영일만을 감싸고 동해로 길게 돌출한 것을 보고 마치 용이 등천하는 형국이라 하여 용미등(龍尾嶝)이라 부르고, 흥해읍 용덕리의 '용덕곶'이 동남으로 돌출한 것을 어약승천(魚躍勝天)의 형국으로 보았다. 양 곶[兩岬]의 형상을 풍수학적으로 어룡상투(魚龍相鬪)의 형국으로 보았다. 그래서 영일만의 중심지대인 이곳을 어룡사라고 부르게 된 것이었다. 또 이 '어

---

12) 迎日郡史編纂委員會, 『迎日郡史』, 1990, p.1059.

룡사'는 광의(廣意), 협의(狹意)의 '어룡사'로 나누고 있다. 광의의 어룡사는 동해면 약전동으로부터 형산강을 지나 포항시 두호동에 이르는 넓은 백사장을 총칭하는 것이고, 협의의 어룡사는 형산강 하류를 중심으로 남쪽과 북쪽, 즉 포항제철소가 자리 잡은 지대와 지금의 포항송도 해수욕장 전역을 말한다.

장장 20여 리나 되는 옛날의 어룡사는 문자 그대로 모래벌판으로 풀 한 포기 없는 황무지였다고 한다. 동지섣달의 하늬바람이 불어닥치면 눈을 뜰 수 없고 발을 붙일 수도 없는 지대로서 수천만 년 동안 황폐하여져서 갈매기가 쉬어 가는 절해의 고도와 같았다. 조선의 유명한 지상학자였던 성지(性智)가 이 지역을 둘러보고는 범상한 곳이 아니라는 말을 했다. 서편의 운제산이 십 리쯤만 떨어졌더라도 수십만의 사람이 살았을 거라고 했다. 그러나 이만한 위치와 지형이라도 좀 늦어지기는 하겠으나 많은 사람이 모여 살 거라고 예언했다. 같이 길을 나섰던 이 지방의 선비들이 풀 한 포기 없는 이 백사장이 어찌 수십만의 사람이 살 수 있는 대도시가 된단 말인가 하고 그의 말을 믿으려 하지 않자, 성지(性智)는 혼잣말처럼 '죽생어룡사 가활만인지 서기동천래 회망무사(竹生魚龍沙 可活萬人地 西器東天來 回望無沙場)'이라는 시를 뇌었다고 한다. 윗글의 의미를 새겨 보면 어룡사에 대나무가 나면 가히 수만이 살 곳이니라. 서쪽 그릇이 동쪽 하늘에 오면, 돌이켜 보니 모래밭이 없어 졌더라로 해석할 수 있다. 그 이후 이 지방에는 성지(性智)의 예언이 널리 퍼졌다고 한다. 이 예언은 수백 년이 지나도 아무런 징조가 없더니 약 30년 전, 어룡사가 포항제철 부지로 선정되어 대나무 같은 굴뚝이 치솟아 올라가고, 수십만의 사람이 모여 살게 됨으로써 이 예언이 실현된 것이다.13)

---

13) 迎日郡史編纂委員會, 『迎日郡史』, 1990, pp.1075 - 1076.

마고(麻故) 할멈이 운반한 교석초(矯石礁)

대보면 구만리에는 옛날에 마고(麻故)라는 힘이 센 할멈이 살고 있었다. 이 할멈은 종종 영덕군 축산에 다녀오곤 하였다. 영덕까지는 길이 멀고 또 험했다. 그래서 영일만에다 돌다리를 놓고자 하였다. 구만리에서 축산까지의 바다는 평소에도 파도가 셀 뿐 아니라 물도 깊었다. 마고 할멈은 물살이 잔잔한 날을 택하여 구만리 앞바다에서 돌다리를 놓기 시작하였다. 치마폭에 큰 바위를 싸서 열심히 운반하였으나 완성하지 못하고 새벽 닭 울음소리에 그만 중단하고 말았다. 이렇게 다리를 놓으려고 운반한 바윗돌이 구만에서 축산을 향하여 일직선으로 바다 밑에 암초로 남았는데 이를 교석초라고 한다.[14]

샘물이 솟아 나온 수곡(水谷)

기북면 수곡리는 한들 동쪽 산기슭에 자리하며 옛날에는 물이 무척 귀하여 해마다 기우제를 지내는 것이 일이었다. 그해에도 가뭄이 심하여 기우제를 올리는데 어떤 사람의 꿈에 백발노인이 나타나서 수맥을 일러 주었다고 한다.

"너희들의 정성이 갸륵하여 물을 점지해 주겠노라, 운주산(雲住山) 물줄기를 끌어와야 하니 내가 가리키는 곳에다 우물을 파면 좋은 일이 일어날 것이다." 하고는 사라졌다.

온 마을 사람들은 꿈에서 가르쳐 준 곳에다 우물을 파기 시작하였는데 진짜 그 우물에서 물이 펑펑 솟아나기 시작하여 가뭄을 극복할 수 있었다고 한다. 그로부터 이곳을 물이 펑펑 솟아나는 곳이라 하여 수곡(水谷)이라 전하고 있다.[15]

---

14) 迎日郡史編纂委員會, 『迎日郡史』, 1990, pp.1084 - 1085.
15) 迎日郡史編纂委員會, 『迎日郡史』, 1990, p.1086.

쌀알이 떨어졌던 국구암(國救庵)

　장기면 임중리에 있는 임중못 계곡에 자연석으로 된 석굴을 국구암(국굴암, 국승암)이라 부른다. 마미(磨糜)라는 한 도승이 임진왜란을 피하여 이 석굴에서 수도를 하고 있을 때 석굴의 천장에서 흰쌀이 한 알씩 떨어졌는데 하루 동안 모으면 한 사람의 끼니가 될 정도였다고 한다. 그러던 어느 날 절친한 친구가 찾아왔다고 한다. 양식이 걱정된 스님은 쌀 구멍을 크게 하면 많이 쏟아질 것으로 생각하고는 지팡이로 그 구멍을 크게 파 버렸다. 그러자 쏟아지리라고 믿었던 쌀은 나오지 않고 크게 뚫어진 구멍에서는 엉뚱하게도 물방울만 떨어졌다. 그 후로 이 석굴에는 사람이 살지 않았고 천장에서는 물방울만 떨어지고 있다고 한다.16)

우는 바위

　장기면 신창리 창바위 마을 뒤편에는 높이 약 10m의 큰 바위가 있는데, 이 바위를 우는 바위 또는 울바위라고 한다.

　옛날 이 바위 위에는 금실이 좋은 부부가 살고 있었다. 남편은 바다에 나가 고기를 잡고 부인은 집 안에서 길쌈을 하면서 다정하게 살았다. 그런데 부인이 아이를 낳은 후 병을 얻어 그만 죽고 말았다. 아내를 몹시 사랑했던 남편은 그 슬픔을 이기지 못하고 몇 달 후에 아내를 따라 그만 죽게 되었다. 고아가 된 아이는 그래도 마을 아낙들의 보호 아래 무럭무럭 잘 자랐다. 얼마큼 자란 이 아이는 철이 들면서 다른 아이들은 다 부모가 있는데 자기만 부모가 없는 것이 이상하여 마을 사람들에게 물어보았다. 마을 사람들은 부모가 죽은 이야기를 다 해 주었다. 이야기를 들은 아이는 이 바위 위에서 부모님을 생각하며 밤낮으로 울었다고 한다. 비가 오려고 하면 가끔 그 바위에서 더욱 처량하게 윙윙대는 울음소리가 지금도 들린다고 한다.17)

---

16) 迎日郡史編纂委員會, 『迎日郡史』, 1990, p.1083.

용암(龍岩), 용치바위와 원각조사(圓覺祖師)

송라면 조사리에는 정덕이라는 아주 신앙심이 두터운 부인이 살고 있었다. 어느 날 해와 달이 세상을 밝게 비추는데, 그 광명을 거둬 품에 안는 꿈을 꾼 후 임신을 하게 되었다.

그날부터 부인은 마음을 정결히 하고, 매사에 조심하면서 태어날 아이에 대하여 온갖 정성을 다하였다. 달이 차서 옥동자를 순산하였는데 그 사람이 바로 대종 원각조사 마흘(摩訖)이다. 느닷없이 새끼를 잃은 용 부부는 아들을 찾아 천지를 헤맨 끝에 마흘이 자기네 아들이란 것을 알게 되었다. 몰래 찾아 가기로 마음을 먹었다. 암용을 앞세우고, 수용이 뒤따르며 마흘의 집 근처까지 와서 육지에 올라가려고 했으나, 큰 바위들이 가로막고 있었다. 하는 수 없이 바위를 뚫기로 했다. 그러나 바위가 워낙 단단하였으므로 쉽사리 뚫어지지는 않았다. 용 부부는 마음이 자꾸 조급하여졌다. 한울집을 지켜야 하기 때문에 날이 새기 전에 어떻게 하더라도 아들을 찾아 하늘로 다시 올라가야만 했다. 그렇지 않으면 하느님의 엄한 벌을 받기 때문이었다. 뒤늦게 용 부부가 새끼를 데리러 간 것을 안 하느님께서는 몹시 언짢아하셨다. 이런 하느님의 마음과 마흘을 보낸 이유를 아는 거북이가 급히 하계하여 정덕 부인에게 아이를 안고 신구산(神龜山)으로 피신하라고 일러 주었다. 용 부부는 천신만고 끝에 바위를 뚫고 마흘을 데리러 갔으나 이미 정덕 부인이 몸을 피한 뒤였다. 낙심한 용 부부가 하늘로 올라가려고 바다로 돌아오니, 이미 동녘하늘이 밝아 오고 있었다. 용 부부는 그만 바위로 변해 버렸다.

수용암과 암용암은 오늘날까지 조사리 바닷가에 파도를 맞으며 서 있다. 그리고 용 부부가 뚫었다는 용치바위에는 파도가 치는 날이면 그 굴속에서 "내 새끼야 ……"라고 울부짖는 암용의 애달픈 소리가 들린다고 한다. 뒷날 원각조사는 이 사실을 알고 용치바위에 와서 용들의 넋을 위로해 주고 '복거(卜居)'라는 큰 붓글씨를 새겨 주었다고 한다.[18]

---

17) 迎日郡史編纂委員會, 『迎日郡史』, 1990, pp.1081 - 1082.
18) 迎日郡史編纂委員會, 『迎日郡史』, 1990, pp.1071 - 1072.

공진거랑과 등대산

　　기계면 지가(芝柯)1리 아랫마을과 지가2리 넘마을 사이에는 조그마한 거랑(川)이 있는데 이 거랑을 공진거랑이라 하고, 그 왼쪽의 나지막한 야산을 등대산이라 한다.

　　조선 중기 때 공진사라는 선비가 벼슬에 뜻이 없어 한양에서 이곳으로 내려와 농사를 지으며 조용히 살고 있었다. 어느 날 경주부윤이 민정시찰차 기계에 들렀다가 함께 공부하던 공진사의 소문을 듣고 찾아왔다. 공진사에게는 착하고 예쁜 무남독녀가 있었는데 이를 본 경주부윤이 사돈 맺기를 청하자 공진사는 쾌히 승낙을 하였다. 혼례를 불과 며칠 앞두고 경주부윤이 남의 모함에 빠져 누명을 쓰고 역모죄에 연루되어 한양으로 압송되어 버렸다. 공진사 부부는 거랑을 건너 등대산에 올라가서 앞으로 사돈이 될 경주부윤의 억울함을 천지신명에게 매일 기도하였다. 그 공덕으로 경주부윤은 풀려날 수 있었다. 그 후부터 경주부윤의 억울한 죄를 밝히기 위하여 공진사 부부가 매일 건너 다녔다는 개울을 공진거랑이라 하고, 등불을 밝혔던 산을 등대산이라고 한다고 전한다.19)

고지동(高旨洞)의 구총암(九塚岩)

　　기계면 고지동 앞 기계천변 들에 있었던 9개의 바위를 사람들은 구총암이라 부른다. 옛날 이 고지동에 고주보(高周寶)라는 역사가 살았는데 사람들은 그를 꼬치장사라 불렀다. 진시황이 만리장성을 쌓을 때 천하의 역사를 모집하자 고주보 장사도 부역꾼으로 불리어 가게 되었다. 진시황은 부역 오는 역사들에게 백 사람이 운반할 수 있는 바위 9개씩을 지참하도록 명을 내렸다.

　　고주보 장사도 기계면 부근에서 바위 9개를 구하여 막 출발하려는데 성이

---

19) 迎日郡史編纂委員會, 『迎日郡史』, 1990, p.1073.

완성되었다는 소식을 들었다. 출역을 포기한 고주보가 바위를 그대로 둔 것이 오늘날까지 오게 된 것이라고 한다. 원래는 9개의 바위가 있었는데 두 개는 일제강점기 때 하천공사에 사용되었고, 농토 확장으로 매몰되어 버리고, 현재 는 두 개만 남아 있는데 모두 고인돌(지석묘)이라 한다.[20]

신령스러운 갓바위

장기면 영암리에서 가장 먼저 생긴 마을인 갓바위마을 중앙에 큰 바위가 하나 있다. 높이 2m 정도의 둥근 바위인데 넓이는 8평 정도가 된다. 그 모양 이 커다란 갓과 흡사하여 갓바위(冠岩)라고 부른다. 전하는 말에 의하면 옛날 과거 보러 가던 선비가 매우 피곤하여 잠시 갓을 풀고 쉬다가 깜빡 갓을 잊 고 그냥 가 버렸는데, 그 갓이 바위가 되었다고 한다. 또 작은 바위가 햇살을 받으면서 삿갓모양으로 점점 자라났다고도 한다. 그 후로 이 바위에 치성을 드리면 효험이 있어 영암(靈巖)이라고도 하였다 한다. 그래서 마을 이름도 관 암에서 영암으로 고쳐 부르고, 마을에서는 정성을 드리고 있다.[21]

딸을 기다리던 망재

장기면 영암리에는 망재라는 산마루가 있다. 옛날 동해안에는 왜구들의 침 입이 잦았다. 이곳에 한 어부가 여선(如仙)이라는 예쁜 딸과 함께 살고 있었 다. 어느 날 왜구가 침입해 와서 여선을 넘겨 달라고 했다. 처녀를 넘겨주면 그냥 돌아가겠으나, 만약 거절할 경우엔 온 마을 사람들을 몰살시키겠다고 협 박하였다. 마을 책임자는 여선의 부모를 찾아가 사정을 얘기하였다. 그러나

---

20) 迎日郡史編纂委員會, 『迎日郡史』, 1990, p.1072.
21) 迎日郡史編纂委員會, 『迎日郡史』, 1990, p.1082.

여선의 부모는 죽었으면 죽었지 딸을 내놓을 수는 없다고 하였다. 이 딱한 사정을 알게 된 여선은 자기 한 목숨으로 이 마을 사람들을 구하겠다고 결심했다. 부모님의 만류를 뿌리치고 왜구들에게 잡혀가게 되었다. 여선이 잡혀간 이후, 이 마을에는 왜구의 침입이 일체 없었다고 한다. 그러나 여선의 부모는 하루도 쉬지 않고 산마루에 올라가 딸이 사라진 바다를 바라보면서, 딸이 돌아오기를 기다렸다. 딸이 돌아오기를 기다리는 부모의 한이 서린 이곳을 사람들은 망재라 불렀다 한다. 그리고 훗날에 이 이야기를 듣고 현감이 신창리 죽하(竹下)의 대나무 숲 부근에 여선낭자영세불망비(女仙娘子永世不忘碑)를 세웠는데 이 비는 홍수 때 유실되었다고 한다.[22]

용이 하늘로 올라간 용산(龍山)

청하면 월포리 서쪽에는 용산이라는 작은 산이 있다. 옛날 이곳에는 몹시 가난하며 금실이 좋았지만 자식을 두지 못한 유씨 부부가 살고 있었다. 유씨 부부는 자식을 얻기 위하여 천지신명에게 정성을 다해 빌고 또 빌었다. 그 정성의 덕이었을까. 아들을 하나 얻게 되었다. 그런데 그 아이는 여느 아이와는 다르게 태어난 지 사흘 만에 마음대로 움직이고 걸어 다녔다. 유씨 부부는 은근히 걱정이 되어 집안 어른들을 불러 모아 이 일을 의논했다. 집안 어른들은 한결같이 큰일을 저질러 집안을 망하게 할 것이라면서 죽여 없애야 한다고 했다. 어떤 사람들은 한 걸음 더 나아가 특별한 아이인 만큼 이 아이가 태어날 때 탯줄 끊은 가위로 찔러 죽이든지, 다듬잇돌로 눌러 죽여야 한다고 했다. 유씨 부부는 어렵게 얻은 아들을 죽여야 한다고 생각하니 하늘이 무너지는 것만 같았다. 그러나 어찌할 도리가 없었다. 유씨 부부는 아들을 죽이기로 했다. 그런데 이 아이가 죽는 순간 그 산에 살던 용이 아들의 한과 함께 하늘로 날아가 버렸다고 한다. 사람들은 용이 하늘로 날아가 버린 산이라 하여 그 산을 용산이라 불렀다고 한다.[23]

---

22) 迎日郡史編纂委員會, 『迎日郡史』, 1990, p.1082.

대나무 숲속의 부자(富者)집 터

죽장면 입암리 죽장 중·고등학교가 있는 자리는 산촌답지 않게 앞이 훤히 트이고 양지바른 곳이다. 주위 산천이 수려한 곳이나 옛날에는 동남으로 큰 하천이 가로놓여 있어서 큰 마을을 형성하지 못하고 두세 집만 살고 있었다.

어느 해 풍수지리에 밝은 한 지사(地師)가 입암리의 한 집에 머물면서 대숲 한곳에 명당자리를 일러 주었다. 그러고는 부를 이루거든 오래 머물지 말고 곧 이사를 하라고 당부하였다. 지사의 말대로 그곳에 집을 짓고 살다 보니 과연 해를 거듭할수록 재물이 모여들었다. 부자가 되었지만 욕심이 더 생긴 사람은 이 터를 버리고 이사할 수가 없었다. 지사가 한 말을 애써 잊으며 계속해서 살다가 어느 해 어른이 세상을 뜨게 되었다. 그날부터 연 삼 일간 비가 쏟아지더니 그만 하천이 범람하여 백 일간 물에 잠기어 빠지질 않았다. 살림은 물론이고 논밭이 다 떠내려가고 말았다. 뒤늦게 그때 잘못을 깨닫고 이사했을 때는 옛날 가난 그대로였다고 한다.24)

돌거북이와 오두리의 흥망

청하면 용두리의 오두란 마을은 조선 숙종대 전만 해도 오암대사(鰲岩大師)나 이원량(李元良)과 같은 인물들을 배출할 정도로 번성하던 마을이었다. 마을이 번창할 때는 서당에서 글 읽는 소리가 멎질 않았으며, 나그네들의 발길이 끊이질 않았다. 그런데 나날이 찾아오는 길손들을 대접해야 하는 아낙네들은 여간 고생이 아니었다. 부엌일에 지친 아낙네들은 모이기만 하면 편안하게 지낼 수 있는 방법을 궁리하였다. 어느 날 샘가에 모여 있던 여인들이 이런 불평을 하고 있을 때 마침 한 스님이 지나갔다. 아낙네들은 스님에게 그들

23) 迎日郡史編纂委員會, 『迎日郡史』, 1990, pp.1071 - 1072.
24) 迎日郡史編纂委員會, 『迎日郡史』, 1990, p.1074.

의 고생스러움을 하소연하면서 손님이 오지 않도록 해 달라고 부탁했다. 아낙네들의 이야기를 들은 스님은 소원이 이루어지도록 해 주겠다며 쾌히 응낙했다. 그러고는 망치와 정으로 하천 건너에 있는 돌구바위라는 마을의 상징인 돌거북의 머리 부분을 뜯어 버리는 것이었다. 그 후부터 어찌된 일인지 흉년이 계속되면서 마을의 형편이 점점 기울기 시작했다. 가난하여지니 자연히 나그네의 발길도 끊어지게 되었다. 이 돌구바위는 최근에 지석묘(고인돌)로 밝혀졌다.25)

장군정(將軍井)과 모포(牟浦)줄

장기면 모포리 뇌성산 아랫마을 칠전에는 아무리 가물어도 마르지 않는 장군정이 있고, 이 장군정과 관련 있는 아주 오래된 모포줄이 있다.

옛날 장기현감의 꿈에 뇌성산에서 한 장군이 용마를 타고 내려와서 이 우물물을 마시더니 "이곳을 만인이 밟아 주면 마을이 번창하고, 태평하며, 재앙이 없을 것이다."라고 이르고 사라졌다.

그래서 많은 사람들이 땅을 밟아 주기 위하여 줄다리기를 시작했다고 한다. 현감이 현몽한 날이 음력 8월 16일이므로 이날로 정하여 줄을 당겨 왔다고 한다. 장군이 내려와 물을 마신 우물이라 하여 장군정 또는 장군수라 하며, 이 전설에 따라 모포줄다리기가 시작되어 요즘도 행해지고 있다.26)

조박골의 부자

옛날 연일읍 인주리 조박골(照璞谷)이란 마을에 한 부자가 살았다. 나그네의 방문이 너무 잦자 이를 귀찮게 여긴 주인이 한 스님에게 그 해결방법을

---

25) 迎日郡史編纂委員會, 『迎日郡史』, 1990, pp.1067-1068.
26) 迎日郡史編纂委員會, 『迎日郡史』, 1990, pp.1082-1083.

물었더니 집 앞에 있는 큰 바위를 굴려 없애 버리라고 했다. 부자가 스님이 시키는 대로 바위를 굴리니 바위 밑에서 비둘기 두 마리가 나와 다른 집으로 날아갔다. 그 후 부자는 망하고, 비둘기가 날아가 앉은 집은 새로 부자가 되었다 하며, 그때 굴러 내려간 바위는 조박지(현재의 적계못)라는 못에 떨어져 못물이 줄면 바위가 나타나 보인다고 한다.[27]

선녀(仙女)가 내려앉은 하선대(下仙台)

동해면 입암리와 마산리 경계 지점인 황옥포(黃玉浦), 속칭 한끼매에는 작은 바위섬이 있다. 이 바위를 선녀가 내려와서 놀았다고 하여 하선대라 하는데, 주민들은 하잇돌이라고도 부른다. 옛날 동해의 용왕이 매년 칠석날 선녀들을 이곳에 초청하여 춤과 노래를 즐기곤 하였다. 용왕은 그 선녀들 중에서 얼굴이 빼어나고, 마음씨 착한 한 선녀에게 마음이 끌리어 왕비로 삼고 싶어 했다. 그러나 옥황상제가 허락하지 않았다. 용왕은 옥황상제의 환심을 사기 위하여 바다를 고요하게 하고, 태풍을 없애 주는 등, 인간을 위하는 일에 앞장을 섰다. 용왕의 지극한 정성에 감복한 옥황상제는 선녀와의 혼인을 허락했다. 동해의 용왕과 천상의 선녀가 부부의 인연을 맺고 즐겼다고 하선대라 전해지고 있다.[28]

현내(縣內)들의 독산(獨山)

장기면의 현내들 한가운데에는 홀로 솟아난 작은 산이 하나 있는데 고산(孤山) 또는 독산(獨山)이라고도 부른다.

---

27) 慶尙北道敎育委員會, 『慶尙北道地名由來總攬』, 1984, p.425.
28) 迎日郡史編纂委員會, 『迎日郡史』, 1990, p.1078.

신라 때 영천에 마고 할멈이 있었는데 이 할멈은 비바람을 마음대로 할 수 있으며, 축지법으로 세상을 마음먹은 대로 다니기도 했다고 한다. 어느 해 장기 지역에는 태풍으로 농작물 피해가 극심하여 배고픔을 견디지 못한 주민들이 사방으로 뿔뿔이 흩어졌다. 이 참상을 본 마고 할멈은 해마다 장기에 불어오는 태풍도 막고, 해일로부터도 현내들을 보호하기 위하여 영천에 있는 산 하나를 둘러메고 와서 장기천 하구에 두었다고 한다. 그 후 영천에서는 마고 할멈이 가지고 간 영천산이라 하여 장기현감에게 해마다 산세(山稅)를 받아 갔다 한다. 그런데 어느 해 장기현에 모진 흉년이 들어 재정의 궁핍함이 이만저만이 아닌데도 영천 세리가 산세를 받으러 왔다. 장기현감은 이를 거부하고 세리를 돌려보낼 묘책이 없어 전전긍긍하고만 있었다. 이 이야기를 들은 이속(吏屬) 소사(小使)가 현감을 찾아왔다. "영천에서 온 세리를 저와 면담시켜 주십시오. 다시는 세금을 받으러 오지 못하도록 하겠습니다."

별다른 방안이 없던 현감은 그를 영천 세리와 만나도록 해 주었다. 이 소사는 영천 세리를 보자 버럭 화를 내며 소리를 쳤다.

"산은 영천의 산이니 산세를 내는 것이 바른 일이오. 그러나 이제 저 산이 필요 없게 되었으니 지금부터는 영천에서 산이 깔고 앉은 땅값을 내든지, 아니면 산을 떼어 가든지 둘 중 하나를 택하시오."

이 말을 들은 영천 세리는 할 말을 잃고 그냥 돌아가 버리고 다시는 오지 않았다고 한다.29)

독마(獨馬)의 슬픈 사랑

기계면 지가2리 월리 마을 입구에는 개울이 있고 큰 소나무 숲이 있었는데 그곳을 예부터 독마라고 불러 왔다. 이곳에는 사람들이 많이 지나다니는 길목으로 예쁜 딸을 둔 안노인이 주막을 열고 있었다. 하루는 한 청년이 찾아와서

---

29) 迎日郡史編纂委員會, 『迎日郡史』, 1990, pp.1079-1080.

자신이 이 집을 자주 찾던 방물장수의 아들이라고 밝히고는 병으로 누운 아버지의 외상값을 갚으러 왔다고 말했다. 그때 마침 딸이 방에서 나오다가 그 청년과 눈이 마주쳤는데 청년의 늠름한 기상과 용모에 그만 마음을 빼앗기고 말았다. 주막집 처녀는 그 청년을 잊지 못하고 시름시름 앓다가 죽고 말았다. 딸을 의지하며 살아오던 그 어미도 기막힌 죽음 앞에서 미쳐 날뛰다가 화병으로 죽었다고 한다.

그 후, 그 청년은 이런 사연을 모른 채 주막을 찾아왔다가 이웃 사람들에게 그간의 사연을 전해 듣고는 크게 가슴 아파하였다. 그는 두 모녀를 위로하기 위하여 무덤을 찾아가서 술을 올리며 자신도 술을 마시다가 그만 취하여 잠들고 말았다. 꿈속이었을까. 청년은 그를 찾아온 처녀와 만나서 밤새도록 노닐었다고 한다.

이튿날 아침, 그 무덤 근방에서 말이 크게 울부짖기에 달려가 보니 그 청년이 무덤에 엎드려 죽어 있었다고 한다. 마을 사람들은 이승에서 못 이룬 애절한 사랑을 저승에서 이루길 빌면서 묻어 주었다고 한다. 그 후 사람들은 말이 홀로 슬피 울었다고 하여 지금까지 독마라 부르고 있다.[30]

꿈에서 얻은 땅

기계면 내단은 고개를 넘는다는 뜻이 있다. 약 300여 년 전 최국일, 박충국 두 선비가 이곳을 지나다가 날이 저물어서 하룻밤을 묵어가기로 하였다. 먼 길을 걸어온 뒤라서 두 사람은 곧 잠이 들었다. 그런데 기이하게도 두 사람은 똑같은 꿈을 꾸게 되었다. 두 사람은 붉은 언덕을 넘어 좋은 집터를 얻게 되고, 그 땅 위에 집을 짓고는 잘살게 된다는 꿈이었다.

서로 꿈이 같았다는 걸 알게 된 두 사람은 보통 꿈이 아니라는 걸 깨닫고 그 자리에서 살게 되었다고 한다.

---

30) 포항문화원, 『포항 마을의 유래와 전설』, 2002, pp.148-149.

흥곡리 마주(馬走) 마을

신광면 냉수리 신리(新里)라는 자연마을에 사는 이씨 집안에 아기가 태어났는데, 어머니가 젖을 주지 않아도 울지 않고 잘 놀았다 한다. 하루는 아기 어머니가 이웃집에서 일을 도와주고 돌아와 방문 틈으로 아기가 있는 방 안을 들여다보니 아기가 선반 위에 오르기도 하고 벽을 타고 올라가는 등 괴이한 행동을 하는 것이었다. 놀란 어머니가 가족들에게 알리고는 함께 아기가 잠든 사이에 겨드랑이를 보니, 겨드랑이에 날개가 돋아 있었다. 이에 더욱 놀란 어머니는 가족들과 의논하니, 이는 분명 아기장군이며 민가에서 장군이 나면 역모를 꾀한다는 누명을 뒤집어쓸 염려가 있다는 것이었다. 어머니와 가족들은 두려워 잠든 아이의 배 위에 안반을 덮고 그 위에 콩 한 섬을 얹어 아기를 눌러 죽이려 하였다. 하지만 아기가 깨어나 이것을 떨치고 일어나므로 다시 콩 두 섬을 쌓아 눌렀더니 하루가 지난 다음에 숨을 거두었다. 그로부터 사흘 후 용천 마을 뒷산에 주인 없는 용마가 나타나서 사흘간 슬피 울다가 서쪽에 있는 흥곡리 마전(麻田) 쪽으로 날아갔다. 이에 연유하여 마전은 용마가 날아간 곳이라 하여 마주로 지명이 바뀌게 되었다 한다.

자미도(子尾島)

자미도는 동해 한복판에 있다고 전해지는 상상의 섬이다.

포항 두호동에 살던 어부 이모라는 사람이 고기잡이를 하다가 심한 풍랑을 만나 며칠 동안 정처 없이 바다를 떠돌아다니다가 한 섬에 닿았다. 섬에 올라 보니 그 섬에는 여러 가지 수목과 대나무가 울창한 숲을 이루고 있었다. 수일 동안 물 한 모금 구경하지 못하고 풍랑에 시달리면서 바다를 헤매다 보니, 7~8명의 뱃사람들 전부가 기아로 인한 빈사 상태였다. 사람을 찾아 먹을 것이 없나 하고 섬에 올라가서 울창한 수풀을 헤치고 섬 깊숙이 들어가니 고

색창연한 삼간토막들이 띄엄띄엄 있었다. 주위를 살펴보니 익어 가는 농작물도 더러 보였다. 어느 한 집 앞에서 사립문을 두드리며 사람 살려 달라고 아우성을 치니 방문이 열리면서 백발노인이 나와 "오늘쯤 이 섬에 진귀한 손님이 올 것이라고 짐작하였더니 그대들이 왔구나. 그러나 이 섬에는 속세 사람들이 살 곳이 못 되니, 빨리 돌아가는 것이 좋을 것이다." 하고 말하는 것이었다. 뱃사람들이 빈사 상태의 시장기를 호소하니, 떡을 한 개씩 나눠 주면서, "이 떡 한 개를 먹으면 수일 동안 시장기를 모르고 지낼 수 있다. 여기 며칠 동안 쉬면서 피로를 풀고 이 섬을 떠나도록 하라. 또 너희들이 타고 온 배가 많이 부서져 바다를 건널 수 없으니, 내가 배 한 척을 줄 테니까 그 배를 타면 순식간에 육지에 닿을 것이다." 하고 말했다. 과연 수일 후 선원들의 건강이 회복된 것을 보고 사람 7~8명이 탈 수 있는 배 한 척을 내주었다. 노인이 이르는 대로 배를 타니 순식간에 강원도 송월 땅에 배가 닿아 선원들은 목숨을 부지하였다고 한다. 이 이야기가 전해지자 탐관오리들의 횡포를 피해 배에 가족을 싣고 식량과 물을 준비하여 자미도를 향하여 떠났다가 동해 한복판을 헤매는 어부들이 허다하였다고 전해지고 있다.

천마산(天馬山)

홍해읍 곡강리 천마 저수지의 골짜기에는 팔매돌이라 불리는 큰 바윗덩어리가 7~8개 있다. 옛날 한 장수가 망천산에서 돌팔매질을 하여 힘을 기르던 흔적이라고 전해 온다. 이 장수가 하루는 자기의 애마(愛馬)가 화살보다 빠르다는 것을 사람들 앞에서 과시하기 위해 망창산에 올라 활을 쏜 후 쏜살같이 달려 평소 자기가 던져 놓은 팔매돌 부근에 다다랐다. 그러나 화살이 나타나지 않자 이미 어느 숲 속에 말보다 먼저 도착했다고 단정하고는 화가 나서 그 자리에서 애마의 목을 잘라 버렸다. 순간 못 둑 서편의 곡강최씨(曲江崔氏) 묘역 아래에 그때서야 화살이 날아와 깊이 꽂혔다. 화살이 박힌 자리는 명주실 한 타래가 드리워질 정도로 깊은 샘이 되었는데, 이에 연유하여 이 산 이름을 천마산(天馬山)이라 하고, 동쪽 산머리를 말머리산이라 부르게 되었다고 한다.

정습명의 묘

대송면 남성리에는 영일정씨(迎日鄭氏) 시조인 정습명을 제향(祭享)하는 남성제(南城齊)와 신도비가 읍성터 중앙에 위치하고 있다. 이곳은 연일현청이 있던 곳이었다.

옛날 현청에 새로 부임하는 현감마다 원인도 모르게 죽는 것이었다. 아무도 현감으로 부임하려는 사람이 없었다. 이 소문을 들은 담력이 좋은 한 선비가 자청하여 현감으로 부임하게 되었다. 부임 첫날, 두려움 중에 밤을 새우다가 깜빡 잠이 들었는데 비몽사몽간에 한 노인이 나타나 호통을 치는 것이었다.

"내가 누운 자리에 무엄하게 현청을 지었으니, 빨리 옮겨라. 그렇지 않으면 죽음을 면치 못할 것이다."

현감이 엉겁결에 대답하였다.

"정확한 묏자리가 어디입니까? 알려 주시면 분부대로 하겠습니다."

"내일 새벽 일찍 까치 한 마리가 날아와서 맨 처음 앉는 자리가 그 자리니라."

놀라서 깨어 보니 꿈이었다. 이제 살았다는 안도감과 함께 잠이 쏟아졌다. 까치소리에 놀라 깨어 보니 까치는 벌써 날아와 있었다. 정확한 위치를 알 길이 없었다. 현감은 마을의 촌로들에게 수소문한 결과 현청 자리가 정습명의 묘역임을 알게 되었다. 이에 현감은 서둘러 현청을 고읍리로 옮겼다고 한다.

두호지(斗湖池)

옛날 예맥(濊貊)의 어느 왕이 신하들을 모아 놓고 장생불사(長生不死)할 수 있는 방법을 물었다. 마침 아첨 잘하는 한 신하가 아뢰었다. 그 신하는 여자의 음모(陰毛)를 많이 모아 이불과 방석을 만들어 덮고 자기도 하고, 깔기도 하는 등 항상 여자의 음모 위에서 생활하는 것이 장생불사의 묘약이라고 대답하였다. 왕은 그 말을 듣고 기뻐하여 온 나라에 명령을 내려 여자의 음모를 잘라 모으게 하여 방석과 이불을 만들어 깔고 덮고 살았으나 오십이 못 되어 죽었다.

아첨꾼들로 득실거리는 이 나라의 신하 가운데 유독 충성스러운 군수가 하나 있었다. 그는 안락군(安樂郡)의 군수로서 세상 사람들이 존경하여 '안락공, 안락태수'라고 불렀다. 안락공은 백성들의 비참한 광경을 보다 못해 왕에게 상소도 올리고 충간도 하고 직소도 하였으나, 왕은 충직한 신하의 간언을 용납할 줄 모르고 도리어 크게 노하여 그를 당장 잡아 참형(斬刑)에 처하라 하였다.

안락공은 포악한 정치의 제물이 되기보다는 나라 밖으로 망명하는 편이 낫다고 생각하고 가족을 이끌고 밤을 이용하여 일엽편주(一葉片舟)를 타고 예맥국을 탈출하였다. 그리하여 남으로 내려와 신라 태화현 통양포(지금의 포항시 두호동)에 상륙하였다.

그런데 생명을 부지할 수 있는 곳에 오기는 하였으나 살아 나갈 방도는 실로 막연하였다. 안락공은 부득이 그 부인과 아들을 통양포 장재(掌財)집의 식모로 맡겨 두고 자신은 속세를 떠나 경주 기림사에 임산하여 승려가 되었다.

통양포 장재는 안락공이 떠난 후 미인인 부인에게 음탕한 마음을 품고 그 아들이 말을 잘 듣지 않는다며 먼 곳으로 쫓아 보내고는 부인이 혼자 있는 틈을 노려 자기의 야욕을 채우고자 회유와 협박을 하였다. 하지만 정숙한 부인이 끝내 거절하자, 장재는 어느 날 밤 부인을 죽이고 그 시신을 망연산 대밭 숲 속에 버렸다. 세월이 흐르고 흘러 십수 년이 지난 어느 날, 장재의 집 사립문 앞에 스무 살 남짓 되어 보이는 젊은 중이 나타나 목탁을 치면서 "나무아미타불, 관세음보살" 하면서 시주를 청하였다. 잔악하고 인색한 장재는 마당에 있는 쇠똥을 가리키면서 시주할 것은 없고, 이 쇠똥도 좋다면 하겠다고 말하였다.

중은 빙그레 웃으며 쇠똥도 좋으니 시주를 하라며 바랑을 풀었다. 장재는 쇠똥을 가래로 떠서 바랑 안에 넣어 주었다. 그래도 중은 장재 앞에 합장하고 "관세음보살, 나무아미타불"을 외며 돌아서니 장재를 위시하여 주위의 가복들이 박장대소하며 조소를 퍼부었다. 중이 장재집 사립문을 나와 수십 보를 걸어 나오자 홀연히 일진광풍이 어지럽게 불어닥치더니 천지를 진동하는 뇌성벽력이 장재집 지붕 위에 떨어지면서 그 집이 땅속으로 함몰되기 시작했다. 장재집 사람들이 사람 살리라고 외치는 아우성이 들려오는 것 같더니 장재집 터는 순식간에 못이 되고 말았다.

젊은 중은 언덕 위에 서서 아무 표정 없이 함몰되어 가는 광경과 장재를 위시하여 전 가족이 죽어 가는 아우성과 그 죽음의 최후의 순간을 지켜보고 합장배례 하며 "나무아미타불, 관세음보살"만 외고 우두커니 서 있었다. 중은 안락공의 아들이었다.

안락공이 지림사에서 병을 얻어 죽은 후 그 아들은 어머니의 시신을 버린 곳에 사찰을 건립하여 '안락사'라 부르고, 그 아버지와 어머니의 성불을 빌면서 한평생을 마쳤다고 한다.

장재집이 함몰하여 변한 못을 후세 사람들이 '안락지', '장재지', ' 두호지' 등으로 부르고 있다. 현재 포항시 두호동 동부초등학교 서쪽 편에 있는 '새못'이라고 하는 못이 그 유적이라고 한다.

학산(鶴山)

먼 옛날 지금의 포항시 북구 학산동 바닷가 조그마한 못가에서 한 아낙네가 소복단장을 한 채 빨래를 하고 있었다. 그런데 갑자기 크고 흰 학 한 마리가 아낙네의 빨래터 옆에 날아와 앉는 것이었다. 깜짝 놀란 아낙네가 엉겁결에 빨래 방망이로 학의 머리를 치자 학은 그 자리에 힘없이 쓰러져 버렸다.

학이 쓰러지는 순간 동쪽 하늘에서 학과 같이 생긴 커다란 산이 날아와 아낙네를 덮치고는 그 자리에 멈춰 섰다. 이에 연유하여 이 산을 학산이라 부르게 되었으며, 마을 이름도 학산동이라 부르게 되었다고 한다.

불항동의 줌북치

옛날 학산동에 김해에서 온 김달식(金達植)이란 사람이 살았는데 나이가 62세나 되어도 자식이 없어 항상 한탄하였다. 어느 날 한 사람이 와서 말하기를 죽림산은 동해의 용신이 보내온 천하의 명산이므로 백 일 동안만 그 산에서 기도하면 반드시 아들을 얻을 것이라고 하였다. 그래서 김달식은 비가 오나 눈이 오나 바람이 부나 개의치 않고 매일 죽림산에 올라가 산신령에게 아들 하나를 점지해 달라고 기도하였다. 그러던 어느 날 산에서 돌아오는 길에 한 농부가 밭을 갈다가 밭 가운데서 금불상 하나를 주워 기뻐하는 것을 발견했다. 김달식은 농부에게 다가가 백금을 주고 불상을 얻어 죽림산 기슭을 파고 불상을 앉힌 후 매일 기도하였더니 과연 아들을 얻었다. 이 소문은 금방 부근 주민들에게 전해져 금불상 앞은 각지로부터 자식을 얻기 위해 기원하러 오는 사람들로 인산인해를 이루었으므로 불항동(佛項洞)이라 한다.

02 경주시(慶州市)

경주시
慶州市

박혁거세 이야기

박혁거세의 탄생에 관한 이야기이다. 옛날 진한(辰韓) 땅에 6촌이 있었는데 어느 날 고허촌(高虛村)의 장(長) 소벌공(蘇伐公)이 양산(楊山) 밑 나정(蘿井)이라는 우물가 숲을 바라보니 번갯빛처럼 이상한 빛이 하늘로부터 드리워지고 그 빛 속에 흰 말 한 마리가 무릎을 꿇고 앉아 절하는 형상을 하고 울고 있었다. 가까이 다가가 보니 말은 간 데 없고 붉은새이 커다란 알 하나가 있을 뿐이었다. 이상하게 여겨 알을 쪼개어 보니 어린 사내아이가 나왔다.

소벌공이 이를 데려다 길렀더니, 나이 열셋에 벌써 뛰어나게 숙성해 왕으로 추대되었다. 그 알이 박 같다 하여 성(姓)을 박(朴)이라 하고, 빛으로 세상을 다스린다는 뜻에서 이름을 혁거세(赫居世)라 했다. 나라를 다스린 지 61년 되던 어느 날 왕은 하늘로 올라갔는데 7일 뒤에 그 죽은 몸뚱이가 땅에 흩어져 떨어졌다. 그러더니 왕후(王后)도 역시 왕을 따라 세상을 떠났다 한다. 나라 사람들은 이들을 합해서 장사 지내려 했으나 큰 뱀이 나타나더니 쫓아다니면서 이를 방해하므로 오체(五體)를 각각 장사 지내어 오릉(五陵)을 만들고 또한 능의 이름을 사릉(蛇陵)이라고 했다.

김알지(金閼智) 이야기

탈해 이사금이 밤에 금성 서쪽의 시림(始林) 숲에서 닭 우는 소리를 들었다. 호공(瓠公)을 보내어 살펴보게 하였다. 자줏빛 구름이 하늘로부터 땅에 뻗쳤는데 그 구름 속에 황금(黃金)의 궤가 나뭇가지에 걸려 있고, 그 빛은 궤 속에서 나오고 있었다. 또 흰 닭이 나무 밑에서 울고 있었다. 이 모양을 호공(瓠公)이 왕에게 아뢰자 왕이 그 숲에 가서 궤를 열어 보니 동남(童男)이 있는데 누웠다가 곧 일어났는데 자태와 용모가 기이하고 컸다.

그 아이를 알지(閼知)라고 이름 지었고 금궤(金櫃)에서 나왔다 하여 성(姓)을 김씨(金氏)라 했다.

요내정(遙乃井)

탈해가 토함산 위에서 사냥을 하며 무술을 연마하고 있을 때 높이 746m 되는 동해에 올라가 목이 말라 물을 청하였는데 심부름하는 아이가 마실 물을 떠 가지고 오다가 중도에서 먼저 마시고 가져갔다. 그런데 물바가지가 입에 붙어 떨어지지 않았다. 탈해가 이를 보고 꾸짖었다. "어른이 심부름을 시키면 충직히 해야지 네가 먼저 입을 대면 되겠느냐?" "이 뒤로부터는 가까운 곳이거나 먼 곳이거나 감히 절대로 마시지 않겠습니다."고 맹세하니 그제야 물그릇이 입술에서 떨어졌다. 이때부터 수련하던 여러 벗들이 석탈해를 두려워하고 그 후부터 샘물을 요내정이라 불렀다.

사금갑(射琴匣)

신라 21대 소지왕이 488년 정월 보름날 천천정(天泉亭)에 거동해 나설 때 까마귀와 쥐가 와서 울더니 쥐가 말했다. "이 까마귀 가는 곳을 살피십시오." 왕은 장수를 시켜 따라가게 했다. 동남산 양피촌 못가에 이르러 보니 돼지 두 마리가 싸우고 있었다. 이것을 한참 쳐다보고 있다가 장수는 그만 까마귀가 날아간 곳을 잃어버리고 길에서 서성거리고 있었다. 이때 갑자기 못 가운데서 풀옷을 입은 한 노인이 봉투를 들고 나타났다. "장수께서는 이 글을 왕에게 전하시오." 노인은 글이 쓰인 봉투를 건넨 뒤 물속으로 사라졌다.

왕이 봉투를 받아 보자 열어 보면 두 사람이 죽고, 열어 보지 않으면 한 사람이 죽는다고 적혀 있었다. 이를 본 신하가 말했다. "두 사람은 평민이고 한 사람은 왕을 가리킴이오니 열어 보시는 것이 어떨까 하옵니다." 왕은 신하의 조언에 따라 봉투를 뜯었다. 사금갑(射琴匣), 즉 거문고 갑을 쏘아라고 적혀 있었다. 대궐로 간 왕은 궁중으로 들어가 왕비의 침실에 세워 둔 거문고 갑을 향해 활시위를 당겼다. 거문고 갑 속에는 왕실에서 불공을 보살피는 승려가 죽어 있었다. 승려는 왕비와 짜고 소지왕을 해치려 한 것이었다. 왕비는 곧 사형되었으며 왕은 노인이 건네준 봉투 덕분에 죽음을 면하게 되었다. 이런 일이 있은 뒤로 그 나라 풍속에 해마다 정월 상해(上亥)·상자(上子)·상오일(上午日)에는 모든 일을 조심하고, 감히 움직이지 않았다. 그리고 16일을 오기일(烏忌日)이라 하여 찰밥을 지어 제사 지냈으며 이런 일은 지금까지도 계속 행해지고 있다. 노인이 나온 못을 이름하여 서출지(書出池)라고 한다.

만파식적(萬波息笛)

제31대 신문대왕(神文大王)은 아버지 문무대왕(文武大王)을 위하여 동해(東海) 가에 감은사(感恩寺)를 세웠다. 이듬해 임오(壬午) 5월 초하루에 해

관(海官) 파진찬(波珍飡) 박숙청(朴夙淸)이 아뢰었다. "동해 속에 있는 작은 산 하나가 물에 떠서 감은사를 향해 오는데 물결에 따라 이리저리 왔다 갔다 합니다." 왕이 이상하게 여겨 일관(日官) 김춘질(金春質)을 명하여 점을 치게 했다. "대왕의 아버님께서 지금 바다의 용(龍)이 되어 삼한(三韓)을 진호(鎭護)하고 계십니다. 또 김유신공(金庾信公)도 삼삼천(三三天)의 한 아들로서 지금 인간 세계에 내려와 대신(大臣)이 되었습니다. 이 두 성인(聖人)이 덕(德)을 함께하여 이 성을 지킬 보물을 주시려고 하십니다. 만일 폐하께서 바닷가로 나가시면 반드시 값으로 칠 수 없는 큰 보물을 얻으실 것입니다."

왕은 기뻐하여 그달 7일에 이견대(利見臺)로 나가 그 산을 바라보고 사자(使者)를 보내어 살펴보도록 했다. 산 모양은 마치 거북의 머리처럼 생겼는데 산 위에 한 개의 대나무가 있어 낮에는 둘이었다가 밤에는 합해서 하나가 되었다. 사자(使者)가 와서 사실대로 아뢰었다. 왕은 감은사에서 묵는데 이튿날 점심 때 보니 대나무가 합쳐서 하나가 되는데, 천지(天地)가 진동하고 비바람이 몰아치며 7일 동안이나 어두웠다. 그달 16일에 가니 용 한 마리가 검은 옥대(玉帶)를 받들어 바친다. 왕은 용을 맞아 함께 앉아서 묻는다. "이 산이 대나무와 함께 혹은 갈라지고 혹은 합치는 것은 무엇 때문인가?" 용이 대답한다. "비유해 말씀드리자면 한 손으로 치면 소리가 나지 않고 두 손으로 치면 소리가 나는 것과 같습니다. 이 대나무란 물건은 합쳐야 소리가 나는 것이오니, 성왕(聖王)께서는 소리로 천하를 다스리실 징조입니다. 왕께서는 이 대나무를 가지고 피리를 만들어 부시면 온 천하가 화평해질 것입니다. 이제 대왕의 아버님께서는 바다 속의 큰 용이 되셨고 유신은 다시 천신(天神)이 되어 두 성인이 마음을 같이하여 이런 값으로 칠 수 없는 큰 보물을 보내시어 나로 하여금 바치게 한 것입니다." 왕은 놀라고 기뻐하여 오색(五色) 비단과 금(金)과 옥(玉)을 주고는 사자(使者)를 시켜 대나무를 베어 가지고 바다에서 나왔는데 그때 산과 용은 갑자기 모양을 감추고 보이지 않았다. 왕이 감은사에서 묵고 17일에 기림사(祇林寺) 서쪽 시냇가에 이르러 수레를 멈추고 점심을 먹었다. 태자(太子) 이공(理恭, 효소대왕(孝昭大王))이 대궐을 지키고 있다가 이 소식을 듣고 달려와서 하례하고는 천천히 살펴보고 아뢰었다.

"이 옥대(玉帶)의 여러 쪽은 모두 진짜 용입니다." 왕이 말한다. "네가 어찌 그것을 아느냐." "이 쪽 하나를 떼어 물에 넣어 보십시오." 이에 옥대의 왼편 둘째 쪽을 떼어서 시냇물에 넣으니 금시에 용이 되어 하늘로 올라가고 그 땅은 이내 못이 되었으니 그 못을 용연(龍淵)이라고 불렀다. 왕이 대궐로 돌아오자 그 대나무로 피리를 만들어 월성 천존고(月城 天尊庫)에 간직해 두었는데 이 피리를 불면 적병(敵兵)이 물러가고 병(病)이 나으며, 가뭄에는 비가 오고 장마가 지면 날이 개며, 바람이 멎고 물결이 가라앉는다. 이 피리를 만파식적(萬波息笛)이라 부르고 국보(國寶)로 삼았다. 효소왕(孝昭王) 때에 이르러 천수(天授) 4년 계사(癸巳, 693)에 부례랑(夫禮郎)이 살아서 돌아온 이상한 일로 해서 다시 이름을 고쳐 만만파파식적(萬萬波波息笛)이라 했다고 한다.

나라를 지키는 호국룡

분황사 우물(석정)에 전해지는 이야기이다.

원성왕이 즉위한 지 11년이 되는 을해(乙亥 795)에 당(唐)나라 사자가 서울에 와서 한 달을 머물러 있다가 돌아갔는데, 하루 뒤에 두 여자가 내정(內廷)에 나와서 아뢴다. "저희들은 동지(東池)·청지(靑池)에 있는 두 용(龍)의 아내입니다. 그런데 당나라 사자가 하서국(河西國) 사람들을 데리고 와서 우리 남편인 두 용(龍)과 분황사(芬皇寺) 우물에 있는 용까지 모두 세 용의 모습을 바꾸어 작은 고기로 변하게 해서 통 속에 넣어 가지고 돌아갔습니다. 바라옵건대 폐하께서는 그 두 사람에게 명령하여 우리 남편들인 나라를 지키는 용을 여기에 머무르게 해 주십시오."

왕은 하양관(河陽館)까지 쫓아가서 친히 연회를 열고 하서국 사람들에게 명령했다.

"너희들은 어찌해서 우리나라의 세 용을 잡아 여기까지 왔느냐. 만일 사실

대로 고하지 않으면 반드시 사형(死刑)에 처할 것이다." 그제야 하서국 사람
들이 고기 세 마리를 내어 바치므로 세 곳에 놓아주자, 각각 물속에서 한 길
이나 뛰고 기뻐하면서 가 버렸다. 이에 당나라 사람들은 왕의 명철(明哲)함에
감복했다고 한다.

문명왕후 이야기

문명왕후는 신라 제29대 태종 무열왕 김춘추의 부인으로, 신라에서 용맹하
기로 유명했던 김유신 장군의 누이동생이었다. 원래 김유신에게는 그녀 말고
도 '보희'라는 여동생이 하나 더 있었는데, 평소 그는 같은 화랑 출신인 김춘
추를 존경하여 은근히 그가 자신의 누이들에게 관심을 갖게 되길 바라고 있
었다.

그러던 어느 날 보희는 경주 서악에 올라 오줌을 누는데 온 서라벌이 오줌
으로 가득 차는 꿈을 꾸게 되었다. 그녀는 그 꿈을 망측스럽다 생각했으나,
동생 문희는 꿈이 범상치 않음을 알고는 즉석에서 사겠다고 제안하고는 꿈을

치마와 맞바꾸었다. 이에 거래가 성립된 후 문희가 옷깃을 벌리자 보희는 "어젯밤 꿈을 네게 준다."고 말하였는데, 실제 비단치마가 값으로 치러졌다는 점에서 정식 거래가 이루어진 셈이었다. 사실 보희도 자신의 꿈이 왕비가 될 꿈이라는 것을 알고 있었다. 그러나 보희는 자신의 집안이 가야계 출신이기에 현실적으로 불가능하다 생각하여 판 것이었고, 동생 문희는 불가능할지라도 희망을 버리지 않겠다는 생각으로 비단과 꿈을 맞바꾸게 된 것이었다. 그 일이 있은 후 얼마 지나지 않아 김유신은 김춘추의 옷끈을 일부러 떨어지게 하여 자신의 집안으로 끌어들였다. 김유신은 큰 누이인 보희에게 김춘추의 옷고름을 달아 드리라고 하였으나, 그녀가 부끄럽다고 사양하자 문희에게 대신 부탁하였다. 이에 문희는 신라에서 가장 잘 생긴 김춘추 앞에서 떨리는 손으로 옷고름을 달게 되었는데, 옷고름을 달다 눈이 마주친 두 사람은 순간 정염의 불길이 활활 불타올라 버렸다. 왜냐하면 한창 피어오르는 청춘 남녀가 빈방에 둘만 있자니 끓어오르는 욕망을 참을 길이 없었던 것이다. 그리하여 첫 만남을 통해 불붙기 시작한 두 사람은 이후에도 수시로 만나 타오르는 정염을 쏟아 내며 밀어를 속삭이게 되었다. 그런데 일 년 뒤 큰 문제가 발생하였다. 당시 신라에는 여자가 혼인도 하기 전에 임신을 하면 화형에 처해지는 풍습이 있었는데, 문희가 덜컥 처녀의 몸으로 임신을 한 것이었다. 게다가 설상가상으로 김춘추는 당시 정궁 부인이었던 보량 공주에게 마음이 가 있어 문희를 외면하기 시작하였다. 사태가 이쯤 되자 자신 때문에 동생이 죽게 생겼다고 생각한 김유신은 한 가지 꾀를 내었는데, 그것은 바로 선덕여왕이 행차하는 날에 일부러 집 뒤뜰에 불을 지펴 연기를 나게 한 것이었다. 김유신의 계획대로 연기를 본 선덕여왕은 무슨 일이냐고 물었고, 신하는 김유신의 누이가 처녀의 몸으로 아이를 가져 화형에 처하는 모양이라고 답하였다. 그러자 곁에 있던 김춘추는 얼굴이 빨개진 채로 여왕에게 자신의 잘못을 고하였는데, 그 말을 들은 여왕은 즉시 화형을 중지시킨 후 춘추에게 문희와 결혼하라 명하였다고 한다. 그로부터 이십 년 뒤 참으로 놀라운 일이 벌어졌다. 그것은 바로 김춘추가 왕으로 즉위하여 꿈의 예언대로 문희가 왕비가 된 것이다.

선도성모(仙桃聖母)

　진평왕 때 안흥사(安興寺)의 여승 지혜(智惠)가 불전(佛殿)을 수리하려 하였으나 힘이 모자랐다. 그러던 어느 날 꿈에 선도산의 성모가 나타나 불전 수리를 기특한 일이라고 하면서 "내 자리 밑에서 금 열 근을 꺼내 쓰라."고 하였다. 다음 날 지혜가 무리를 데리고 신사(神祠)의 자리 밑을 파 보니 황금 160냥이 나왔다. 이로써 불전 수리는 무사히 마칠 수가 있었다. 그런데 선도산 성모는 본래 중국 제실(帝室)의 딸로 이름을 사소(娑蘇)라 하였는데 일찍이 신선술(神仙術)을 배워 신라에 와 머물렀다. 아버지인 황제(皇帝)가 솔개(독수리) 발에 편지를 매어 딸에게 보냈는데, 그 편지에 이르기를 "이 솔개가 머무는 곳을 집으로 삼으라."고 하였다. 사소가 그대로 하였더니 솔개가 선도산에 앉았으므로 사소는 그곳의 지선(地仙)이 되었다. 이로써 산 이름을 서연산(西鳶山)이라 하였다. 그 뒤 선도산 성모는 오랫동안 이 산에 살면서 나라를 지켰는데 그동안 신령스러운 일이 자주 일어나 삼사(三祠)의 하나로 삼고 차례를 망제(望帝)의 위에 두었다.

　제54대 경명왕이 매사냥을 좋아하여 일찍이 여기에 올라가서 매를 놓았나가 잃어 버렸다. 이 일로 해서 신모에게 기도했다. "만일 매를 찾게 된다면 마땅히 성모께 작(爵)을 봉해 드리겠습니다." 이윽고 매가 날아와서 궤(机) 위에 앉으므로 성모를 대왕에 봉작하였다.

　그가 처음 진한에 와서 성자(聖子)를 낳아 동국의 첫 임금이 되었으니 필경 혁거세와 알영의 두 성군을 낳았을 것이다. 때문에 계룡, 계림, 백마 등으로 일컬으니 이는 닭이 서쪽에 속해 있기 때문이다. 성모는 일찍이 제천의 선녀에게 비단을 짜게 해서 붉은 빛으로 물들여 조복을 만들어 남편에게 주었으니, 나라 사람들은 이 때문에 비로소 신비스러운 영검을 알게 되었다.

대종천 종

토함산 추령에서 대왕암(문무왕릉) 부근으로 흘러 들어가는 냇물을 대종천이라 한다.

감은사에는 크고 훌륭한 동종이 있었다. 아침, 저녁으로 울려 은은하게 들로, 산으로, 바다로, 맑은 소리가 퍼졌는데 1592년 임진왜란 때 왜병들이 감은사에 침입하여 대종을 훔쳐 일본으로 가져가려고 배에 실었다. 그러나 배가 떠나려 할 때 갑자기 천둥이 치며 큰 풍파가 일어나 배는 파선되어 부서지고 왜병들은 모두 물에 빠져 죽었다. 감은사의 대종만은 옛 주인을 찾아 대왕암 곁 물 밑에 가라앉게 되었다. 물결이 일렁일 때마다 대종은 은은히 울리며 옛 임의 넋을 위로하고 있었으므로 그로 인해 냇물을 대종천이라 부르게 된 것이다. 지금도 날씨가 고요할 때면 가끔 종소리가 들려온다고 마을에 이야기가 전한다.

손순(孫順)과 석종(石鐘)

신라 42대 흥덕왕(興德王) 때 일이었다. 모량리에 손순(孫順)이라는 사람이 살고 있었다. 아버지는 학산(鶴山)이라는 사람이었는데 일찍이 세상을 떠나고, 홀어머니를 모시고 젊은 내외가 외아들을 데리고 모두 네 식구가 살았다. 집이 몹시 가난하여 손순은 남의 농사일에 품팔이를 하였고, 아내는 남의 집 빨래나 바느질을 하여 간신히 그날그날을 살아갔다. 그러나 혼자 계신 어머니를 위해서는 정성이 극진했다.

나무를 지고 장에 가면 반드시 어머니 반찬감으로 생선이나 고기를 사다가 아껴 어머니상에만 놓았다. 그러나 철모르는 어린아이는 끼니때가 되면 할머니 밥상으로 달려가서 할머니 반찬을 다 먹어 버리는 것이었다. 할머니도 손자를 귀엽게 생각하여 맛난 반찬은 모두 손자에게 먹이니 언제나 배부를 날

이 없었다.

이에 손순은 그의 아내를 불러 의논하였다.

"아이는 언제나 또 얻을 수 있지만 어머니는 다시 얻을 수 없는 분 아닌가? 아이가 어머니 음식을 뺏어 먹어서 어머니가 늘 굶주림 속에 계시니 저 아이를 땅속에 묻어 버리고 어머님을 굶주리지 않게 모시기로 합시다." 그의 아내도 의견에 찬동하여 외아들을 업고, 취산 북산으로 갔다. 손순은 아이를 묻기 위해 땅을 팠다. 이때 괭이 끝에서 둥−하는 아름다운 소리가 들려왔다. 땅속에는 돌로 만든 종 하나가 묻혀 있었다. 손순의 내외는 신기하게 여겨 그 종을 나뭇가지에 걸어 놓고, 두들겨 봤더니 은은하고 묘한 소리가 울려 퍼졌다.

아내는 말했다.

"이렇게 이상한 물건을 얻은 것은 이 아이의 복이니 이 아이를 묻지 말라는 지시인가 봅니다." 손순도 그렇게 여겼다. 아내는 아이를 업고 손순은 돌 종을 둘러메고 집으로 돌아왔다. 돌 종을 처마에 달아 놓고 아침, 저녁으로 두들겼다. 이때 월성 대궐에서 흥덕왕이 누각에 올라 서울 장안을 살펴보는데 서쪽 교외에서 맑은 종소리가 은은히 들려왔다. 그 종소리를 들으니 마음이 고요해지고 상쾌하였다. 왕은 신하들에게 "지금 서쪽 교외에서 종소리가 들려오는데 보통 소리가 아닌 것 같으니 가서 알아보라." 하고 명령하였다.

신하가 종소리를 찾아 손순의 집으로 갔다. 그래서 돌 종을 얻게 된 내력을 듣고 와서 흥덕왕께 사실대로 아뢰었다. 왕은 손순 내외의 효성을 크게 칭찬하고 집 한 채를 내어 주며 그 집에서 살게 하였고 해마다 벼 50석을 주었다. 이리하여 손순은 어머니를 모시고 걱정 없이 살게 되었으므로 이 은혜를 보답하기 위하여 먼저 살던 오막살이집에 절을 짓고, 절 이름은 홍효사라 하였다. 묘한 돌 종은 홍효사의 종각에 달아 놓았다. 진성여왕 때 후백제의 도적들이 마을에 들어와서 종을 훔쳐 가 버려 종은 없어졌으나, 절은 오랜 뒤에까지 남아 있었다고 전한다. 종을 파낸 자리를 완호평(完乎坪)이라 했는데 후세에 잘못 전하여 지랑평(支箆坪)이라 했다. 그 후로 이 마을을 북골(鐘洞)이라 하였는데 후손들이 경주시 현곡면 소현리에 손순의 효자비(孝子碑)를 세우고, 마을 이름도 효자리라고 부르고 있다.31)

단석산의 김유신 이야기

　신라 왕성에서 30여 리 안팎에 높은 산이 하나 있는데 이 산은 중악(中岳) 서라벌(徐羅伐) 근교에서는 가장 깊은 산이다. 그런데 이 험하고 깊은 산속에 찾아온 한 소년이 있었다. 비록 나이는 어렸으나 늠름한 용모와 초롱초롱한 눈빛, 꽉 다문 입술, 첫눈에 누가 보아도 예사스러운 소년 같아 보이지는 아니하였다. 무엇을 단단히 결심하고 입산한 것을 알 수가 있었다. 소년은 산 정상 가까운 곳에 있는 바위 동굴 속으로 들어갔다. 그러고는 다시 나와 계곡에 흐르는 맑은 물에 몸을 씻고 올라가 가장 큰 바위 밑에 앉아 향을 피우고 단정하게 꿇어 앉아 정성을 다하여 기도를 하기 시작하였다. "적국들은 날로 무도하게 이 나라를 침범하여 언제나 편안한 날이 없습니다. 이 몸은 미천한 존재로서 재주도 용력도 없사오나 장차 이 환란을 없애고, 삼한을 통일하게

31) 경주시, 『고도 경주』, 1982, pp.487 – 488.

하는 간절한 힘을 저에게 주옵소서." 이와 같은 내용의 기도를 정성껏 드리고 있었다. 해가 저물고 날이 밝아도 쉬지 않고 계속 한 자리에 단정하게 앉아 눈을 감고 며칠이고 기도만 올리는 것이었다.

　이렇게 밤낮 기도하기를 나흘째 되는 날, 마치 하늘에서 내려온 것처럼 한 노인이 소년 앞에 홀연히 나타났다. 긴 흰 수염을 가슴까지 길게 늘어뜨린 노인은 흡사 신선과 같기도 하고 도사처럼 보였다. 소년은 눈을 번쩍 뜨고, 놀라서 이 노인을 쳐다보았다. 노인이 먼저 조용히 입을 열어 소년을 향해 물었다. "여기는 깊은 산속이며 독한 벌레와 사나운 짐승들이 우글거리고 있는 곳인데 두렵고 무서운 생각이 없이 뭣 때문에 이렇게 기도를 드리고 있는고?" 소년은 노인의 물음에도 대답을 하지 못하고, 한동안 정신을 빼앗긴 채 노인의 얼굴만을 살피고 있었다. 그리고 입을 열었다. "어른께서는 어디서 오신 뉘시며 존명은 어찌 되시는지 알고자 하옵니다." 소년의 당돌한 이 물음에 노인은 얼굴에 웃음을 가득 담으면서 "나는 일정한 거처가 없고, 인연에 따라 바람처럼 오고 가는 사람인데 이름은 난승(難勝)이라고 하지." 이 말을 들은 소년은 예사스러운 노인이 아님을 직감하고는 자신의 신분을 공손하게 아뢰었다. "저의 이름은 김유신이라고 합니다. 이 나라를 늘 괴롭히는 적국들을 그냥 보고만 있을 수가 없어서 이렇게 큰 포부로 기도를 드리고 있사옵니다. 장차 이 나라의 기둥이 되어 삼국을 하나로 통일하는 위업을 날성하기 위해 신명에게 기도를 올리는 중이옵니다. 바라옵건대 어른께서는 예사로운 분이 아니심을 짐작할 수 가 있습니다. 저에게 방술(方術)을 가르쳐 주시옵소서." 그러나 노인은 소년의 간청에도 불구하고 아무 대답이 없었다. 소년은 마음속으로 이 노인이 더욱 예사스러운 어른이 아님을 알고, 눈물을 흘리면서 간곡히 간청을 되풀이하였다. 이 간청을 한 번, 두 번, 세 번…… 이렇게 여섯, 일곱 차례까지 매달리듯 하였다. 그러자 비로소 노인은 못 이긴 듯 입을 열었다.

　"너는 어린 소년의 몸으로 삼국을 통일하겠다니 참으로 놀랍고, 그 기개가 가상하구나. 너의 뜻이 기특하고 정성이 갸륵하므로 내 힘이 닿는 데까지 도와주겠다." 소년 김유신은 그렇게 고맙고 감사할 수가 없었다. 수없이 고개를 조아리고 고마워하였다. 시간이 지나 소년은 노력을 다한 까닭에 놀라운 속도로 무예의 비법을 터득할 수가 있었다. 마지막 가르침을 다 했을 때 노인 난승은 소년을 불러 앉혀 놓고, 조용히 당부를 하였다. "너에게 내가 가르친 이 비법(秘法)은 삼가 써야 하며 망령되게 남에게 함부로 누구에게 전해도 안 되고 또 옳다고 하는 일에만 반드시 써야지 그렇지 못하면 오히려 해를 당할 것이니 이것을 명심하여 새겨 잊지 말아야 할 것이다." 그러고는 난승 노인은 이제는 더 이상 가르칠 것이 없다고 하면서 떠나 버렸다. 유신 소년은 스승이 가는 뒤를 쫓아갔으나 이 리(二里)쯤 가다가 갑자기 온데간데없이 산속에서 사라지고 말았다. 놀라서 사방을 살펴보았으나 보이질 않았다. 다만 없어진 산 위에 오색 안개가 자욱할 뿐이었다. 소년 김유신은 그때서야 그 노인이 자기를 가르치기 위하여 하늘에서 보낸 것을 알고 비로소 깨달았다. 수도를 마친 김유신은 난승에게서 받은 신검을 써서 자신이 수도하는 곳에 있던 바위를 두 쪽으로 갈라놓았는데 그때부터 이 산을 단석산(斷石山)이라 불렀다고 한다.

단석산의 장흥사

　방내에서 1.5㎞쯤 큰 골에 들어가면 큰 골못이라는 큰 못이 있다. 이 못 속에는 옛날 장흥사라는 큰 절이 있었다. 지금도 주워지는 기와 속에 장흥사(月生山 長興寺)란 명문기와도 발견된다. 장흥사는 날로 흥하여 손님들이 많았고 명산에 터를 잡은 유명한 절이라 불공을 드리러 많은 쌀과 제물이 들어왔고 산천을 유람하는 과객들도 많았다. 주지는 과객들이 몰려와서 쌀을 축내는 것이 미워 한 도승에게 그들이 오지 못하게 할 방편을 부탁했다. 도승은 백호 쪽에 해당되는 산의 산맥을 끊어 나태고개를 파라고 일러 주었다. 주지는 돌아와서 중들을 동원하여 산맥을 끊으니 그 자리에 붉은 피가 흐르고 있었다. 그 후 절의 중들은 두려운 생각에 슬금슬금 도망가고 남이 있던 사람들도 시름시름 없어지니 주지의 소원대로 손님은 끊기고 절은 조용히 망해 버렸다. 그 터마저도 못이 되어 잠겨 있는데 나태고개의 흙만 지금도 붉게 물들어 남아 있다.

단석산의 천탑암

　건천 꽂안 마을에서 남쪽으로 향하여 큰 골로 들어가면 장흥사(長興寺) 터가 못 속에 있고 계속 계곡으로 더 들어가면 화랑바위(花郎嵓)와 급제바위(及弟嵓)가 있다. 이 바위들은 옛날 화랑도들이 이 바위의 안 골짜기에서 심신 단련하는 수양을 하였으므로 자식들을 면회하기 위하여 찾아간 어머니들은 이곳에서 더 들어가지 못하고 화랑도인 아들들을 이곳에 불러내어 이 바위에서 면회하였다고 전한다. 이 바위에서 계곡은 서쪽으로 깊어진다. 마을 사람들은 백련골(白蓮谷)이라 한다. 이 계곡에 들어서서 정상을 바라보면 하늘을 받치는 기둥처럼 생긴 하늘 받침돌과 큰 바위 더미가 하늘을 떠받고 솟아 있는데 그 바위 더미가 천탑암이다. 천탑암 아래 단석사 터가 있다. 옛날 당나라 어느 곳에 요승(妖僧)이 있었는데 천 사람의 젊은 제자들을 괴롭혔다. 천 명의 제자들을 혹사시켜 재물을 긁어모을 뿐 먹을 것도 주지 않고 잠도 잘 재워 주지 않았다. 부처님이 가르친 진리 같은 것은 가르쳐 줄 염두도 없었다. 그렇다고 젊은이들은 그곳에서 도망갈 수도 없었다. 그 요승은 요술(妖術)을 잘 부리기 때문이다. 이때 원효스님은 단석사에 있었다. 당나라에 요승이 있어 많은 젊은이들을 괴롭히고 있다는 말을 들은 원효 스님은 이 바위 더미에 올라서서 서쪽을 향하여 지팡이를 던졌다. 지팡이가 비행접시 모양으로 이상한 소리를 내면서 날아갔다. 스님의 지팡이는 서해를 건너 마침내 요승의 절을 덮어 버렸다. 일천 명의 제자들은 이제 지옥 같은 요승의 우리에서 벗어나게 되었다. 저 지팡이 덕으로 우리들은 살아났다. 우리들은 저 지팡이를 위하자 하고 땅에 떨어진 지팡이를 살펴보니 지팡이에는 해동(海東) 원효(元曉)라 새겨져 있었다. 요승의 1천 명 제자들은 감격하여 원효스님을 뵈옵기 위해 바다 천 리를 건너고 육지 천 리를 걸

어 단석사까지 찾아왔다. 그러나 그때는 이미 원효스님은 열반하시고 이 세상에 아니 계셨다.

1천 제자들은 슬픔을 못 이겨 각각 바위 더미에 돌을 동 개어 탑을 쌓아 원효스님의 명복을 빌고 갔다. 그래서 이 바위는 천탑암이 되었다. 천탑암 남쪽에는 입구에 불상을 새긴 석굴이 있고 북쪽에는 하늘 받침돌이라 부르는 돌기둥이 있다.

작성(鵲城)

신라 제29대 무열왕(武烈王) 때에 각간(角干) 김유신 장군이 백제(百濟)를 정복하고자 군사 5만을 인솔하여 왕성을 물러나와 진군하여 30여 리 정도인 현재의 작성에서 첫날의 진을 치고 있을 때 서쪽에서 홀연히 한 마리의 이상한 까치가 날아와서 진영(陣營)의 창공을 돌다가 양양한 대장기(隊將箕) 끝에 앉았다. 군사들은 불길한 징조라 하며 괴상한 소문이 진중을 혼란스럽게 하였다. 이 광경을 묵묵히 바라보고 있던 김유신 장군이 허리에 찬 장검(長劍)을 빼어 우뢰같이 까치를 향하여 소리치니 그 까치는 지상에 떨어지면서 홀연히 아름다운 미인으로 변하였다. 이는 당시 삼국의 절세미인이라 찬양하던 백제의 공주인 가선(佳仙)이었으니 연약한 여자의 몸임에도 어려서부터 검술과 신술을 배웠던 까닭으로, 백제왕이 신라의 용장인 김유신이 수많은 군사를 거느리고 백제로 쳐들어온다는 정보를 받고 걱정하고 있을 때 공주가 신술을 부려 까치로 변하여 적진지로 날아왔던 것이다.

김유신 장군은 변신(變身)한 가선 공주를 미리 알았기 때문에 제압하였으며 공주는 눈물을 흘리며 항복하고 죽었다고 한다. 이리하여 이 도성을 작성(鵲城) 혹은 작원성(鵲院城)이라 부르게 되었다고 한다.[32] 인근 마을에는 김유신 장군의 기간 지주가 남아 있다.

봉황대(鳳凰臺)

경주시 노동동 고분군에 있는 신라 고분 가운데 가장 큰 것을 봉황대라고 부르는데 밑바닥 지름이 82m, 높이 22m로 하나의 거대한 능과 같다.

고려의 태조 왕건은 남아 있는 후삼국을 통일하려 했으나 뜻대로 되지 않아 항상 근심을 가지고 지냈다. 특히 신라와의 병합을 무척 염원하였는데 그

---

32) 慶州市, 大邱大學校博物館, 『慶州鵲城地表調査報告書』, 2003, pp.36-37.

염원은 시간이 갈수록 태조의 몸을 야위게 하였다. 이를 보다 못한 왕비는 왕을 위로하며 풍수지리를 잘 보는 신하를 불러 신라를 파악해 보자는 제안을 하였다. 고려의 첩자인 풍수쟁이가 신라 임금에게 이렇게 말했다. "신라의 서울은 봉황새의 둥지형상입니다. 이제 때가 되어 봉황새들은 집을 버리고 날아가려 합니다. 장안에 봉황의 알을 많이 만들어야 하오니 작은 산들을 만들고 또 봉황이 마시기 위해 우물을 하나 파야 될 줄로 아옵니다." 하고 손에 땀을 쥐고 이야기하였고 이야기를 들은 신라 임금은 그 말이 그럴듯하여 수없이 많은 고분과 우물을 만든다. 그러나 신라는 쇠락해 멸망하고 말았다. 사실 서라벌 땅은 전진하는 배의 형상으로 수많은 고분의 무게를 못 이겨 침몰한 것이다. 고려의 첩자 풍수쟁이의 계략에 넘어가 신라가 멸망했다. 이 사실을 안 고려 태조는 매우 기뻐하였다. 그 봉황의 알 형상인 산들은 봉황대라 하고 그 우물은 율림정이라 하여 예전까지 남아 있었다고 전한다. 즉 경주는 시가지가 봉황상이 아니고 배의 형상이 되어 인공으로 만든 봉황알처럼 생긴 동산이 너무 무거워 침몰했다는 이야기가 진해지고 있다.

오류리 등나무 전설

　경주시 현곡면 오류리 마을에 있는 천연기념물 제89호 등나무에 전해지는 이야기이다.

　옛날 서라벌 점량부 현실 냇가에 한 농가가 있었다. 그 착한 부부에게 아름다운 딸이 있었는데 언니는 홍화요, 동생은 청화라 하였다. 청화는 그림자처럼 언니 홍화를 따라다니며 둘의 정이 극진했다. 자매가 각각 18세, 16세가 되었을 때 무슨 일이나 비밀 없이 서로의 일을 다 알고 있었지만 누구하고도 나누어 가질 수 없는 연인에 대한 일만은 몰래 숨기고 있었다. 신라인들은 정월 대보름 가을 한가위를 맞이하면 갖가지 행사를 즐겼다. 남자들은 씨름, 활쏘기, 말달리기, 줄다리기 등을 하고 여자들은 그네뛰기, 베짜기 등의 놀이를 즐겼는데 이럴 때면 처녀 총각들이 서로 놀이도 구경하기고 하고 응원하기도 했다. 두 처녀는 지난해 추석날 말달리는 경기장으로 구경 갔다가 믿음직스럽고 늘 미소를 머금은 젊은 낭도의 모습을 보고 같이 사모하게 되었다. 두 처녀의 마음속에 그 늠름한 낭도의 모습이 똑같이 사랑으로 싹트기 시작했다. 그리고 청화는 청화대로 홍화는 홍화대로 지메의 미음속을 모르는 재 그 청년에 대한 그리움으로 고민하고 있었다. 삼국시대 말경 국경에는 싸움이 없는 날이 없었다. 북에는 고구려, 서에는 백제가 침입해 오고 때로는 일본 해적들이 노략질하니 신라 청년들은 전투준비에 여념이 없었다. 드디어 큰 전쟁이 일어났다. 서라벌 청년들은 일제히 전장으로 나가는 길 양옆을 전송하는 일가친척들과 이별을 서러워하는 애인들로 차 있었다. 혹시 마지막이 될지 모르는 연인을 위하여 홍화와 청화는 꽃다발을 들고 나왔다. 두 자매의 언니도 동생도 "언니도 애인 있었소?" "너도 애인이 있었니?" 물으면서 서로 자기의 애인인 줄을 몰랐다. 홍화와 청화가 기다리던 그 청년이 꿈에도 잊지 못하던 인상적인 미소를 지으며 나타났다. 두 개의 꽃다발을 받아 말안장에 얹고 미소를 지우며 두 자매에게 답례하고 떠나갔다. 그러나 두 자매의 심정은 참담하기 그지없었다.

기구한 운명을 어떻게 해치고 나갈까 생각했다. "언니 이제부터 나는 그 사람을 잊을게 안심해요." "잊어버린다는 것이 어디 그리 쉬운 일이냐. 내가 잊어버려야지. 너에게 불행한 아픔을 안긴 데서야 어찌 언니라고 할 수 있겠느냐."고 서로를 위로했다.

그런데 어느 날 그 청년이 전사했다는 슬픈 소식이 날아왔다. 청화와 홍화는 남의 눈을 피해 둘이서 언제나 같이 놀던 호숫가에서 하늘을 우러러 원망하며 울었다. 그리고 둘은 꼭 껴안은 채 호수 속으로 뛰어들었다. 괴롭고 아픈 사랑을 잊으려고 꽃 같은 생명을 던져 버렸던 것이다. 두 영혼은 못가에 등나무로 태어났다. 그 등나무는 그루가 둘인데 줄기는 하나로 연결되어 많은 가지가 다섯 그루의 버드나무를 타고 뻗어 올라 하늘을 덮었다.

김후직 이야기

  경주시 황성동 계림중학교 뒤편에 있는 경주 간묘(慶州 諫墓 경상북도 기념물 31호, 김후직의 묘)에 전해지는 이야기이다.

  김후직(金后稷)은 신라 제22대 지증왕의 증손으로 왕손이다. 신라 16관등 가운데 2등급인 이찬(伊飡)으로서 진평왕 2년(580)에 병부령(兵部令)에 임명되었다. 진평왕이 사냥하기를 무척 좋아해 나랏일을 소홀히 하는 형편이었기에, 김후직이 간(諫)하기를 "옛날 임금들은 하루에도 만 가지 일을 보살폈으되, 깊이 생각하고 멀리 내다보며 처리하였고, 좌우에 올바른 판단으로 바른 말 하는 사람들을 두어 그들의 말을 받아들이며, 부지런하고 꾸준하여 감히 안일한 마음을 갖지 않았습니다. 그렇게 하여야만 나랏일이 순조롭게 풀려 나가고, 민심이 순후하여 국가를 보전할 수 있었거늘, 이제 임금께옵서는 날마다 난봉꾼들과 포수들을 데리고 사냥개와 매를 놓아 꿩과 토끼를 잡으려고 산과 들로 뛰어다니는 일을 스스로 제지하지 못하고 있사옵니다. 노자(老子)라는 책에 이르기를 사냥에 정신이 팔리게 되면 자신의 마음도 걷잡지 못한다 하였으며, 상서(尙書)에는 안으로 계집에게 빠지거나 밖으로 사냥에 미치거나, 이 중에서 한 가지만 취하여도 망하지 않는 자가 없다 하였습니다. 이렇다고 하면 임금에게 있어서 사냥이란 안으로는 마음을 흩트려 방탕하게 하고, 밖으로는 나라를 어지럽게 하여 망하는 지경에까지 이르게 하는 것이니, 마땅히 임금께서는 반성하시어 명념하소서." 하였으나 진평왕은 들은 척도 하지 않고 계속 사냥길에 나서는 것이었다. 그래도 김후직은 한마음 한뜻으로 또다시 간절하게 말리고 간하였지만 사냥은 계속되었다. 그 뒤 김후직이 병들어 죽을 임시에 자기 세 아들을 불러 놓고 "내가 나라의 신하로서 임금의 허물을 바로잡아 드리지 못하였는데, 만약 대왕이 방탕한 오락으로 사냥하기를 끊지 못한다면, 이로써 나라가 패망할지도 모른다. 이 어찌 크나큰 걱정거리가 아닌가. 내 죽어서라도 반드시 임금을 깨우쳐 드릴 작정이니, 내 주검(屍身)을 임금이 사냥 다니시는 길 옆에 묻어다오."라고 하였으므로, 후직이 죽은 후에 그 아들들이 유언대로 실행하였다. 왕이 사냥 가는 길에 무덤을 쓴 사연을 자초지종 다 듣고 눈물을 흘리며 "그분이 죽어서도 충성으로 과인을 타이르는 것이니, 짐을 사랑함이 부모와 같도다. 만약 끝내 허물을 고치지 않는다면 이승이거나 저승에서나 어찌 대할 낯이 있겠는가." 하고는 궁으로 되돌아와 이후로는 평생토록 사냥을 하지 않았다.

이차돈의 순교

이차돈은 지증왕 7년(506)에 태어났고, 성은 박씨요, 이름은 염촉이며, 거차돈(居次頓)으로도 불리었다.

이차돈은 어려서부터 베풀기를 좋아하여 주위 사람들의 신망을 받았으며, 일찍부터 불교를 신봉하였으나 신라에서 국법으로 불교가 허용되지 않음을 한탄하였다. 때마침 법흥왕도 불교를 백성들에게 알리고, 불력(佛力)에 의해 국운을 번영시키고자 하는 생각이 간절하였으나 신하들의 강력한 반대로 말미암아 뜻을 펴지 못하고 있었다. 어느 날 법흥왕은 신하들을 모아 놓고 말하였다.

"짐은 즉위할 때부터 만백성을 위하여 복을 닦고 죄를 없앨 수 있는 불찰(佛刹)을 짓고자 하였노라. 이제 절을 창건하려 하노니, 경들의 생각은 어떠한고?"

그러나 신하들의 반대는 예상외로 강하였다. "근년에 흉년이 들어 백성들의 생활은 불안하고, 더욱이 인접한 나라의 병사들이 국경을 자주 침범하여 군사들은 쉴 사이도 없사옵니다. 이러한 어려운 때에 백성들을 동원하여 쓸모없는 사찰을 짓는다는 것은 당치 않사옵니다."

왕은 신심(信心)이 없는 좌우의 중신(重臣)들을 둘러보며 측은한 마음을 가누지 못하다가, 자기의 부덕(不德)을 탓하면서 홀로 탄식하였다.

"아! 만백성들에게 편안한 삶을 안겨 줄 불교를 펴고자 함이나, 나의 부덕

한 소치로 찬성하는 이 없으니, 누구와 더불어 이 일을 같이 할꼬?”

그때 법흥왕의 뜻을 헤아린 이차돈이 찾아와서 아뢰었다.

“대왕이시여, 완고하고 교만한 중신들을 굴복시키기 위해서는 특별한 일이 일어나지 않으면 안 됩니다. 대왕께서는 왕명을 어겼다는 이유를 들어 저를 처단하십시오. 틀림없이 부처님의 뜻에 따라 하늘과 땅에서 기이한 변고가 일어날 것이옵니다. 그렇게만 되면 누가 또다시 반대를 하겠습니까?”

“너의 할 일이 아니다.”

일언지하에 거절하는 법흥왕을 향해 이차돈은 거듭 간절히 아뢰었다.

“나라를 위해 몸을 버리는 것은 신하의 큰 절개요, 임금을 위해 목숨을 바치는 것은 백성의 바른 뜻입니다. 신에게 왕명을 거짓되게 전한 죄를 내려 신의 머리를 베시면 만백성이 다 굴복하여 이후로는 어느 누구도 왕명을 거역하지 않을 것이옵니다.”

“염촉아, 부처님은 과거 전생에 새 한 마리를 살리기 위해 자신의 살을 베어 주었고, 피를 뿌리고 생명을 끊으면서까지 뭇 생명들을 구하여 주었느니라. 내가 불법을 펴고자 함도 사람들에게 이로움을 주고자 함이거늘, 어찌 죄 없는 너를 죽일 수 있겠느냐? 네가 죽어 큰 공덕을 지을 수 있다 할지라도 죄는 피하는 것이 좋겠다.”

“아니옵니다. 대왕이시여. 모든 것 중에서 가장 버리기 어려운 것이 목숨(身命)이지만, 이 몸이 저녁에 죽어 아침에 대교(大敎, 불교)가 행하여진다면, 하물며 부처님의 해가 영원히 밝혀지고 이 나라가 길이 평안하다면, 저의 죽는 날이야말로 다시 태어나는 날이 아니겠습니까?”

"네 비록 포의(布衣)를 입었지만 마음속은 비단과 같구나. 네가 그렇게만 해내면 가히 보살의 행위라 할 것이다." 크게 감격한 법흥왕은 이차돈과 함께 크게 불법을 펼 것을 굳게 맹세하였다. 마침내 사인(舍人) 벼슬에 있던 이차돈은 천경림(天鏡林)에 절을 짓기 시작하였고, '이차돈이 왕명을 받들어 절을 짓는다.'는 소문은 삽시간에 서라벌 곳곳으로 퍼져 나갔다. 이 소식을 들은 신하들은 크게 흥분하여 왕에게 다투어서 물었다. 법흥왕은 자신이 영을 내린 것이 아니라 하고, 이차돈을 불러들여 문초하였다.

"절을 지은 것은 부처님의 뜻에 따라 소인이 한 일이옵니다. 불법(佛法)을 행하면 나라가 크게 편안해지고 경제에도 유익할 것이오니, 국령(國令)을 어긴다 한들 무슨 죄가 되겠습니까?" 주위의 신하들은 발끈하였다.

"지금 승도(僧徒)들은 보건대 어린아이들과 같은 머리에 다 떨어진 옷을 입고 허황되기 짝이 없는 말만을 하니, 이 어찌 정상적인 도라고 하겠습니까? 만약 이차돈의 말을 그대로 좇는다면 반드시 후회하게 될 것입니다. 신들에게 죽음의 죄가 내려진다 한들 이것만은 따를 수 없나이다. 하물며 이차돈은 왕명을 그릇 전하였으니 엄한 벌로 다스려야 하옵니다."

그때 이차돈은 분기 띤 음성으로 외쳤다.

"대왕이시여, 군신들의 말은 옳지 않사옵니다. 무릇 비상(非常)한 사람의 뒤에는 비상한 일이 따르기 마련이옵니다. 불교는 매우 심오하여 따르지 않을 수 없사옵니다. 어찌 제비가 기러기의 큰 뜻을 알 수 있겠나이까?"

신하들의 반대는 더욱 커졌고, 법흥왕은 이차돈과 미리 상의한 대로 마침내 결단을 내렸다.

"많은 사람들이 모두 반대하고 있는데 오직 너만이 옳다고 하는구나. 두 의견을 다 따를 수는 없다. 이차돈을 참(斬)하여라."

왕명을 받은 하리(下吏)가 목을 베기 직전, 이차돈은 법흥왕께 간곡히 아뢰었다.

"저는 이제 진리를 위해 기꺼이 형을 받나이다. 바라옵건대 대왕이시여, 의리(義理)를 일으키소서. 부처님이 신령하시면 제가 죽은 뒤에 반드시 이적(異蹟)이 일어날 것이옵니다."

이차돈은 하늘을 우러러보며 마지막 기도를 하였고, 하리는 그의 목을 베었다. 순간, 머리는 공중으로 날아가 금강산(金剛山)에 떨어졌고, 잘린 목에서는 우윳빛 같은 흰 피가 수십 장(丈) 한 길이나 솟아올랐으며, 이때 갑자기 캄캄해진 하늘에서는 아름다운 꽃이 비 오듯 쏟아졌고 땅은 크게 진동하였다. 군신들은 서로 부둥켜안고 자기들의 어리석음과 우둔함에 통곡하였으며, 그의 시체를 금강산에 장사 지냈고 명복을 빌기 위해 자추사(刺楸寺)라는 절을 세웠다. 법흥왕은 이후 불교를 국교(國敎)로 공포하였다.

아기봉

경주시 외동읍 입실리 서쪽 동몽 산등성에 불룩하게 솟아오른 큰 바위 봉우리가 있다. 서로 얽혀 있어 마천루처럼 보이며, 특히 석양 때면 봉우리에 붉게 물이 들어 신비스럽게 보인다. 이곳에 전해지는 옛날이야기이다.

아주 옛날 삼백예순날을 날마다 하루같이 아기봉에 올라가 치성을 드리는 할머니가 있었다. 오늘도 할머니는 목욕재계 후 세벽하늘 맑은 별빛을 벗 삼아 산으로 올랐다. 먼저 떠난 바깥양반과 함께 사는 가난한 가족들을 위해 양손이 닳도록 부비고 앉았다 일어섰다를 수차례 반복하는 동안 어느새 동이 터 올랐다. 기도를 마치고 일어서려던 할머니는 저쪽 봉우리에서 다가오는 오색찬란한 빛을 보았다. 그리고 그 빛의 정체를 확인한 할머니는 자신의 눈을 의심하지 않을 수 없었다. 선녀였다. 머리에는 황금꽃과 금이파리로 장식된 머리 관을 쓰고 비단 날개옷을 입은 선녀의 몸짓은 눈부시면서도 화려하지 않고 마치 하늘거리는 풀꽃처럼 가냘프고 아름다웠다. 할머니는 나무 뒤에 몸을 숨기고 선녀의 동정을 살폈다. 선녀가 오색구름을 타고 내려온 후에도 구름이 바위를 감싸 돌고 흐를 뿐 한동안 정적이 계속됐다. 잠시간 선녀의 신음소리가 들리는가 싶더니, 문득 갑자기 "으앙~" 하고 아기 울음소리가 들렸다. 웬일일까 당혹스런 광경을 지켜본 할머니는 자기도 모르게 "윽" 하고 소리를 내질렀다. 순간, 뜻밖의 화답이 있었다. "거기 누구 계세요? 죄송한 부탁

이오나 저 좀 도와주세요." 하고 애원하며 흐느끼는 선녀의 청을 듣고 할머니
는 떨리는 다리를 일으켜 눈부신 선녀의 실체에 한 발짝씩 다가섰다.

선녀의 다리 밑에 있는 피투성이 아기와 마주했을 때는 숨이 멎을 것만 같
았다. 할머니는 숨을 크게 한 번 들이마신 후 장님처럼 서툰 손을 더듬어 아
이의 탯줄을 끊어 주었다. 산 정상 바위 홈에 고인 맑은 물을 치맛자락에 적
셔 내려와 아기의 몸을 정성껏 닦아 주고 선녀의 비단 치맛자락으로 살포시
아이를 감싸 안아 주었다. 그제야 선녀는 차분히 입을 열었다.

"고마워요, 할머니. 저는 보시다시피 선경(仙境) 하늘나라에 제석천왕의 막
내딸로서 무한한 귀여움을 받고 자라다가 철이 들어 한 남자를 알게 되어 어
쩌다 보니 하늘도 허락하지 않는 연분을 맺어 여기까지 왔습니다. 저에게 기
대가 크셨던 아버님이 노하여 인간 세상으로 쫓아냈지만 다시 저를 불러 주
실 줄로 믿어요. 이곳은 아버님께서 노여움을 푸시는 동안 제가 잠깐 머물다
갈 귀향지라고 생각합니다. 할머니의 은혜는 잊지 않을 테니 제발 저를 도와
주십시오. 사람들에게 제 아이의 존재가 알려지면 저와 아이 모두 생명이 온
전치 못할 것이니 부디 제 은신처를 알리지 말아 주십시오." 선녀의 간곡한
부탁을 들으며 할머니도 함께 눈물을 흘렸다. 그것은 비밀을 지켜 주겠노라는
암묵적인 약속이었다.

할머니는 그날 이후 밤낮없이 산에 올라 선녀의 시중을 들기 시작했다. 큰
바위 밑에 거처를 만들어 주고 선녀가 덮고 잘 두둑한 목화 솜이불도 가져다
주었다. 밥과 빨래는 물론이고 아기가 걸치고 있을 배냇저고리도 손수 지어다
입혀 주었다. 덕분에 아이는 건강하게 자랐다. 그런데 아기가 태어난 지 삼칠
일이 되는 날, 갑자기 자리에서 일어나 걷기 시작했다. 더욱 놀라운 것은 아
이의 말과 행동이었다.

"어머니, 인간 세상에는 악한 사람들이 있습니다. 힘을 기르지 않으면 약자
만 피해를 입게 됩니다. 저는 이제부터 힘을 기르겠습니다." 하고 석굴 앞에
있는 지름 50㎝, 길이 1m쯤 되는 돌을 밧줄로 묶어 짊어지고 동몽산 정상을
오르내렸다. 기이한 아이의 행동은 매일 반복되었다. 너무도 신통하게 여긴
할머니는 선녀의 간곡한 부탁을 잊은 채 집안 식구들에게 그 아이의 정체를

누설해 버리고 말았다. 소문은 순식간에 퍼져 나갔고 급기야 임금님 귀에 들어가게 되었다. 신하를 파견해 사실을 확인하도록 하였다.

신하는 돌아와 "태어난 지 삼칠일에 큰 돌을 짊어지고 다니면서 힘을 기르고 있는 아기가 있는 것은 사실인데 그 아이는 보통 아이가 아니고 선녀의 아이랍니다." 하고 확인한 사실을 아뢰었다. 임금님은 좌불안석이 되었다. "그 아이가 어른이 되면 얼마나 힘이 세어질지 심히 걱정이군. 하늘나라 사람이니 인간의 말에 순종할 리 만무하고, 그 아이를 이대로 방치해 두었다간 언제 궁으로 쳐들어와 나를 해칠지 모르니 하루빨리 대책을 마련해야겠군."

자신의 신변에 위협을 느낀 임금님은 고민 끝에 그 아이를 없애 버리라고 명령했다. 캄캄하게 어두운 그날 밤, 어머니를 보호하기 위해 굴 밖에서 잠을 자고 있던 아이는 비명소리를 내지를 겨를도 없이 싸늘한 시체가 되어 버렸다. 사주를 받은 장수가 아이의 시체를 포대기 자루에 넣어 끈으로 묶어 옮기려는 순간 갑자기 번개가 번쩍 하더니 우르르 쾅쾅 하고 요란한 우렛소리와 함께 폭우가 쏟아졌다. 아기의 시체를 옮기려던 군사들은 겁에 질려서 시체를 내팽개치고 모두 도망을 쳤다. 한밤중 우레와 같은 소리와 난리 통에 잠이 깬 선녀가 굴 밖으로 나왔을 때 아이는 온데간데없고 포대기 속에는 커다란 돌덩이로 변한 아이의 시체만 있을 뿐이었다. 더 이상 지상에서의 삶에 희망을 잃어버린 선녀는 목메어 울다가 끝내 숨을 거두고 말았다. 이튿날 이들을 발견한 할머니는 선녀를 부근 양지바른 곳에 묻어 두고 "내가 잘못했어. 비밀로 하라던 말을 왜 식구들에게 하였던가." 하며 눈물을 흘리면서 자신의 경솔함을 깊이 뉘우쳤다. 지금도 바위 위에는 포대기에 묶인 아기의 시체가 돌이 되어 남아 있고 아기가 태어난 곳에는 탯줄을 끊은 가위 자국과 목욕시키던 대야처럼 생긴 둥근 돌이 남아 있다. 그리고 그 아래 동굴 앞에는 아기가 지고 다녔다는 돌이 있는데 그 돌에는 두 줄의 밧줄자국이 있다. 그래서 그 후부터 마을 사람들은 이 바위 봉우리를 아기봉이라 불렀고 이 바위에 치성을 드리고 아기봉 부근에서는 부정한 일을 삼간다고 한다.

양지스님과 석장사

신라 선덕여왕 때 양지(良志)스님이 계시던 석장사가 있었는데 양지스님은 불법만 영통한 것이 아니라 여러 가지 기예에 있어서도 능통하신 분이었다. 특히 조각 솜씨가 뛰어나서 영묘사(靈廟寺) 장육삼존상(丈六三尊像)과 천왕상(天王像)을 만들었고 법당과 목탑의 기와 무늬도 새겼다. 또 천왕사의 목탑 밑에 팔부신장(八部神將)과 법림사(法林寺)의 삼존불(三尊佛)과 좌우 금강역사(金剛力士)도 조성하였다. 또 영묘사와 법림사의 현판을 썼으며, 일찍이 벽돌을 조각하여 탑을 만들고 아울러 삼천불을 만들어 절 안에 안치하였다는 기록으로 보아 그는 당시의 훌륭한 예술가였음을 짐작할 수 있다. 스님께서는 부처님을 조성하고 탑을 쌓는 일이 바빠서 탁발을 나갈 시간이 없었다. 그래서 스님이 짚고 다니던 석장(錫杖)의 끝머리에 포대를 매어서 밖으로 던지면 그 석장이 이 집 저 집을 다니면서 짤랑짤랑 소리를 내었다. 마을 사람들은 양지스님의 지팡이가 왔다고 쌀이나 돈을 포대에 넣어 주었다. 포대가 차면 석장은 혼자서 스님에게로 돌아왔다. 그 때문에 사람들은 스님의 이 절을 석장사라 부르게 되었다고 한다.

경주남산 상사바위

경주 상사바위라고 하는 거대한 두 개의 바위가 국사곡 산정에 있는데 그 바위에는 다음과 같은 이야기가 전해진다.

옛날 국사곡 어귀에 외로운 할아버지가 살고 있었다. 집안 식구들이 차례로 세상을 떠나 버리고, 할아버지는 혼자 살았다. 할아버지는 외로움을 참기 어려워 가끔 식구들 무덤으로 찾아가서 울었다. 그래도 허전하긴 마찬가지였다. 할아버지는 동네 아이들을 보면 손자를 보는 듯 귀여워하였다. 동네 아이들도 할아버지를 좋아하고 따랐다. 그중에서도 이웃집에 사는 피리라는 소녀를 퍽 귀여워하였고, 피리도 할아버지를 극진히 따랐다. 할아버지가 80세를 넘었을 때 피리도 자라서 어느덧 꽃다운 처녀가 되었다. 피리는 철이 들면서 외로운 할아버지를 불쌍하게 생각하여 맛있는 음식 등을 할아버지께 갖다 드리며 기쁘게 해 드렸다. 할아버지는 세상에서 제일 고마운 사람이 피리였다.

어느 해 봄 피리는 다른 곳으로 이사를 가고 말았다. 할아버지는 늘 시중을 들어 주던 피리가 없으니 못 견디게 쓸쓸하였다. 다시는 못 올 줄 알면서도 피리를 기다렸다. 어느 날도 방 안에 앉아 피리를 생각하고 있는데 살그머니 문이 열리면서 그토록 그리던 피리가 들어오고 있었다. 할아버지는 너무나 반가워 "피리!" 하고 외치며 일어섰으나 그것은 환상이었다. 할아버지의 눈에는 피리의 환상이 사라지지 않았다. 눈을 뜨면 천장에 있고, 이불을 쓰면 이불 속에 있고, 눈을 감아도 눈 속에 나타나서 피리가 생글생글 웃고 있는 것이었다. "피리" 하고 할아버지는 크게 외쳐 보고는 머리를 설레설레 흔들었다. 그저 자식처럼 귀여워서가 아니라 한 사람의 남성으로서 처녀 피리를 사랑하고 있는 자신을 발견하였기 때문이다. '안 되지 안 돼.' 할아버지는 머리를 저었다. '이제 며칠 안 가서 낙엽처럼 질 몸이 꽃봉오리같이 피어나는 피리를 사랑하다니 안 될 일이지.' 하고, 중얼거리면서 다짐해 봐도 헛일이었다.

피리를 그리워하는 마음은 어느새 뱀처럼 기어 나와서 혀를 날름거리며 자신을 괴롭히고 있었다. 피리를 사랑해서는 안 된다는 양심과 피리를 아내로 삼겠다는 욕심이 머릿속에서 쉴 새 없이 싸우고 있건만 끝내 무서운 욕망이 할아버지의 마음을 다 차지하고 마는 것이었다. 어느 날 할아버지는 국사곡 산정에 올라가서 피리가 이사 간 마을을 멀리 바라보고 있다가 문득 나무에 목을 매어 죽어 버렸다. 할아버지의 혼은 그곳에 큰 바위가 되어 피리가 살고 있는 마을을 늘 바라보고 서 있었다. 그 후 피리는 무서운 꿈을 꾸게 되었다. 눈만 감으면 큰 뱀이 몸을 칭칭 감고, 갈라진 혀를 날름거리며 덤벼드는 것이 었다. 몸부림을 치며 깨어나면 그것은 꿈이었으나 너무나 소름이 끼치는 무서 운 꿈이었다. 그 무서운 꿈은 한 번만 꾸고 없어지는 것이 아니라 눈을 감으 면 또다시 되풀이되고 하니 피리는 잠을 잘 수가 없었다.

몸은 점점 쇠약해져서 볼품없이 되어 가는데 동리 사람들 사이에는 수군수 군 이상한 소문이 퍼지고 있었다. 할아버지가 피리를 생각하다가 죽었기 때문 에 그리워하던 생각이 상사뱀이 되어 피리를 찾아오는 거라는 이야기였다. 오 랫동안 밤잠을 자지 못하여 괴로움에 지쳐 있던 피리가 어느 날 몽롱하게 잠 이 들었는데 몸을 감고 있던 뱀이 할아버지로 변하면서 "아무리 잊으려 해도 잊히지 않아 죽어 버렸는데 죽어서도 잊히지 않아 피리 아가씨를 괴롭히고 있으니 용서해 주시오. 살았을 땐 죽을 길이라도 있더니 이제 죽었으니 죽을 길도 없구려." 하고 눈물을 흘리면서 힘없이 국사곡으로 들어가 바위가 되어 자기를 바라보고 서 있는 꿈을 꾸었다. 피리는 자기를 생각하다가 죽은 할아 버지가 죽어서도 마음을 놓지 못하고 괴로워하는 모습을 보고, 측은한 생각이 들었다. 피리는 조용히 일어나서 할아버지가 힘없이 가던 길을 따라 국사곡으 로 들어가서 정상에 서 있는 그 바위에 올라섰다. "할아버지, 인간세상에서는 나이 때문에 소원을 못 이루었으니 나이를 아니 먹는 바위가 되어 원한 맺힌 소원을 풀어 드리겠습니다." 하고 바위에서 뛰어내렸다. 피리의 영혼은 또 하 나의 바위가 되어 큰 바위 옆에 나란히 섰으니 세상 사람들은 이 바위를 가 리켜 상사바위라 한다. 지금 큰 바위 부분에 붉게 보이는 반점이 있으니 그것 을 피리의 핏자국이라 전하고 있다.

남산과 망산

　옛날 태고의 서라벌에는 아침 해가 제일 먼저 비추는 복된 땅이 있었다. 특히 서수리산이 붉게 물들면 석양의 모습이 아주 아름다웠으나 가운데로 맑은 시내가 유유히 흘러가는 푸른 벌판이 있었을 뿐 산은 없었다. 이렇게 평화로운 어느 날 이 벌판으로 흘러가는 시냇가에서 한 처녀가 빨래를 하고 있었다. 이때 두 사람의 신(神)이 서라벌로 찾아왔다. 한 신은 검붉은 얼굴에 강한 근육이 울퉁불퉁한 남신(男神)이었고 또 한 신은 둥근 얼굴에 샛별같이 눈동자가 반짝이는 아주 부드러운 여신(女神)이었다. 신은 평화롭고 기름진 서라벌의 경치를 둘러보면서 "야! 우리가 살 곳은 여기로구나!" 하고 감탄하여 외쳤다. 이때 강가에서 빨래하던 처녀가 신들이 외치는 우레 같은 큰 소리에 놀라며 소리 나는 곳을 바라보았다. 아! 그런데 산과 같이 거대한 남녀가 자기 쪽으로 발을 옮겨 걸어오고 있는 것이 아닌가. 겁에 질린 처녀는 "산 봐라!" 하고 힘을 다해 외마디 비명을 지르고는 그만 정신을 잃고 쓰러졌다. '산과 같은 사람 봐라!' 해야 할 말을 너무 급하여 '산 봐라!' 하고 외쳤던 것이다.

　발아래서 들려오는 비명소리에 두 신은 발을 멈추었는데 다시 발을 옮기려 하였으나 옮길 수 없게 되었다. 처녀의 외침에 따라 그 자리에서 두 신은 각각 산으로 변했던 것이다. 자기들의 소원대로 기름진 서라벌을 안고 처녀의 말을 따라 산이 된 것이다. 여신은 남산 서쪽에 아담하게 솟아오른 부드럽고 포근한 망산(望山)이 되고, 남신은 검은 바위와 붉은 흙빛으로 울퉁불퉁한 산맥을 모아 장엄하게 이루어진 남산(南山)이 된 것이라 한다.

배리마을 유래

　옛날 남산 서쪽 어느 마을에 지체 높은 한 재상(宰相)이 살았다.

　그는 부모님 기일에 덕망 높은 스님을 모셔 와 제(祭)를 올리기로 했다. 당

시는 조상님 제사에 스님을 모셔 와 불공을 드리는 것이 관례였고 지극한 효
심으로 여겨졌다. 제상은 부모님 기일을 맞아 아랫사람을 시켜 덕망 높은 고승
한 분을 모셔 오도록 했는데 아랫사람이 덕망 높다고 모셔 온 스님의 행색을
보니 남루한 옷차림에 몰골이 꾀죄죄한 길거리의 탁발승으로밖에 안 보였다.

이에 기분이 상한 재상은 염불하는 스님에게 다가가 소리를 질렀다. 그리고
제상은 아랫사람을 소리쳐 이렇게 꾸짖었다.

"네 이놈, 훌륭한 스님을 모셔 오라 했거늘 이런 초라한 떠돌이 중을……"
하고 소리치더니 이번에는 염불을 하려는 스님에게 다가가 "네가 무슨 고승
이냐 썩 물러나지 못할까!" 하고 스님을 밖으로 나가라 했다. 그리고 아랫사
람에게 다시 다른 스님을 모셔 오도록 지시했다. 이에 스님은 재상을 한동안
측은한 눈빛으로 바라보다 조용히 일어나 자신의 옷 속에서 한 마리의 사자
를 꺼내더니 그 사자를 타고 말없이 하늘로 날아가 버리는 것이었다. 그제야
정신이 번뜩 든 재상은 자신의 실수와 경솔함을 깨닫고 스님이 사라진 방향
을 향하여 수없이 절을 올리며 잘못을 빌었다. 그로부터 이 마을은 절하는 마
을이라는 뜻의 배리 마을이 된 것이다.

까막드미

경주시 양북면 용동리에 까막드미라는 바위가 있다. 큰 바위더미 위에 머리
없는 까마귀가 앉아 있는 것처럼 생긴 바위다.

옛날 이 바위 곁에 큰 부자가 살았다. 해마다 재산은 불 일듯이 일고 식구
마다 병이 없이 건강하니 하늘이 내린 복은 혼자서 다 차지한 듯 다복했다.
단 한 가지 귀찮은 문제가 있었는데 그것은 이 집에 손님이 많이 찾아오는
일이었다. 하루에도 몇 명씩 아는 손님, 모르는 손님, 잘난 손님, 못난 손님,
남자 손님, 여자 손님들이 찾아오니 그 뒤처리에 진절머리가 났다. 날마다 손
님 시중으로 인한 부인의 짜증도 주인은 견딜 수가 없었다.

어느 날, 이 부잣집에 한 스님이 찾아와서 시주를 청했다. 부자 주인은 스님을 붙잡고 "우리 집에는 손님이 너무 와서 걱정이니 어떻게 손님을 못 오게 할 수 없겠습니까. 손님만 못 오게 해 주십시오." 하고 간청하였다. 스님은 껄껄 웃으면서 "오는 손님은 복이라 했는데 왜 복이 싫으십니까." 하고 농조로 말했다. 주인은 펄쩍 뛰면서 "복이 다 뭡니까. 손님이 오면 무엇이라도 축이 나지 덕이 되는 것은 하나도 없습니다. 좀 마음 편하게 손님을 못 오도록 해 주십시오. 그렇게만 해 주신다면 시주를 많이 드리리다." 하며 계속 청했다. 스님은 "나무관세음보살" 하고 한숨을 쉬듯 낮은 소리로 탄식하고 나서 "그것은 어려운 일이 아닙니다." 하고 까막드미를 가르치면서 "저 까마귀의 머리를 도끼로 자르십시오. 그러면 소원대로 손님의 그림자도 오지 않으리다." 하고는 시주도 안 받고 인사도 없이 가 버렸다. 부자 주인은 "이제 됐다. 온 집안 식구들이 평안히 살 수 있게 됐다."라고 생각했다. 주인은 도끼를 들고 가서 까막드미 위에 앉아 있는 까마귀바위의 머리를 때렸다. 그러자 돌까마귀 머리가 떨어지며 그 목에서 불길이 솟아올랐다. 불길은 집을 태우고 산을 태우고 밭을 태우고 아예 보이는 것은 모조리 다 태워 버렸다. 졸지에 주인은 집을 잃고 살 곳이 없어 움막을 짓고 살게 되었다. 그날로부터 식구들이 한 사람씩 병이 들어 낫지 않으니 일 년이 지나는 동안에 재산은 다 없어지고 거지가 되었다. 거지가 되고 나니 소원대로 손님은 한 사람도 오지 않았다. 까막드미의 까마귀가 원래는 머리가 있었는데 이런 일로 인해 머리가 없어진 것이라고 한다.[33]

옥곬

국립경주박물관 남쪽에 옥골이라 하는 큰 웅덩이가 있다. 이 웅덩이는 월성을 쌓을 때에 흙을 파낸 자리라고도 전한다.

신라 때 일이었다. 밤이 되면 이 웅덩이에 도깨비들이 모여 놀았다. 노래하

---

33) 경주시, 『고도경주』, 1982, pp.491－492.

고 춤을 추며 놀다가 새벽닭이 울어야 헤어졌는데 이 도깨비들이 모여서 노는 소리가 어찌나 시끄러웠던지 동네 노인들이 잠을 잘 수가 없었다. 그리하여 이 도깨비들을 어떻게 할 것인가 논의해 보았지만 사람들의 힘으로는 어떻게 할 도리가 없었다. 그 소식을 전해 듣고 딱하게 생각한 인왕동 젊은이들이 모여서 의논을 하였다. "도깨비들이 모이기 전에 우리가 먼저 점령을 해 버리자. 어떠냐?" 모두들 좋다 하고 마을 청년들은 징, 북, 꽹과리, 태평소, 퉁소, 장고 등 악기를 둘러메고 어둡기 전에 옥골에 모였다. 도깨비들이 모일 때쯤 되어 마을 젊은이들은 일제히 놀기 시작하였다. 꽤꽹꽤꽹 쿵쿵 쿵뚜닥 꿍뚜딱 닐닐니리 닐닐니리 하고 뛰고, 앉고, 서고 하면서 장단에 맞춰 신나게 놀고 있었다. 차츰 밤이 어두워 오니까 도깨비들이 모여들었다. 그러나 자기들이 신나게 놀던 자리를 마을 젊은이들이 점령하여 놀고 있지 않는가? 도깨비들은 언덕 위에서 젊은이들이 노는 모습을 어깨를 들썩이며 구경하고 있다가 "할 수 없다. 우리 자리를 빼앗겨 버렸으니 도리가 없다. 다른 곳으로 가자." 하며 사라진 후 도깨비들은 다시 나타나지 않았다. 그 다음부터 할아버지, 할머니들은 조용히 잠을 잘 수 있었는데 혹시 도깨비들이 다시 올까 봐 마을 젊은이들은 한 달에 한 번씩은 이 웅덩이에서 신나게 놀았다 한다. 마을 노인들은 "인왕동 웅덩이를 메워 버리면 마을 젊은이들의 기상이 죽는다. 잘 보호해 두어야 한다." 했으므로 그 웅덩이가 아직도 남아 있다고 한다.[34)]

주사암(朱沙庵)

오봉산 주사암에 전해져 내려오는 이야기이다.

서라벌 밤이 깊을 때 월성 대궐에는 모두 잠들고 파수병들만 삼엄하게 지키는 궁녀궁에 이상한 일이 일어났다. 형체가 보이지 않는 발소리가 나더니 왕이 가장 총애하는 궁녀를 안고 저 산 하늘로 날아갔다가 새벽에 제자리에

---

34) 한국청년회의소, 경주청년회의소, 『新羅의 傳說集』, 1981, pp.66 - 67.

뉘어 놓고는 사라졌다.

궁녀는 그날 밤 꿈속에서 서쪽 하늘로 날아 어느 산꼭대기 동굴 속으로 들어갔는데 늙은 중 하나가 있었다. 이 늙은 중은 밤새 자기 곁에 가두어 두었다가 새벽녘에 귀신을 불러 "도로 궁녀궁에 업어다 주고 내일 밤 다시 데려오너라."라고 말했다.

궁녀는 아침에 깨어나니 꿈이었다. 이 꿈이 매일 밤 계속되어 왕에게 이 사실을 여쭈었더니 왕은 대단히 노하여 궁녀에게 일렀다.

"나라 안에 대궐을 희롱하는 놈이 있다니 오늘 저녁은 주사(朱沙)로 굴에 있는 바위에 표시를 하여 놓아라." 이 말을 듣고 궁녀는 그날 밤 주사 병을 굴 바위에 던져 붉게 물들여 놓았다. 그 이튿날 왕은 군사를 동원하여 하지산(下地山 현재 오봉산)을 뒤졌더니 오봉산 꼭대기에 붉은 자욱이 물든 바위굴 안에 늙은 중이 있었다. 노승을 잡으려는 순간, 노승이 주문을 외우니 잠깐 동안에 수만의 신병(神兵)들이 에워싸고 군사들을 막았다. 날리는 깃발이며 활과 창이 절에 모셔 놓은 팔부신중(八部神衆)과 같았다. 왕은 부처님이 비호하시는 스님임을 알고 그 노승을 모셔 국사로 삼았다. 그 후로는 궁녀를 데

려가는 귀신은 다시는 나타나지 않았고 이 바위 옆에 절을 지어 주사암이라
하였다고 한다.

나왕대 (羅王臺)

경주시 서면 운대리 부운마을 동쪽으로 바라보면 나왕대가 솟아 있는데 봉
우리 밑에는 거울처럼 조용하고 맑은 부운지라는 저수지가 있다.

27대 선덕여왕이 어느 날 이 정자로 나들이를 나왔다. 운대리 서쪽 길로
임금의 행차를 알리는 깃발과 의장대와 악대와 비단 천장에 사방 고운 발을
드리운 수레를 타고 납시었다.

여왕의 주변에는 궁녀들이 에워싸고, 다시 그 둘레에는 무장한 병사들이 말안
장에 황금 황엽과 운주를 장식한 말을 타고, 따르는 행렬은 그야말로 찬란하였다.

행렬이 나왕대에 이르러 궁녀들을 거느리고 대 위에 자리 잡은 정자에 올
라서니 아름다운 부운마을을 내려다보였다. 발아래 펼쳐진 거울같이 맑은 부
운 못에는 하늘의 구름이 둥둥 떠 흐르고, 멀리 부운마을과 사라마을이 저편
관 사이로 보랏빛으로 내려다보였다.

이때 갑자기 남쪽으로 솜 같은 흰 구름이 일기 시작하더니 온 뜰과 골짜기
를 다 덮어 버려 오직 정자만이 하늘에 떠 있는 듯하였다. 이 구름은 용자골
로 흘러들어 나는 듯 용바위산을 감고 돌아 마치 용이 날아와 여왕의 왕림을
찬양하는 듯하였다.

부운마을 사람들과 사라마을 사람들은 구름 위에 떠 있는 여왕을 바라보고,
감격하여 우러러 예배하였다. 여왕이 수레를 타고 서라벌로 돌아가자, 남쪽에
솟아 있는 부리봉에서 바람이 일기 시작하더니 깔렸던 구름을 거두어 쓸어
버렸다. 선덕여왕이 다녀간 후로 이 정자를 부운대라 하였으니 구름 위에 떠
있는 정자라는 뜻이다. 그 후 세월이 흘러 임금이 노닐던 곳이라 하여 나왕대
(羅王臺)라 부르게 되었다고 한다.

비파곡(琵琶谷)의 불무사

경주남산 비파골에 전해지는 이야기이다.

신라 32대 효소왕 6년(697) 때 서울 동쪽 교외에 망덕사라는 절을 세우고 낙성식을 올리게 되었는데 임금님이 친히 행차하여 공양을 올렸다. 그때 옷차림이 누추하고 못생긴 중이 와서 임금님께 청하기를 "저도 재에 참석하기를 바랍니다."라고 하였다.

임금님은 옷차림이 매우 누추하여 마음이 몹시 언짢았지만 맨 끝에 앉아 참석하라고 허락하였다. 재를 마치고 임금님은 중을 불러 조롱하는 투로 말하였다.

"비구는 어디에 사는가?"

"예, 빈도 저기 남산 비파암에 있습니다."고 공손하게 대답하자

임금님은

"돌아가시거든 국왕이 친히 불공하는 재에 참석했다고 다른 사람에게 절대 말하지 마라."고 하시며 중을 비웃듯이 바라보자, 중은 웃으면서 "예, 잘 알았습니다. 임금님께서도 돌아가시서든 신신석가(眞身釋迦)를 공양했다고 다른 사람에게 말하지 마십시오." 하고 말을 마치고 오른쪽 무릎을 탁 치니 몸에서 금빛이 나고 몸이 솟구쳐 구름을 타고 남쪽으로 날아가 버렸다. 임금님은 깜짝 놀라 자신을 부끄러워하며 스님을 부르며 허겁지겁 산에 올라가 그가 날아간 하늘을 향해 수없이 절을 했다.

중이 사라져 버리자 신하들을 보내 진신석가를 찾아 모셔 오도록 하였다. 신하들은 비파골 안 바위 옆에서 지팡이와 바리때가 바위 위에 있는 것을 발견하였다.

진신석가 부처님은 지팡이와 바리때만 남겨 두고 바위 속으로 숨어 버렸던 것이다. 신하들은 돌아와서 그 사실을 임금에게 알렸다. 그제야 임금인 효소왕은 크게 자신을 뉘우치고 사죄하는 뜻으로 비파암 아래를 석가사(釋迦寺)라 이름 짓고 바리때와 지팡이가 놓여 있던 곳에 중이 숨어 버린 바위에는

불무사(佛無寺)라는 절을 지어 진신석가 부처님께 사죄하고 지팡이를 모셔
두었다고 한다.

03 김천시(金泉市)

김천시
金泉市

직지사

아도 화상이 선산에 도리사를 짓고 황악산을 손가락으로 가리키면서 좋은 절터가 있다 하므로 제자들이 이곳에 절을 지어 직지사라 했다고 한다.

직지사 호랑이꿈

황악산 직지사 아랫마을에 장생(張生)이라는 사람이 살고 있었다. 이 사람은 오래전부터 호랑이 잡는 일을 계속해 왔는데, 하루는 함정을 파고 덫을 놓아 큰 호랑이 한 마리를 잡았다. 그 뒤에 아들이 갑자기 고함을 지르며 땅에 넘어지더니 한참 있다가 일어나서 말하기를 "웬 사람이 나타나 내 등을 심히 매질하면서 '왜 내 말을 죽였나.' 하더라."고 말하였다. 아들이 매 맞았다는 곳이 자꾸 헐어 터지고, 그 아들은 미친 사람이 되고 말아, 장생은 그 후부터는 다시는 함정을 파서 호랑이 잡는 일을 하지 않았다고 한다.[35]

---

35) 김천시, 『내고장 우리향토』, 1983, p.291.

직지사 금강문의 유래

옛날 떠돌이 승려가 있었다. 그는 전국을 떠돌아다니다가 경남 합천 어느 곳에 도착하였다. 그 마을은 예로부터 대처승 마을로 촌장이 그를 보는 순간 사람 됨됨이가 예사 사람이 아니라고 여겨 사위로 삼기로 했다. 그러나 그는 비구승이라며 한사코 결혼하기를 반대했으나, 바랑과 승복을 빼앗고 강제로 결혼시킨 뒤 신랑 승려가 도망칠까 봐 장삼과 바랑을 깊숙이 숨겨 두었다. 아들을 낳고 살기를 삼 년이 지난 어느 날 아내는 장삼과 벼랑이 있는 곳을 가르쳐 주었더니, 다음 날 아침 부인이 눈은 뜨자 옆자리엔 남편이 없었다. 그 후 부인은 남편을 찾아 전국의 사찰을 모조리 뒤졌으나 허탕이었는데, 어디선가 그와 비슷한 승려가 직지사로 갔다는 소문을 듣고 이곳에 찾아왔다. 그가 장계다리 아래 방앗간 집에 묵고 있음을 알고 그 집에서 기다렸으나 사흘이 넘도록 오지 않으므로 남편을 찾아 직지사로 들어가다가 일주문을 지나 지금의 금강문 자리에 이르러 갑자기 피를 토하고 죽어 버렸다.

그 후 매년 부인이 죽은 날이 되면 직지사의 승려들이 누가 부른 듯이 쫓아 나가 부인이 죽은 자리에서 피를 토하고 죽어 갔다. 이에 직지사에선 부인의 원귀를 위로하고자 그 옆에 사당을 짓고 그녀의 원혼을 달래기 위해 매년 제사를 올렸다. 어느 해 이름 있는 고승이 찾아와 "사찰 안에 사당이 웬 말이냐."고 나무라니, 승려들은 사당을 세우게 된 사유를 애기했는데 고승은 그러면 이곳에 금강문을 지어 금강역사로 하여금 여인의 원귀를 막도록 하라고 말하였다. 이렇게 하여 지금의 금강문이 세워졌다고 한다.36)

분통골에 얽힌 이야기

옛날 봉산면 봉계 일대에는 서산 정씨들이 많이 살았다.

어느 날 집안에 초상이 났는데, 풍수의 말이 분통골에 명당이 있다고 하며 묘를 쓸 적에는 반드시 관을 11개 묻으라고 하였다. 그래서 시체를 넣은 진짜 관을 묻고 차례로 빈 관을 묻어 나가다 열 개째 관을 묻은 사람들은 한 개쯤 덜 묻는다고 무슨 일이 생기겠느냐며 마지막 한 개를 포기한 채 봉분을 만들고 말았다.

그런데도 서산 정씨들은 날로 번창해져서 벼슬아치가 많이 났고, 모두 부자가 되어 잘살게 되었다. 한편 조정에서는 서산 정씨들의 세력이 날로 커지자 역적모의라도 할까 봐 두렵게 생각하여 정씨들이 번창한 이유를 알아보도록 했다. 뒤로는 극락산과 앞으론 금오산을 끼고 자리 잡은 선조의 묏자리 덕이라는 애기를 들은 왕은 당장 묘를 파도록 어명을 내렸다. 묘를 파헤쳐 관을 열어 보니 빈 관이었다. 그다음 관이 또 나와 열어 보니 역시 빈 관이었고, 또 빈 관이 무려 아홉 개가 나왔다. 관아에서 나와 묘를 파헤치던 관리들은 빈 관만 거듭 나오자 지쳐서 파기를 중단하기로 하였다. 그러나 한 관리가 기왕에 팠으니 한 번만 더 파 보고 또다시 빈 관이 나오면 그만두자고 우겨서

---

36) 김천시, 『내고장 우리향토』, 1983, pp.289 - 290.

마지막으로 삽질을 하니 또 관이 나와 뚜껑을 열어 보니 김과 함께 학 한 마리가 날아갔다. 이렇게 되자 서선 정씨들의 가문은 차츰 망하였는데, 당초에 풍수의 말대로 관을 열한 개 모두 묻었더라면 끝내 진짜 관은 보존되고 집안은 영광을 계속해 누렸을 것인데, 마지막 한 개를 묻지 않은 일을 생각하면 분통이 터질 지경이라 하여 이곳을 후세 사람들은 분통골로 부른다. 분통골은 봉산면 인의동 율수재 뒷골을 일컫는다.37)

거문고바위와 부채바위

김천시 신음 1동 금음(수音, 琴音) 터에 읽힌 이야기이다.

마을 입구에 차돌바위가 있는데, 대부분이 땅속에 묻히고 윗부분 조금만 노출되어 있다. 이것이 부채 모양을 하고 있기 때문에 부채바위라 부르고 있다. 옛날 이 마을은 부촌으로 모두가 잘살았는데, 광대가 줄타기할 때 부채로 바람을 잡아 몸을 가누듯 금음마을도 이 부채의 바람으로 인하여 부자 마을이 되었던 것이다. 그런데 이 마을은 큰 고민거리가 하나 있었다. 다름 아닌 화적떼들이 달이 멀다 하고 침입하여 동민을 괴롭혔는데, 하루는 도사가 마을을 찾아왔기에 화적떼를 막을 방법을 물었더니, 도사는 말하기를 화적떼가 자주 드는 까닭은 부채바위 탓이라 하고 이것을 없애 버리면 들지 않는다고 하였다. 마을 사람들은 도사가 시키는 대로 부채바위를 깨뜨리고 땅에 묻어 버렸다. 그 뒤로는 과연 화적떼가 없어지기는 했지만, 동민은 모두 가난에 빠지고 말았다. 마을이 가난해지니 자연 화적떼가 들지 않았다고 한다.38)

---

37) 김천시, 『내고장 우리향토』, 1983, p.297.
38) 금릉군, 『내고장 우리향토』, 1983, p.299.

장지도의 제자

고려 충혜왕 때 지례에는 장지도(張志道)란 이름난 학자가 있었다. 그에겐 아들이 없었다. 그래서 그의 제자 중에 윤은보(尹殷保)와 서질(徐隲)이라는 사람은 그를 친아버지처럼 극진히 모셨다. 언젠가 장지도가 죽자 윤은보는 스승의 무덤 앞에서 3년간 정성을 드려 시묘를 했는데 어느 날 꿈자리가 이상하여 집으로 돌아오니 아버지가 돌아가셨다. 장례를 마치고 제사를 올리는데 갑자기 회오리바람이 불어와 제상 앞에 놓인 향로가 날아가 버렸다. 몇 달 후 까마귀가 그 향로를 물고 와서 묘 앞에 두고 갔다. 윤은보는 아버지 때문에 스승에 대한 제자의 도리를 다하지 못해 신령이 내린 계시라 생각하고 삭망(朔望)때 그 향로를 스승의 묘에 가져가서 썼다고 한다.[39]

정승바위

옛날 봉산면 예지2동(내립석)에 이씨 성을 가진 정승이 있었다.

이 정승은 벼슬자리에 있을 때라 한양에서 살았고 이곳에서 홀로 집을 지키며 살던 김씨 부인은 남편과 오래 떨어져 살았기에 몹시 보고 싶고 그리워했다. 어느 날 때마침 찾아온 노승에게 쌀 한 말을 시주하면서 일찍 남편이 돌아오도록 하는 방법을 묻자, 노승은 마당 한가운데 있는 연못을 가리키며 저 연못에 소금 석 섬을 뿌리고, 동네 입구에 불쑥 나온 바위를 깨뜨려 길을 넓히면 소원을 이룰 수 있다고 말했다. 다음 날 부인은 노승이 시키는 대로 못에다 소금을 석 섬 뿌리고 마을 입구에 있는 바위를 깨 버렸다. 그때까지 수양버들이 늘어진 못에서 평화롭게 놀던 세 마리의 학이 날아서 한 마리는 봉계(鳳溪) 쪽으로, 한 마리는 창촌 쪽으로 날아가고 또 한 마리는 어디로 날아갔는지 모른다고 하는데, 이런 일이 있은 지 사흘 후에 남편은 시체로 돌아

---

39) 김천시, 『내고장 우리향토』, 1983, p.286.

왔고, 그 뒤로 이 마을에는 벼슬길이 끊겼다고 한다. 반면에 학이 날아간 봉계와 창촌은 차츰 번창하여 오늘날까지 많은 인물이 나오고 있다고 한다.

당시 김씨 부인이 살았던 집 일대의 전답을 이층 논, 이층 밭이라 부르며, 학이 놀았던 못 또한 조그맣게 남아 있으며, 정승바위도 마을 어귀에 있다. 이 마을 사람들은 이 정승을 이극돈(李克墩)이라 하기도 하고, 그의 형 이극배(李克培)라 하기도 하는데, 예로부터 이 고장의 향지에는 이극배가 산 걸로 되어 있으며, 그의 며느리부터 후손들의 묘가 이곳에 있다.[40]

청암사의 우비천(牛鼻泉)

청암사(靑巖寺)가 있는 지형을 와우형(臥牛形)이라 한다.

---

40) 김천시, 『내고장 우리향토』, 1983, pp.283 - 284.

일주문을 막 벗어나 절로 향하다 보면 우비천(牛鼻泉)이란 샘물이 있다. 이곳이 소의 코 부분에 해당되고, 대웅전 등 전각들이 있는 자리가 소의 배 부분이 된다. 넓이 40㎝, 깊이 30㎝ 정도의 이 샘은 옛날 이 절이 번창할 때 맑은 물이 고여서 지나가는 사람들의 목을 축여 주었다고 한다. 그런데 이 절을 출입하는 길이 다리를 건너지 않고 비각 뒤로 찻길을 내고부터는 이 샘의 물이 마르고 물의 기운도 없어지게 되었다고 하는데 그것은 누워 있는 소의 목을 차와 사람들이 늘 밟고 다니기 때문이라는 것이라 한다.[41]

수도암 석불

수도암에 있는 석불은 거창 땅 부처골에서 다듬어서 이곳으로 옮겨졌다고 한다. 부처골에서 불상이 완성되어 운반하는 방법을 의논하는데, 난데없이 수염이 하얀 노승이 나타나 운반하기를 청했다. 노승은 돌로 된 불상을 등에 업고 쏜살같이 달려 따라가던 사람들이 아무도 따를 수가 없었다. 노승은 고개를 넘어 수도암 입구 대적광전 자리까지 와서 칡넝쿨에 걸려 넘어졌다. 노승은 화를 내고 수도산 산신을 불러 놓고 "부처님을 모시고 오는데 칡넝쿨에 걸려 넘어지게 하였으니 앞으로 이 절 주위에 칡이 일절 서식하지 못하게 하라."고 호령하고는 어디론지 사라져 버렸다. 뒤따라오던 사람들은 어찌된 영문인지 몰라 멍하니 서로의 얼굴들만 바라보다가 누군가 먼저 "부처님의 화신(化身)이다."고 말하니, 모두들 노승이 떠난 곳을 향해 절을 하고, 이 사찰을 짓는 데 아무런 어려움이 없도록 해 달라고 빌었다.

그 후로 이곳 수도암에는 모든 초목들은 다 서식하고 있어도 칡은 절 주위 300m 이내에는 일체 살지 않고 있다. 산등성이만 넘어도 칙이 얽히고설켜서 사람이 잘 다니지 못할 만큼 무성하게 자라는데도 이 절 주위에는 일체 칡이 없다고 한다.[42]

---

41) 김천시, 『내고장 우리향토』, 1983, p.288.
42) 김천시, 『내고장 우리향토』, 1983, p.289.

하늘이 점지한 꽃샘

　김천시 조마면 신곡 3리 백화동에 효자 이세간을 모신 상친사(尚親詞)라는 사당이 있다.

　효자 이세간은 효성이 지극하여 부친상을 당하고 시묘(侍墓)할 때 호랑이가 나타나 그를 길쌈으로서 동사를 면하고 또 그의 아내가 죽자 남편을 따라 자결한 부부 효렬의 집안이었다. 그의 손자 주룡(週龍) 또한 효성이 아주 지극했는데 고종 때 진사시(進士試)에 합격한 선비이기도 했다. 네 살 때에 어머니를 여의고 동생을 길렀는데 배가 고파 며칠을 울고 보채는 동생을 업고 뜰에 나가 통곡했다. 그 지성이 하늘을 감복시켰던지 지진이 일듯 땅이 흔들리며 뜰아래에 샘물이 솟아나 우는 동생에게 먹였더니 울음을 그치는지라 그 뒤로 울면 그 물을 계속 먹여 동생을 키웠다. 그때부터 마을 사람들이 이상히

여겨 이 샘물을 유천(乳泉)이라 불렀는데 지금도 상친사로 가는 길목에 옹달
샘이 있다.[43]

관기리 앞산의 청석

조선시대에 어느 중이 마을에 탁발 온 것을 욕설로 조롱하자 그 중이 이
마을의 큰 바위를 가리키며 이것을 깨뜨리면 마을에 큰 부자와 벼슬할 인물
이 많이 나올 것이라 했다.
마을 사람들이 석수를 불러 그 바위를 깨뜨리니 그 속에서 학이 한 마리
나와 날아갔는데, 그 후 이 마을엔 질병과 재난이 심하여 원가래 마을은 폐동
이 되고 말았다고 하며, 이 바위의 모양이 귀인이 타는 가마와 같다 하여 가
마바위라고 부른다고 한다.

황읍산의 힘

옛날에 봉산면 예지2리 선돌 마을에는 본관은 알 수 없으나 황씨들로 대성
(大姓)을 이루고 살았고, 가까운 봉계에는 영일 정씨들이 집단으로 살았다.
문관 집안인 정씨 집안과 무관 집안인 황씨 집안은 능 하나를 사이에 두고
으르렁대면서 살았는데, 어느 날 영일 정씨의 교리공 만취당(晩翠堂)의 장모
가 만취당의 집에서 함께 살다가 세상을 떠났다. 때를 같이하여 황씨 집안에
도 초상이 났다. 당시 이곳에서 좀 떨어진 태평사(太平寺) 뒷산의 재궁(齋宮)
골은 명당으로 알려져 양측에선 서로 이곳을 차지해 묘를 쓰려고 벼르던 참
이라, 정씨 측에서 꾀를 썼다. 새벽부터 마을 뒷산을 넘어 상여를 운구하면서
또 하나의 가짜 상여를 메고 선돌 앞을 지나게 되었다. 때마침 황씨 측에서도

출상을 하여 두 집안의 상여는 서로 앞을 가로막으며 실랑이가 벌어졌다. 황씨 집안엔 천하장사인 울산이란 사람이 있었는데, 그가 나서서 한 손으로 정씨 집안의 상여를 잡고 버티자 정씨들의 가짜 상여는 얼어붙은 듯 꼼짝도 못하고 제자리에 멈춰서고 기세등등해진 황씨 측의 상여는 신나게 산을 향했다. 그들이 산턱에 다다르자, 산 위에서 장례를 마친 정씨들이 "달고야" 하고 소리를 쳤다. 화가 난 울산이 단숨에 산 위에 올라가 장례를 마치고 세워 놓은 비석을 주먹을 내리쳤는데, 비석은 두 동강이 났다고 하는데, 지금도 그 비석은 반 토막만 서 있다. 그 이후 황울산이 살던 집터는 못이 되었고, 황씨들은 이 마을에는 한 집도 남음이 없이 망하였다.[44)]

바위배기

개령면 광천2리 빗내(橫川) 마을 남쪽에 있는 산언덕에는 원룡장군수라는 우물이 있다.

옛날 진동(陳童)이란 총각이 밤에 여묘살이를 하고 있는데, 두 소년이 우물물을 마시며 하는 말이 "내일까지만 마시면 승천한다." 하기에, 이튿날 진 총각이 이 물을 마시고 힘센 장사가 되었다. 천하장사가 된 진 총각은 마침 마을 앞을 흐르는 냇가에 다리가 없어 이곳에 징검다리를 놓으려고 큰 바위덩이를 메고 오다가 멜빵이 끊어져서 바위가 땅에 박혔는데, 그 바위는 아무도 움직일 수가 없어서 지금도 그 자리에 박혀 있다 한다. 그 후 마을 사람들은 바위가 박혀 있는 자리를 바위배기라 불렀다고 한다.

---

44) 김천시, 『내고장 우리향토』, 1983, p.294.

04 안동시(安東市)

아홉 간의 절집 개목사

천등산(天燈山) 천등굴(天燈窟)에서 수도를 닦고 훌륭한 고승이 된 의상조사는 그곳에서 동쪽으로 200m쯤 되는 지점에 흥국사(興國寺)를 지었다. 의상대사의 신묘한 능력으로 하루에 한 간씩 지어 99일 만에 아흔아홉 간의 거대한 절이 완성되었다.

그 후 이 절은 부처님의 영험이 많이 나타나 불도들의 도장으로 널리 알려져서 소원 성취하는 자들이 많았다. 고려 말에는 포은 정몽주 선생이 어렸을 때 이 절에서 10년간 공부하였으며 선생의 시문이 새겨져 보전되고 있다.

조선 초기에 맹사성이 안동부사로 제수되었다. 그런데 안동지방에는 이상하게도 눈병환자가 많았다. 그는 풍수지리에 능통한 사람이라 지형을 살펴보니 안동의 지형이 눈병을 앓는 환자가 많을 지세였다. 이에 영험이 많은 흥국사를 개목사라고 개칭하였더니 그 후 눈병환자가 차츰차츰 없어졌고 안동에는 소경이 사라졌다는 전설이 내려오고 있다.[45]

---

45) 안동군, 『내고장 전통가꾸기』, 1985, p.121.

끈들바위

아득한 옛날 한 스님이 절을 세우려고 마음에 드는 절터를 찾아 헤맸다. 어느 날 스님은 안동 땅 외청량산에 이르렀다. 스님은 청량산의 깊고 수려한 산세에 감탄하며 이곳에 절을 지으면 중생제도에 큰 덕이 될 것이라 믿어 외청량산을 두루 돌아 절을 지을 만한 곳을 찾았다. 마침 남쪽으로는 훤히 터지고 뒤편으로는 숲이 울창한 넓은 공터를 발견하였다. 좋은 절터를 발견한 중은 기쁨의 탄성을 발했다. 밑으로는 든든한 바위 절벽이어서 더욱 절의 위엄에 맞는 아주 좋은 자리였다.

"절터를 찾아 헤맨 보람이 있구나. 드디어 내 마음에 꼭 드는 자리를 발견했으니……" 기쁨을 감추지 못하던 스님은 하나 유감스러운 것이 있었다. 그 절벽 위에 큰 바위가 떡 버티고 있는 것이다. 절을 지으려면 아무래도 그 바위를 밑으로 굴려 떨어뜨려야 될 것 같았다. 스님은 원래 힘이 장사였으므로 이런 바위 하나쯤 굴려 떨어뜨리는 것엔 자신이 있었다. 스님은 두 팔을 걷어 올리고 "에잇" 하면서 큰 바위를 수십 길 절벽 아래로 굴리었다. 이튿날 아침 스님은 절터를 고르려고 산을 올랐다. 아니 이게 어찌된 일인가? 스님은 깜짝 놀랐다. 분명히 절벽 밑으로 굴려 떨어뜨린 큰 바위가 도로 제자리에 놓여 있는 것이다. "허허 괴이하도다. 바위가 조화를 부렸단 말인가." 스님은 어리둥절하여 자세히 살펴보았다. 그런데 그 절벽에는 바위를 끌어 올린 자국이 역력히 남아 있었다. 절벽 밑에서 절벽 위까지 가마니를 깔고 끌어 올린 것이 분명했다. 스님은 이 자리에 절대로 절을 세우지 말라는 부처님의 계시로 받아들였다. 스님은 그곳에 절을 세울 것을 단념했다. 그런데 다시 제자리로 돌아온 그 큰 바위는 약간만 밀어도 건들건들 흔들릴 뿐 결코 굴러서 절벽으로 떨어지지는 않게 되었다.

스님이 절벽 밑으로 떨어뜨린 것을 밤중에 도깨비가 가마니를 깔고 끌어 올려 놓았기 때문에 건들거릴 뿐 결코 떨어지지 않는다는 것이다. 그래서 그 바위를 사람들은 건들바위라고 부르게 되었다고 한다. 지금도 건들바위는 가마니 자국이 남아 있어 전설을 뒷받침해 주고 있다.46)

종이학이 터 잡아 준 봉정사(鳳停寺)

의상대사가 영주 부석사를 다 지은 다음, 종이학을 만들어서 날렸는데, 그 학이 신기하게도 날아서 서후리에 있는 천둥산 뒤쪽 기슭에 떨어졌다. 의상조사가 이곳에서 도를 닦겠다 하고 자리를 닦아서 절을 지은 것이 봉서사라고 한다. 봉서사를 다 지은 다음에 또 종이학을 날렸는데 이번에는 천둥산을 넘어서 떨어졌다. 이때 지은 절이 봉정사라고 한다.

---

46) 안동군, 『내고장 전통가꾸기』, 1985, pp.121 - 122.

제비원 석불을 벤 이여송

  안동에서 유명한 제비원 미륵불의 머리 부분은 조선시대에 다시 올려놓은
것이라 한다. 그것은 이여송이가 미륵불의 머리 부분을 칼로 쳐서 떨어뜨렸기
때문이다. 임진왜란 당시에 청병의 명나라에서 온 이여송은 난이 평정되자 우
리나라 방방곡곡을 찾아다니면서 훌륭한 인물이 날 자리를 골라 혈을 끊었다
고 한다. 이렇게 전국을 돌아다니던 이여송이 말을 타고 제비원 앞을 지나게
되었는데 말이 우뚝 서서 더 이상 나아가지 못하는 것이었다.

  이상히 여긴 이여송이 사방을 둘러보니 큰 미륵불이 우뚝 서 있는 것을 보
았다. 필경 저 미륵불 때문에 말이 움직이지 않을 것이라고 생각한 이여송은
차고 있던 칼로 미륵불의 목을 쳐서 떨어뜨려 버렸다. 그제야 말발굽이 떨어

져 길을 계속 갈 수 있었다.

칼로 벤 까닭에 미륵불의 목 부분에는 아직까지 가슴으로 흘러내린 핏자국이 있고, 왼쪽 어깨에는 말발굽의 자국이 있다. 당시에 떨어진 목은 땅바닥에 뒹굴고 있었는데 어느 스님 한 분이 와서 떨어진 목을 제자리에 갖다 붙이고 횟가루로 붙인 부분을 바르면서 염주 모양으로 볼록볼록 나오게 다듬어 놓았다고 하며 지금도 보면 이은 자리는 마치 염주를 목에 걸어 둔 것 같아 보이고 있다.

구담(九潭)

안동시 풍천면 구담동은 순천 김씨와 광산 김씨들이 많이 살고 있는 곳으로 옛날에는 마을이 작고 형편들이 구차하여 마을 형세가 볼품이 없었다. 이 마을에, 가난하여 끼니를 거르는 것이 밥 먹을 적보다 더 많았지만 한 번도 남의 것을 탐낸 적이 없는 마음씨 착한 노인이 그의 장성한 아들과 함께 살고 있있다.

어머니를 일찍 여의고 홀아버지 밑에서 자랐으나 청년 역시 착한 마음으로만 세상을 사는 순박한 사람이었다. 이들 부자는 농사지을 손바닥만 한 땅 한 조각이 없어 남의 집 품꾼으로 근근이 삶을 꾸려 나갔다. 어느 해 심한 가뭄이 닥쳐왔다. 하늘은 두 달이 넘도록 비가 내리지 않았고 땅이 쩍쩍 갈라져 농사는 이미 망치게 되었다. 마을 사람들은 말라붙은 강바닥만 들여다볼 게 아니라 샘을 얻기 위해 땅을 파자고 의견을 모았다. 모두들 삽과 곡괭이를 들고 물이 펑펑 쏟아져 나올 것이라는 기대에 땅을 팠다. 이렇게 장소를 옮겨 가며 일곱 개의 웅덩이를 파 내려갔으나 물은 없었다.

오히려 일곱째 웅덩이를 팔 때 허기지고 지친 몸을 간신히 끌며 땅 파는 일에 앞장서던 노인의 착한 아들이 파 내려가던 웅덩이 벽이 무너져서 더미에 쌓여 압사하고 말았다. 마을 사람들은 농사일보다 더 고된 웅덩이를 일곱이나 팠는데도 물이 나오기는커녕 그 착한 사람까지 죽고 마니 너도나도 실망하여 손을 놓았다.

그저 이제는 하늘의 처분만 바라고 비를 기다리자는 의견이었다. 그러나 아들을 잃은 그 노인은 홀로 여덟 번째 웅덩이를 꾸준히 파 내려갔다. 그러나 역시 물은 나오지 않았고 마을 사람들의 빈축만 사게 되었다. 하루에 죽 한 그릇 제대로 못 먹은 노인이 웅덩이 하나를 혼자 파고 나니 죽음 같은 피로를 견딜 수가 없었다.

겨우 집에 돌아가 쓰러져 자는데 하얀 광채 속에서 그보다 더 희고 눈부신 백발의 노인이 홀연히 나타나서는 "뒷산 고목나무 옆으로 100보 떨어진 곳에 웅덩이를 파 보아라." 이르고는 웃음 띤 얼굴로 노인의 어깨를 만져 주고 사라져 버렸다. 놀라 깨어 보니 꿈이었던 것 같은데 늙고 지쳐 있던 어깨에 젊은이다운 힘이 들어 있는 게 아닌가. 노인은 마을 사람들을 설득하여 꿈에 산신령이 일러 준 곳을 파기 시작했다. 참으로 놀랍게도 굵은 물기둥이 솟아오르더니 즉시 넘치는 못을 이루었다. 이 물은 석 달 가뭄을 훌륭히 해갈할 수 있어 오히려 그해에는 큰 풍년이 들었다. 마을 사람들은 노인의 정성으로 천운을 입게 됨을 감사하여 많은 토지를 주었다. 지금도 이 못은 남아 있어 아무리 가물어도 관개용수로 충분히 이용되고 있으며 못이 아홉 개나 있다고 하여 구담이라 불리게 되었다 한다.[47]

국신당과 수동별신굿

안동시 풍산읍에서 6㎞ 지점에 지금은 다 헐어 조그만 한칸 남짓한 성황당이 있는데 이를 국신당이라 한다. 옛날에 이곳은 대나무와 팽나무가 무성했으나 지금은 찾아볼 수 없으며 매년 정월 보름날 이 고장 사람들이 이곳에 모여서 하던 별신굿도 점차 자취를 감추고 있다. 또한 국신당에 모신 공민왕의 영을 위로하던 놋부처도 갑술년 대홍수에 떠내려가고 말았다. 국신당은 600

<hr>

47) 안동군, 『내고장 전통가꾸기』, 1985, pp.123 - 124.

여 년 전 세워진 것으로 그 내력은 다음과 같다. 공민왕이 난적을 피해 이 지방까지 피난을 왔다. 공민왕은 쫓기는 형편이어서 자기를 추종하는 부하가 한두 사람씩 줄게 되었으며 풍산에 도착했을 때는 불과 5, 6명에 지나지 않았다. 다급한 공민왕은 풍산 동쪽 상리동 산 정상에 허수아비 병정을 곳곳에 세우고 남으로 피신을 하였다 한다. 마침 이때가 가을철 아침이라 안개가 끼어 공민왕을 쫓던 군사가 산 위를 보니 적군을 한눈에 집어삼키려는 기세로 많은 군사가 밑을 보고 활을 쏘는 형용을 하기에 겁에 질린 적군은 후퇴하였다 한다. 공민왕은 이곳 무성한 대나무 숲에서 휴식을 취하여 무사했었다 하며 이것을 기려 마을 사람들은 국신당을 세워 공민왕의 영정을 모시게 되었다. 이 국신사 사당에서 고사를 지내면 많은 효험을 내었다고 한다. 제를 지내기 며칠 전에는 사당을 깨끗이 치우고 온 정성을 다하여 제사를 지냈는데 세월이 흐르자 이도 차츰 그만두게 되었다. 조선 중엽에 이 마을에 권사도라는 청년이 있었다. 그는 말 잘 타고 활을 잘 쏘아 그 무술이 천하일품이었다. 어느날 이 수동마을에 어디선가 종일 하늘을 울리는 용마의 울음소리가 들려왔다. 마을 사람들은 모두 불안과 공포에 떨며 어쩔 줄을 몰랐다. 이때 사도 청년이 용마를 달래 보겠다고 나섰다. 사도는 말을 타고 마을을 달려 나가 낙동강 어귀 깊은 웅덩이 옆 큰 바위 위에서 울고 있는 용마에게 다가갔다. 신통하게 용마는 사도가 가까이 오자 울음을 그쳤다. 사도는 용마를 집어타고 위풍당당하게 마을에 나타났다. 사도는 용마를 길들이는 데 온갖 정성을 다하였다. 몇년 뒤 왜란이 크게 일어나 사도는 용마를 타고 출전하였다. 마을 사람들의 전송을 받으며 용마에 올라탄 사도는 장부의 기개가 넘치고 용마도 우렁찬 울음을 길게 내질렀다. 마을을 나가려는데 국신사 앞에서 말의 발이 땅에 붙어 떨어지지 않는 이변이 일어났다. 마을 사람들은 모두 놀라며 뜻밖의 변고에 술렁거렸다. 그러자 권사도는 말에서 내려 "이는 국신사를 돌보지 않아 신주가 노하신 것입니다." 하며 국신사로 들어가 지성을 다하여 열심히 빌었다. 그러자 발이 떨어져 전장으로 나가게 되었다. 사도는 떠나면서 국신사 사당에 지성을 드릴 것을 마을 사람들에게 당부하였으며 후일 큰 전공을 세워 병마절도사의 자리에 올랐다 한다. 마을에서는 국신사 사당을 재건하여 정월 대보름날에는 수동마을 사람들뿐 아니라 인근 5개 마을 사람들이 모두 모여 사당 앞에서 굿을 벌이게 되었는데 이 굿은 수동별신굿이라 불리게 되었으며 400 여 년간 계속되었다.[48]

도목동배씨댁 상여

지금부터 400여 년 전 안동시 월곡면 도목동은 무릉도원경같이 산수가 수려하고 아름다운 마을이었다. 이곳에 이황의 제자로 학문이 높은 배삼익이 살고 있었다. 배삼익은 학문에 깊은 조예가 있었고 꾸준히 정진하며 과거 시험에 응시했다. 분명 자신만만하게 응시를 했는데 그만 낙방하고 말았다. 배삼익은 고향으로 돌아와 낙심천만하여 두문불출 일체의 방문객을 끊고 시름에 잠긴 생활을 했다. 그러던 어느 날 그 마을에 한양 손님이 찾아 내려왔다. 방문객은 "배지개, 배지개" 하며 누구를 찾는 듯했다.

배삼익은 이상한 생각이 들어 그 사람을 청해 들이니 그는 "이 고을에 사는 배지개라는 사람이 진사 시험에 등과를 했는데 도무지 사람이 나타나질 않아 직접 찾아 나섰습니다." 하였다.

이 고을에서 과거를 본 사람은 자신뿐인 것을 아는 배삼익은 이상하게 생각하며 "그러면 혹 그 글을 가지고 오셨습니까?" 하니 손님은 "물론이지요. 하도 흘려 써서 사실은 저 같은 사람은 잘 읽지도 못하겠습니다마는……" 손님이 내미는 글을 보니 바로 과거 시험에 자신이 냈던 글이 아닌가, 이름을 너무 흘려 써서 삼익(三益)이 꼭 지개(之蓋)로 보이는 것이었다. 이렇게 등과를 하게 된 배삼익은 선조 21년에 황해도 관찰사와 병마수군 절도사로 임명되어 황해도에 부임했다. 서해안에 8, 9년간의 심한 가뭄이 들어 기근이 날로 심해지자 황해도민의 민심을 파악하고 구휼을 하라는 어명을 받들고 부임한 그는 고을을 살펴보고 그 참상에 매우 놀랐다. 많은 부하를 풀어 그 지방의

---

48) 안동군, 『내고장 전통가꾸기』, 1985, pp.124 - 125.

어려움을 샅샅이 보고토록 했다.

해주에는 버린 아이들이 뼈가 앙상하여 그냥 돌아다니며 울고 있으며 아녀자들은 남편이 도망가고 굶주림에 지쳐 통곡들을 하며 길바닥에 너부러져 있었고 재령 등지에는 오히려 걸인의 수가 줄어들고 있는데 이는 아사하는 까닭이며 기타 지방에서는 살인자가 많은데 이는 사람을 잡아먹기 때문이었다. 배삼익은 이양곡을 모두 풀어 백성에게 나누어 주며 구황식물을 적극 재배케 하는 등 주야로 고민하며 민생구제에 온 힘을 다하였다. 곡식 종자도 없고 나라의 부역과 세금은 그대로 상납해야 하는 어려움을 괴로워하던 중 옥문을 모두 열고 모든 죄인을 방면하며 그들을 부역에 써서 어려움을 극복해 나가자니 몸이 말이 아니었다. 드디어 그는 병이 나서 농토를 살펴보러 나갔다가 졸도하고 말았다. 나라에서는 환주하라는 어명을 내려 특별히 사인교를 보내주었다. 병이 들어 운신을 못 하여 사인교를 타고 돌아오는 길에 1588년 7월 해주 청단역에서 55세로 세상을 뜨고 말았다. 임금은 그의 충절을 가상히 여겨 상여를 하사하였다. 그 상여에 시신을 싣고 관군에 의해 봉화면 사평리에 운구를 모셨다. 그 후 그 상여와 사인교는 배씨 종택에 가보로 전해져 내려오며 배씨 종가는 안동댐이 건설되면서 수몰되어 안동시 임하면 송천동으로 다시 옮겨져 그대로 보존되고 있다.49)

어리고 변한 지네

안동 두메산골 어느 마을에 외동아들이 홀어머니를 모시고 처자와 같이 가난하게 살고 있었다. 워낙 가난한지라 죽을 생각도 여러 번 하였으나 불효를 면하지 못할 것 같아, 궁여지책으로 무작정 돈벌이를 하기 위해 상경길에 올랐다.

여러 가지 일을 해 보았으나 뜻대로 되질 않아 죽을 결심을 하고 삼각산에 올라 허리끈을 풀어 올가미를 만들어 목을 들이밀었다. 막상 목을 밀어 넣고

---

49) 안동군, 『내고장 전통가꾸기』, 1985, pp.126 - 127.

생각을 해 보니 남의 자식으로 태어나 혼자 계시는 모친을 공경하지 못하고 먼저 죽는 것은 죄가 크다는 생각이 되고 사랑하는 처자의 모습이 눈에 아른거려 포기를 하고 조금 옆으로 비켜서 앉아 있으니 자기가 만들어 놓은 올가미에 서기가 비쳤다. 이상한 생각이 들어 가까이 가 보니 젊은 새댁이 목을 밀어 넣고 죽으려고 하였다.

"나는 노모를 모시고 살며 자식도 있으나 살길이 막연하여 죽으려고 마음을 먹고 이렇게 만들어 놓았는데 당신은 인물도 잘난 청춘부인이 왜 이런 짓을 하느냐?"고 나무라며 사연을 물었다.

사연인즉, 남편만 얻으면 죽어 버려 남편 복이 워낙 없기에 죽기로 작정하였다고 하였다. 그리고 새댁은 "당신은 돈에 포원이고 나는 남편에 포원이니 서로 인연을 맺으면 둘 다 행복하고 당신 가족도 부자가 될 것입니다."라고 하였다. 이 남자도 생각해 보니 괜찮은 일이라 생각되어 쾌히 승낙을 하고 그 여자를 따라 삼각산 깊은 계곡으로 들어갔다. 새파란 기와집이 하나 나오는데 경치가 좋고 부족함이 없이 잘살고 있었다. 그런데 주위의 모습으로 보아 이 여자는 수천 년 묵은 돌지네가 틀림없었다.

돌지네가 사람으로 변신해 잡아먹을 사람을 구하는데 이 남자가 걸려든 것이다. 이 남자는 초조하기만 하였다. 그래서 노모와 처자가 굶는 것이 걱정이 되어 견딜 수가 없어 집에 잠깐 다녀오겠다고 하였다. 그러나 "당신이 집에 가지 않아도 내가 잘살도록 보살펴 두었으니 걱정 말고 나와 같이 살아요." 하였다. 억지로 애걸을 하니 부모를 위해 간다는 것은 어쩔 수가 없으니 잠깐 갔다 오라고 하였다. 집을 떠난 지 삼 년인지라 노모와 처자식이 굶어 죽은 줄로만 알았는데 집에 도착하여 보니 부자가 되어 잘사는 것이 아닌가? 부자가 된 연유를 캐물으니 어떤 사람이 자꾸 재물을 가져다주어서 부자가 되어 걱정 없이 살고 있다고 했다.

가만히 생각해 보니 그 여자가 한 일이 분명했다.

내가 벌어서 보내 준 것이라고 거짓말을 하고 여자의 은혜가 고마워 다시 삼각산으로 걸음을 재촉했다. 해는 서산으로 뉘엿뉘엿 기우는데 한 백발노인이 나타나더니 지금 심각산에 들어가면 위험한 일이 나타난다며 한사코 만류를 했다. 그러나 거절을 하고 다시 걸음을 옮기는데 백발노인이 다시 나타나 내가 너의 조부라고 하면서 네가 꼭 갈려면 이걸 가지고 가라고 했다.

그것은 담뱃대와 독한 담배였다.

그 여자하고 같이 있을 때 자꾸 피우라고 하며 백발노인은 유유히 사라졌다. 기와집에 도착하니 그 여자가 반가이 맞아 주며 저녁상을 차려 주었다. 맛있게 먹은 다음 그 여자 앞에서 자꾸 담배를 피웠다. 그 여자는 못 피우게 자꾸 말렸다.

그러나 남자는 백발노인의 말씀을 명심하고 자꾸 피웠더니 그 여자는 돌지네로 변하여 방바닥에 쓰러지고 말았다. 죽은 것을 자세히 보니 그것은 분명한 돌지네였다. 이튿날 그 남자는 짐을 싸 가지고 집으로 돌아와 조상을 섬기며 잘살았다고 한다.

동신(洞神) 성황당

안동시 일직면 평팔동에서는 해마다 음력 정월 열나흘 날 밤중에 동신제사를 올린다. 지금부터 약 120여 년 전 대구에 사는 모진사의 아들이 과거를 보려고 상격하던 중 이 마을에서 유숙하게 되었다. 그날 밤 청년은 갑자기 열이 오르며 토사를 하는 괴이한 신병으로 급사하였다. 이 청년은 재주가 비상하고 풍채가 뛰어나 그 집안의 자랑거리였다. 상전을 모시고 가던 하인은 너무나 놀라운 슬픔에 넋이 빠져 식음을 전폐하고 망연히 앉아만 있더니 그 또한 며칠 후 주인을 따라 죽었다. 주인을 잃은 말도 물 한 모금 먹지 않더니 따라 죽어 버렸다. 그러자 마을 사람들은 하늘의 재앙을 슬퍼하며 두 사람은 물론 말까지 양지바른 곳에 고이 장사를 지내고 명복을 빌었다. 그 후 이 앞을 지나가는 말은 발이 떨어지지 않아 주인이 내려 걸어가야 했으며 가마를 타고 지나려 하면 가마를 메고 가는 하인들의 발이 떨어지지 않아 부득이 내려 걸어가곤 했다. 이런 일들이 계속되자 마을에서는 선비의 원혼이 마을에서 떠나지 않음을 알고 이 두 사람과 말을 위하여 그들이 죽은 자리에 사당을 짓고 말을 탄 진사의 아들과 말고삐를 잡은 하인을 흙으로 빚어 동신으로 모시고 제사를 올리게 되었다. 제관은 그 집안에 아무 변고가 없고 몸과 마음이 정결한 사람이 뽑혀서 3일간 출입을 끊고 심신을 깨끗이 했다. 제관으로 뽑힌 사람은 절대 거절할 수 없었다. 만약 거절하면 그와 그 집안에 큰 재앙이 닥쳤고 성심껏 제사를 올리면 당사자는 물론 온 마을이 한 해를 무병과 풍년으로 보낼 수 있었다. 아들을 얻지 못한 사람이 제관이 되어 제사를 올리자 곧 아들을 얻게 되었다고 한다. 또한 제사에 쓰였던 촛불을 몰래 가져다가 삼신 앞에 놓고 빌면 아들을 낳았다고 하여 지금도 촛불을 가져가 비는 여인이 간혹 있다고 한다. 제사를 올리기 위해 널어놓은 벼를 새들이 주워 먹으면 그 자리에서 즉사했고 아이들이 몰래 음식을 훔쳐 먹으면 입이 삐뚤어지거나 부스럼이 났으며 음식을 장만하는 시간이 늦으면 호랑이가 나타나 기다렸다고 한다. 제사 후의 음식을 온 마을 사람들이 나누어 먹으면 1년 동안 질병과 재난에서 무사하였다 하며 지금도 이곳 성황당에 동신을 모시고 제를 올린다고 한다.[50]

도연폭포

안동에서 영덕방면으로 가는 길을 따라 14㎞쯤 가면 망천이란 곳이 있고 거기서 반변천을 따라 10㎞쯤 올라가면 길안면, 임동면, 임하면의 경계에 있는 도연 폭포의 웅장한 모습을 볼 수 있고 물소리를 들을 수 있다. 주위의 산천과 표은정사, 선유정 선찰암들이 둘러 있어 정히 안동 팔경 중의 으뜸이라 할 만하다. 더욱이 가을날 주위의 석산에 단풍이 곱게 물들 때는 명실상부한 소금강이다. 이 폭포와 선찰암 사이에 조그만 독산이 하나 있는데 옛날에는 폭포가 없었으며 강물이 이 독산 끝을 돌아 선찰암 앞으로 흐르고 있었다 한다. 그런데 어느 날 지금의 폭포 밑 깊은 소에 사는 용과 선찰암에 있는 부처

---

50) 안동군, 『내고장 전통가꾸기』, 1985, p.127.

와의 사이에 싸움이 벌어지고 말았다. 이유인즉 용은 물을 바로 흐르게 하자는 것이요, 부처님은 그전대로 돌아 흐르게 하자는 것이었다. 싸움은 쉽사리 끝나지 않았고 성이 난 용은 그만 꼬리로 산을 쳤다고 한다. 산을 친 자리가 갈라져서 지금의 폭포가 되었다고 하며 폭포 밑의 소는 깊어서 명주꾸리 하나를 푼다고 하며 그 속에 천 년 묵은 이무기가 산다고 전해지고 있다. 지금도 봄부터 가을까지 관광객의 발자취가 끊이지 않고 있다.[51]

보백당과 만휴정

안동 길안면 만휴정 건립에 전하는 이야기이다.

옛날 이 고란 동리에 민씨 부자가 살고 있었다. "하루는 한 과객이 찾아와서 하루저녁 묵어가겠소이다." 하고 재워 달라고 했다. 주인은 쾌히 승낙을 하고 과객을 안으로 맞아 들였다. 그런데 이상하게도 하루만 묵고 가겠다던 과객은 하루가 지나고 이틀, 사흘이 되어도 떠나려고 하지를 않았다. 과객이 민씨 집에서 식객 노릇을 한 지도 어언 삼 년이 되었다. 꼭 삼 년이 되는 날 과객은 비로소 짐을 꾸려 가지고 나오면서 "이제 떠나겠소. 그동안 신세가 많았소이다." 하고 인사를 하는 것이었다.

과객은 "그동안 신세를 많이 끼쳤습니다. 내가 지내 보니 집이 낡아 새로 지어야 할 것 같은데 그 보답으로 집터를 하나 잡아 드리고 가겠소이다." 했다. 그렇지 않아도 새로 지을 집터를 찾던 중인 민씨는 매우 반가워했다. 이에 주인은 과객을 따라 이리저리 좋은 집터를 찾아 헤매게 되었다. 과객은 한 곳에 이르자 발걸음을 멈추고 주위를 살피는 것이었다.

"좋은 곳이긴 하다만……." 과객은 혼잣말로 중얼거렸다. 얼핏 과객의 말을 들은 민씨가 "이곳이 명당이오?" 하고 물었다.

"예 썩 좋은 자리이긴 합니다만 아무래도 민씨 복에 합당치 않은 것 같소

---

51) 안동군, 『내고장 전통가꾸기』, 1985, p.128.

이다.” 과객은 매우 섭섭한 듯 입맛을 다시었다.

“네? 그게 무슨 말씀이오?”

“하여간 이곳은 명당이기는 하나 민씨 집안에는 합당치 않은 자리오니 다른 터를 찾읍시다.”

“아니오. 나는 이곳에 집을 짓겠소.”

민씨는 자기가 보기에도 앞이 훤히 트인 것이 명당인 듯하여 과객의 말을 듣지 않고 고집을 세웠다. ‘이런 좋은 자리를 남에게 빼앗기다니 될 법이나 한 소리인가. 누가 뭐래도 나는 이 자리에 집을 짓겠다.’고 마음속으로 굳게 다짐한 민씨는 과객의 말을 끝내 듣지 않았다.

“그럼 할 수 없소. 주인이 원하시는 일이니 난들 어쩌겠소. 마음대로 하시오.”

과객은 민씨에게 작별을 고하고 어디론가 떠나가 버렸다.

그 후 민씨가 그 터에 주춧돌을 놓고 집을 짓는데 하루는 텁수룩하고 눈초리가 이상한 한 과객이 지나가며 “음…… 민씨가 김씨 집을 짓는구나.” 하고 지껄이는 것이었다. 민씨는 그 과객의 말이 대단히 기분이 나빴으나 계속 집

을 지었다. 사흘 후에 또 한 과객이 "김씨 집을 짓는구면." 하고 중얼거리며 지나갔다.

기둥을 세우고 상량을 올리는데 또 이상한 과객이 지나가며 "음, 김씨 집을 세우나 보군." 하는 것이었다.

'흥! 별소리를 다 하네. 엄연히 민씨 집인데 김씨 집이라니. 고얀 놈이군.'

민씨는 과객들의 말을 묵살하고 기와를 얹고 초벽을 하였다. 그러자 이때 또 한 과객이 지나가면서 "허허, 김씨 집을 짓는구나." 하고 전번의 과객들과 똑같은 말을 되풀이하는 것이었다. 그러자 민씨는 못 들은 척하고 계속 집을 지었다. 이윽고 집이 완성되어 새집으로 들어가 살았다.

그런데 새집에서 살게 된 민씨는 차츰 살림이 기울어지기 시작하더니 몇 해 안 가서 망하고 말았다. 민씨는 할 수 없이 집을 팔려고 내놓았으나 망하는 집터라고 사려는 사람이 하나도 없었다. 그러던 중에 그 소문을 들은 김씨 문중의 한 하인이 주인인 보백당에게 민씨 집을 살 것을 권했다.

"그건 안 돼. 망해 가는 집을 샀다간 우리 집안도 다 망해 버리면 어쩔 텐가?"

"그렇지 않습니다. 그 집은 지을 때부터 이상한 일이 많았다고 합니다. 그 집을 사면 부귀가 자손만대까지 분명히 번창할 것입니다."

하인은 주인에게 간곡히 졸랐다. 김씨는 별로 내키지 않았지만 하인이 간곡히 조르는 것에 마음이 끌리어 민씨 집을 사기로 결정을 내렸다. 민씨의 집을 사서 두 집을 다 쓸 수 없으니 하인에게 거처토록 하였다.

하인이 그 집에 들어가서 산 지 며칠이 안 되어서 김씨의 집은 불이 일어나 몽땅 타 버리고 숟가락 하나 건져 내지 못하고 말았다. 하루아침에 알거지가 된 김씨는 할 수 없이 하인에게 준 집으로 이사를 했다. 김씨가 새집으로 옮긴 이후 어찌된 일인지 차차 재물이 늘고 자손들이 많아지고 또한 벼슬길도 많이 오르게 되어 부귀를 누리게 되었다. 그리하여 후손들은 이 고란 땅에 만휴정이라는 정자를 세워서 보백당을 받들게 되었다는 것이다.[52]

---

52) 안동군, 『내고장 전통가꾸기』, 1985, pp.129 - 130.

서애대감과 치숙(癡叔)

임진왜란 때에 전란을 수습하고 대업을 이루어 당시 조정의 태두로서 백성들에게 숭앙받던 대정치가요 유학자이신 류서애 선생은 풍산면 하회 출신이다. 공은 위대한 정치가이며 유학의 대가였으나 치숙이라 불리며 주위 사람들에게 놀림을 받던 그의 숙부의 신통한 선견지명에 탄복했다는 비화가 전한다.

치숙이라 함은 그의 숙부가 술이나 좋아하고 집안일에는 도통 관심이 없는 숙맥 같은 분이었으므로 집안사람들이 붙인 별명이었다. 어느 구름 한 점 없는 청명한 날, 치숙이 조카인 서애를 찾아왔다. 술이 거나하게 취해 비틀거리며 대문을 들어서자 집안 하인들도 싫어하며 모두 외면을 하며 겨우 인사나 하는 것이었다. 그러자 치숙은 아랑곳하지 않고 소리를 냅다 지르며 술주정을 하였다. 그러나 서애가 학문을 닦는 별채에 들어서자 안색을 고치고 태도를 정중히 하여 "참으로 청명한 날씨로구나. 여가가 있으면 바둑을 한판 둬 보는 것이 어떠냐?" 하며 책상머리에 다가앉았다.

서애는 깜짝 놀랐다. 숙부께서 평소에 바둑 두는 것을 본 적도 없거니와 우매하기로 소문이 나 있는데 숙부가 바둑에 일가견을 갖고 있는 자신과 한판 겨루자고 하니 말이다. 서애가 의심쩍은 듯 얼른 대답을 못 하니 숙부는 "그러면 우리 집 뒷밭 2마지기를 걸어 놓고 내기를 해 보면 어떨까?" 하기에 속으로는 의아했지만 바둑을 두기 시작했다. 자신만만하게 첫국을 두던 서애는 숙부의 신묘한 술수에 몰리어 그만 반 국 만에 완전히 항복하고 말았다.

그 후 서애는 숙부가 결코 범상한 분이 아니라는 것을 깨닫게 되었다. 어느 날 저녁이었다. 숙부가 찾아와 이르기를 "내일 저녁 무렵 한 중이 찾아와서 하룻밤 숙식을 청할 것이니 무슨 핑계를 대서라도 완강히 거절하여 우리 집 뒤의 모암으로 보내도록 하게. 꼭 명심하여 실수함이 없도록 하여라."고 신신당부하며 돌아갔다.

반신반의하며 하루를 보내고 저녁 황혼이 물들 시각에 과연 첫눈에도 영악해 보이는 중이 찾아왔다. "소승은 오대산 깊은 산중에서 수도하던 중이온데

금번 진리를 찾기 위하여 영남산천을 순례하고 돌아가는 길입니다. 일찍 선생의 덕망과 학문을 숭앙하여 좋은 말씀을 듣고자 찾아왔으니 하룻밤 유숙을 허락해 주시면 감사하겠습니다.”고 간청하였다.

서애는 “퍽 유감이나 마침 오늘은 집에 불미한 일이 있어 어렵겠습니다. 꼭 이 마을에 머물 양이면 마을 뒷산 모암에 가면 정자가 있을 터인데 그곳에서 유숙할 수 있으니 그리 가도록 하시오.”라고 했다. 그러나 중은 “일부러 여기까지 온 것은 대인을 뵙고 가르침을 받고자 함인데 부디 하룻밤의 유숙을 허락해 주십시오.” 하며 땅에 엎드려 간곡히 청했다.

서애는 그 간절한 모양에 일시 마음이 흔들렸으나 숙부의 말이 귓전을 때려 끝내 거절하고 하인을 시켜 모암으로 안내케 했다. 이때 치숙은 술기가 없는 단정한 모양으로 중을 맞았다. 반가이 서로 인사를 나누고 나자 곱게 단장한 여인이 맛좋은 술과 안주가 그득한 상을 들고 들어오며 정성스레 대접을 했다. 중은 그 술을 맛보고는 “이런 좋은 곡차가 어디서 나왔습니까?” 치숙은 “이것은 이 여인이 손수 빚은 것인데 본래 기생출신이라 그 빚는 솜씨가 비상하시오. 싫이히지 않으시면 얼마든지 있으니 사양 마시고 맘껏 드시오.” 하며 중의 흥을 돋우었다. 하회의 맑은 물로 빚은 명주와 깨끗한 산채, 진귀한 안주에 정신없이 들이키던 중은 드디어 완전히 술에 녹아떨어지게 되었다. 중이 만취되어 정신없이 자고 있을 때 바윗돌같이 무거운 것이 가슴을 눌러 숨이 막힐 지경이었다. 참지 못하여 눈을 떠 보니 이것이 웬일일까? 뜻밖에 술을 대접하던 선비가 가슴을 타고 앉아 비수로 목을 겨누고 있지 않는가. 그리고 눈을 부릅떠 호령하며 “이놈! 너는 일본의 첩자지? 만약 속인다면 네 목숨은 살아남지 못할 것이니 바르게 말해라.”고 칼을 들이댔다. 목숨이 경각에 달린 중은 애걸하며 “예, 예, 목숨만 살려 주십시오. 소승은 풍신수길의 밀정으로 장차 조선을 치는 데 큰 장애물이 되는 서애 대감을 없애라는 지령을 받고 왔습니다. 제발 목숨만 살려 주시면 그 은혜 결코 잊지 않겠습니다.”고 눈물을 흘리며 애원하였다. 그러자 치숙은 칼을 거두고 바로 앉아 이르기를 “우리나라의 재난은 천운이니 내 작은 인력으로 막을 길 없으나 내 고장은 목숨을 걸어 지킬 것이다. 왜구가 이 땅에 들어온다면 한 놈도 살려 두지 않을 것이다. 너는 중이라 살려 줄 테니 돌아가 조선이 함부로 침략할 나라가 아님을 알려라.”고 준엄하게 호통을 쳤다. 중은 겨우 목숨을 얻어 돌아가 그 경위를 풍신수길에게 전하니 풍신수길은 크게 놀라며 부하 여러 장수들에게 “안동 일대는 절대로 발을 들여놓지 말라.”고 엄명을 내려 임진왜란 때 안동 은 무사했다고 한다.53)

학가산 미사리

　옛날 학가산에 미사리가 살고 있었다. 사람들은 약초를 구하러 산에 가거나 수렵을 갔을 때 가끔 미사리를 만나서 놀라는 일이 있었다고 한다. 미사리는 사람과 같은 모양을 하고 있으며 몸에 짐승처럼 털이 나 있고 절벽이나 바위 틈에 살고 있으며 불을 사용하였다고 한다. 겨울에는 바위틈이나 동굴에 불을 지펴서 따뜻한 온기로 추위를 면했고 먹이는 주로 날것을 먹으며 살았고 농 사를 짓거나 먹이를 저장하는 일은 할 줄 모르며 옷도 입지 않았다고 한다. 머리카락은 길어서 어깨를 덮고 손과 발은 상당히 커서 갈고리 같고 손톱과 발톱은 없고 눈이 크고 이빨이 희며 털로 덮여 있는 팔과 다리는 가늘고 매 우 깡마른 몸매에 키가 백 자 정도라고 한다. 미사리가 생기는 원인은 두메산 골에 살던 가족이 산사태, 산불, 괴질 때문에 모두 죽고 어린이 하나만 살아 남아서 산속 생활에 적응하여 성장한 인간이라고 하였다. 미사리는 겁이 많고 사람을 잘 피하며 절벽이나 나무 위를 오르고 내리며 풀뿌리를 뽑는 것을 잘 했다고 한다.

---

53) 안동군, 『내고장 전통가꾸기』, 1985, pp.130－132.

선어대 (仙漁臺)

선어대는 인어가 사람으로 변해 올라왔던 대(臺)라는 뜻이다. 옛날 나이가 40살이 넘도록 장가를 들지 못한 머슴이 살았다. 마음씨가 단순하고 우직하여 이웃 사람들에게는 인색한 적이 없었다. 그래서 언제나 남의집살이를 해도 섣 달그믐께 그 집을 나올 때면 겨우 남은 것은 떨어진 목도리, 버선 정도였다. 이듬해 또 남의 집 머슴살이를 하지 않을 수 없었다.

해마다 되풀이되는 가난에 머슴은 장가드는 일이 아득하기만 했다. 어느 날 머슴은 차라리 죽어 버리는 것이 더 낫다고 생각하고 인기척 없는 밤중에 강물이 굽이치는 언덕에 앉아 하늘을 우러러보았다. 하늘은 검푸른 비단처럼 맑았고 달은 중천에서 잠든 만물을 따뜻이 비추고 있었다. 장가도 못 들고 죽는다고 생각하니 갑자기 목이 메었으나 사는 것 또한 막심한 고생이라 눈을 지그시 감고 깊은 강을 행해 몸을 날렸다. 순간! 누군가 손을 탁 잡는데 꽃잎처럼 부드러운 감촉이었다. 죽어서 용궁에 왔나? 아직 이승인가? 어지러운 중에 슬며시 눈을 뜨니 아리따운 여인이 손목을 잡고 있지 않는가! 섬섬옥수 고운 손결에도 가슴이 뛰었지만 달빛 아래 은은히 미소 짓는 여인은 그대로 천상 백옥경의 옥황선녀였다.

“여보 당신은 누구요?” 머슴은 얼떨결에 물었다. “소녀는 바로 이 언덕 아래 소에 있는 인어이온데 낭군의 탄식소리를 듣고 나왔습니다.” 은쟁반에 구슬 굴리는 듯 낭랑한 목소리였다. “나는 이미 죽으려고 결심한 터인데 왜 나를 붙잡으오.” 처음 만져 본 여인의 손이나 단호히 뿌리쳤다. 그러나 여인은 다시 덥석 잡으며 “젊은 나이에 죽다니요. 안 될 말씀입니다.” “젊어도 뜻대로 되지 않으니 죽을 수밖에 도리가 있소?” “아닙니다. 낭군님 좋은 도리가 있습니다. 소녀가 시키는 대로 해 주시면 틀림없이 소원이 이루어집니다.” 머슴은 소원이 이루어진다는 말에 귀가 번쩍 뜨였다. “그래 무엇을 하란 말이요?” 여인은 다시 한 번 방긋 웃으면서 “지금 소녀는 용이 되어 하늘로 오르려는 중인데 저 위의 소에 또 한 마리의 용이 있어 소녀가 하늘로 오르려는 것을 번번이 방해하였습니다.”

아무리 싸움을 하여도 승부가 나지 않아 여태 이러고 있습니다. 내일 여기서 소녀가 용으로 화하여 하늘로 오르려면 필경 저 위의 임하룡과 맞붙어 싸울 것입니다. 낭군님은 그때 크게 "야 이놈의 용아!" 하고 소리만 쳐 주시면 됩니다. 그 소리에 용이 한눈을 팔면 그 용을 물어 죽이고 하늘로 오를 수 있습니다. 머슴은 껄껄 웃으며 "그까짓 일이야 너무 쉽지 않소. 좋소, 그렇게 하지요." 하고 승낙했다. 이튿날 밤 머슴은 그 물가 언덕으로 나갔다. 갑자기 구름이 모이고 물이 용솟음치더니 어둠을 뚫고 하늘로 올라가는 용이 보였다. 뒤이어 저 위에서도 시뻘건 불덩이와 함께 하늘로 오르는 것이 보이더니 번개가 치며 천둥이 요란했다.

이 무시무시하고 엄청난 광경을 본 머슴은 그만 그 자리에 까무러치고 말았다. 인어용은 무슨 소리가 날까 아무리 기다려도 기척이 없자 싸움을 포기하고 내려오니 머슴은 기절해 있는 것이 아닌가! 이리저리 주물러 주자 머슴은 깨어났다. "어찌된 일이옵니까?" "어찌되다니요, 싸움을 보다가 그만……" 여인은 빙그레 웃음을 지으며 "그럼 내일은 꼭 부탁하옵니다." 하고 사라졌다.

이튿날이었다. 자정이 되자 두 마리의 용은 어제처럼 한데 얽혀 무서운 싸움을 시작하였다. 싸움이 한창일 때에 무서움에 온몸을 덜덜 떨며 "야! 이놈의 용아!" 하고 있는 힘을 다해 외쳤으나 모기소리 정도가 되었을까 말까! 그래도 보람이 있어 임하소의 용이 한눈을 팔자 인어용은 날쌔게 그 목덜미를 물어뜯고 말았다. 승부는 끝났다. 어느새 사람으로 변한 용은 그의 앞에 내려와 공손히 사례를 올렸다. 그러고는 "소녀는 이제 승천을 하겠사오니 낭군님은 급히 짐을 꾸려 뒷산 높은 봉으로 올라가시면 약속을 지키겠습니다."라고 하였다. 머슴은 시키는 대로 빨리 서둘렀다. 뒷산에 오르자마자 큰비가 쏟아져 내렸다. 순식간에 내가 범람하여 온 들이 잠기고 천지는 물바다가 되었다. 비가 그치고 날이 새자 넓은 들판이 시원스레 펼쳐져 있었다. 머슴은 눈을 의심하였다. 그건 바로 머슴의 땅이었던 것이다. 머슴은 평생소원이던 넓은 토지를 얻어 농사를 짓게 되었고 장가도 들어 행복하게 살게 되었다. 그 후 머슴이 농사를 짓던 그 넓은 들판을 이 머슴의 성이 마(馬)가였으므로 마가의 들, 즉 맛들이라 부르게 되었고 용이 하늘로 올라갔다고 용상(龍上), 인어용

이 사람으로 나타난 물가 언덕을 선어대라 부르게 되었다고 한다.54)

술이 솟아나는 술바위

옛날 안동시 북후면 새장골에서 북쪽으로 500m쯤 떨어진 곳에 지골이라는 곳이 있다. 그곳에는 커다란 바위가 있는데 그 바위 밑에는 약간의 물이 흐른 자국이 있다. 이곳에서 술이 나왔다고 해서 술바위라고 부른다. 옛날 그곳에는 박씨 성을 가진 부자가 살았다고 한다. 그에게는 효성이 지극한 어여쁜 딸이 하나 있었다. 박씨는 술을 무척이나 좋아해서 매일 술로 살았다. 몇 년 동안 일도 하지 않고 술만 마시고 보니, 그 많던 살림이 차츰 기울어져서 비렁뱅이가 되고 말았다. 술은 고사하고 하루 세끼조차도 잇기 어려웠다. 착한 딸은 아버지가 좋아하는 술을 사 드리지 못해 자나 깨나 걱정이었다. 밤에는 잠을 이루지 못했다. 생각 끝에 딸은 백일기도를 드리기로 결심하고 절로 들어갔다. 아버지께 술을 사 느릴 수 있도록 해 달라고 백 일 동안 지성으로 빌었다. 백일기도가 끝난 날, 딸은 술을 사 들고 집으로 돌아갔다. 그녀의 아버지는 이미 폐인이 다 되어 있었다. "야, 이년아. 애비를 버리고 간 년이 왜 오느냐?"고 화를 내며 딸을 발로 차고 때렸다. 백 일 동안 변변히 먹지도 못하고 기도만 드렸던 딸은 그 자리에서 그만 죽고 말았다. 다음 날 제정신을 찾은 박씨는 어제 딸을 죽인 곳에 가 보았다. 큰 바위 밑에서 술이 샘이 솟듯 나오고 있었다. 딸은 죽었으나, 딸의 지극한 효성은 아버지로 하여금 죽을 때까지 술을 실컷 마실 수 있도록 하였다는 것이다. 박씨가 죽은 뒤에 술샘은 말라 버렸다고 한다.

---

54) 안동군, 『내고장 전통가꾸기』, 1985, pp.132 - 134.

성황당 부엉이

   안동 일직면 원호동 마을 곁을 맑게 흘러내리는 조그만 내를 거슬러 올라
가면 커다란 느티나무가 한 그루 서 있다. 오랜 옛날 이 고목으로 인한 큰 걱
정거리가 마을 사람들을 불안하게 했었다. 어느 해 정월 대보름날 즐거웠던
달불 놀이도 끝나고 모두들 피곤하게 잠자리에 든 삼경쯤 되어서 난데없는
부엉이의 울음소리가 느티나무 있는 곳에서 들려왔다. 부엉이 소리는 구슬프
고 처량했으며 으스스한 기분을 자아내어 마을 사람들은 어쩐지 불쾌한 듯
가슴을 파고드는 부엉이 울음소리에 밤새 잠을 설쳤다. 다음 날 밤부터 부엉
이는 울지 않았지만 오랫동안 그 소리를 사람들은 잊을 수가 없었다. 그해 마
을 사람 하나가 이름 모를 병에 걸려 시름시름 앓다가 세상을 뜨고 말았다.
백방으로 약을 쓰고 의원을 대었지만 허사였다. 마을 사람들은 그 사람의 죽
음을 흔히 있을 수 있는 불치의 질병쯤으로 생각하고 그해를 보냈다. 그다음
해 정월 대보름이었다. 삼경이 되도록 흥겹게 하루를 보낸 마을 사람들은 집
으로 돌아가 잠자리를 준비하였다. 삼경이 되자 또 전해와 같이 그 느티나무
위에서 부엉이가 울었다. 그 소리는 더욱 처량하고 간장을 후비는 것이었다.
마을 사람들은 불안에 쫓기며 하룻밤을 뜬눈으로 보냈다. 과연 그해에 또 한
사람이 원인을 알 수 없는 병에 걸려 죽었다. 이렇게 해마다 정월 대보름엔
부엉이의 울음소리가 마을을 불안케 했으며 꼭 한 사람씩 이름 모를 병에 걸
려 죽어 갔다. 매년 이런 변괴가 일어나자 마을 사람들은 정월 대보름이 가까
워 오면 공포에 떨게 되었다. 사람들은 도대체 그 연유를 조금도 알 수 없었
으므로 아무런 대책도 세울 수 없었다. 그러나 막연히 매년 그 공포와 죽음을
당할 수만은 없었다. 이즈음 인근 송리동에 후산이라는 사람이 살고 있었다.
그는 새가 무슨 소리를 하는지 그 뜻을 알아들을 수 있는 특이한 재능이 있
는 사람이었다. 어느 화창한 봄날 후산은 친구들과 마을 정자에서 담소를 즐
기고 있었다. 정자 옆 회나무가지에 참새 두 마리가 날아와 지저귀고 있었다.
그 소리를 무심히 듣고 있던 친구 한 사람이 후산을 돌아보며 "여보게 후산,
저 참새는 왜 저리 우는지 알겠는가?" 하고 농담조로 물었다. 조용히 참새 울

음소리를 듣고 있던 후산을 고개를 들며, "저 참새는 남후면 구암동 황씨 집 마당에 있는 벼를 까먹지 못해서 저렇게 울고 있구먼." 하고 대답했다. 농담으로 그것을 물었던 그 친구는 물론 모두들 뜻밖에 그런 대답을 듣고 한편 놀랍고 한편 믿어지지 않아 이상스런 눈초리로 후산을 쳐다보았다. 그리고 이번에는 어떤 대답이 나올까 호기심을 가지자 "그러면 참새는 왜 그 벼를 까먹지 못하는가?" 하고 물었다.

이 물음에 후산은 이번에는 망설임도 보이지 않고 "그 집 할멈이 긴 장대 끝에 검은 헝겊을 달아 휘휘 참새를 쫓고 있으니 어찌 까먹을 수 있나?" 하고 대답했다. 흡사 보고 있는 것처럼 말하는 후산을 모두들 믿지 못하면서도 "허지만 자네가 어찌 참새 울음소리를 듣고 그렇게 알아낼 수 있는지 도무지 못 믿겠는걸." 하자 후산은 오히려 귀찮다는 듯이 "그렇게 못 믿겠거든 가서 보고 오게나." 하고 퉁명스럽게 말했다. 모여 있던 사람들이 내심 공연한 짓이다 싶어 하면서도 남후면 구암동으로 사람을 보내 알아보기로 하고 하인을 보낸즉 얼마 후 달려온 하인의 말은 후산이 말한 그대로였다. 이렇듯 새의 소리를 듣고 그 원인까지 알아맞힌다는 후산의 이야기를 들은 원호동 사람들은 후산을 찾아갔다.

마을 사람들은 정월 대보름날의 부엉이 소리 때문에 겪은 고충을 설명하고 그 연유를 물었다. 가만히 눈을 감고 한참 생각에 잠겨 있던 후산은 이윽고 눈을 뜨더니 별안간 "정성이 부족하오, 정성이……" 하며 마을 사람들을 꾸중하더니 축문을 지어 내주면서 "정월 대보름 전날 밤 삼경에 이 축문을 그 느티나무에 걸고 정성껏 제사를 지내면 괜찮을 것이오." 하고 일러 주었다. 그다음 해 마을 사람들은 1년 동안 집안에 변고가 전연 없고 인척간에도 다툼이 전혀 없는 부유한 사람을 제관으로 뽑았다. 제관은 사흘 동안 모든 세속적인 것을 끊고 엄동설한의 차가운 물에 온몸을 깨끗이 하였다. 대보름 전날 밤에 마을 사람들은 느티나무 둘레에 높은 제단을 쌓아 집집마다 정성스레 준비한 음식을 차려 놓았다. 심신을 정결히 한 제관이 앞장서 축문을 낭독하였다.

이튿날 밤, 즉 정월 대보름날 삼경이 가까워지자 사람들은 오늘밤에 과연 부엉이가 울까 하고 조마조마하게 기다렸다. 이윽고 삼경이 되자 사람들은 궁금하기는 하지만 더욱 큰 조바심과 공포에 몸을 떨었다. 그때였다. 고요한 적막을 깨뜨리고 "부엉" 하는 부엉이의 울음소리가 처량하게 울려왔다. 마을 사람들은 저마다 식은땀을 흘리며 절망과 공포에 사색이 되었다. 그러나 단 한 번 울고 난 부엉이는 더 이상 울지 않았다. 모두들 긴 한숨을 내쉬었다. 마을 사람들은 두려움에 떨려 느티나무에 가 볼 엄두가 나지 않았다. 이튿날 날이 밝자마자 사람들은 모두 느티나무에 모여들었다. 나무 밑에는 뜻밖에도 커다란 부엉이 한 마리가 떨어져 죽어 있었다. 그해에 사람들은 어떤 병도 앓지 않았다. 오히려 그 외의 재난에도 마을이 지켜지게 되었다. 그로부터 해마다 제관을 뽑아 정월 열나흗날 밤엔 마을 사람들이 모두 모여 후산이 지어 준 축문을 낭독하고 제사를 지내게 되었다. 지금도 원호동 사람들은 해마다 그 느티나무에 제사를 지내고 있으며 그 느티나무를 성황당 나무 또는 마을을 지켜 준다는 뜻에서 '골매기나무'라 부르고 있다.55)

애일당(愛日堂) 현판(懸板)

조선 연산군 때 경상 관찰사로 있던 농암 이현보 선생이 고향의 수려한 산천도 즐길 겸 늙으신 어머님을 위하여 그의 말년에 정계를 떠나 고향으로 돌아왔다.

안동 도산면 분천동에 애일당이라는 정자를 짓고 현판을 걸기 위하여 중국에 있는 명필에게 글씨를 받으려고 아끼는 제자를 보내게 되었다. 중국까지 머나먼 길을 가게 된 제자는 반년 만에 중국에 도착하여 다시 그 명필을 찾기에 한 달을 헤매게 되었다.

드디어 깊은 산중에 있는 그를 찾아 조선 농암 선생에 대한 말씀을 올리며 애일당 현판글씨를 청하였다. 그 사람은 뭐 보잘것없는 사람의 글씨를 받으려

---

55) 안동군, 『내고장 전통가꾸기』, 1985. pp.134 - 136.

고 그 먼 곳에서 여기까지 왔느냐고 하면서 산에서 꺾어 온 칡 줄기를 아무렇게나 쥐고 듬뿍 먹을 찍더니 단숨에 '애일당' 석 자를 써서 내주었다. 좋은 붓에 잘 간 먹을 찍어 정성스레 써 줄 것을 기대했던 제자는 내심 마음에 차지 않았다. 그건 글씨가 아니라 장난으로 휘갈긴 것 같았다. 제자는 다시 써 줄 수 없느냐고 조심스럽게 물었다. 중국 명필은 "이 글씨가 마음에 안 드시오?" 하더니 쓴 종이를 가볍게 두세 번 흔들었다. 그러자 세 글자가 꿈틀거리더니 세 마리의 하얀 학이 되어 날아가 버렸다. 제자는 자신의 우매함을 백배 사죄하며 다시 써 줄 것을 며칠 동안 간청하였으나 결국 거절당하고 말았다. 허나 그는 "이 아래 내려가면 나보다 나은 사람이 있으니 찾아가 보라."고 했다. 제자는 어쩔 수 없이 그가 이르는 대로 다시 산 아래에 있는 명필을 찾아가니 "산중에 계신 분이 우리 스승님인데 그곳을 찾아가 보시오." 하므로 자신이 당한 일을 자세히 밝히니 "본국에서도 별로 남에게 글씨를 써 주지 않는 분인데 특별히 조선국에서 왔다 하여 써 주셨는데…… 좋은 글씨를 놓쳤군요." 하며 자기의 글씨는 선생님의 글씨를 반도 따라가지 못하며 학 세 마리는 못 되어도 한 마리 정도는 된다고 말하며 붓을 들어 정중히 써 주었다. 글씨를 받아 가지고 돌아온 제자는 농암 선생께 면목이 없고 그 애석함을 누를 길이 없어 돌아온 뒤에 아무에게도 그 이야기를 하지 않았다가 그가 세상을 떠난 후 유서에서 이 사실이 밝혀졌다고 한다. 이렇게 해서 애일당 현판은 걸리게 되었다. 그러던 어느 해 큰 홍수가 나 정자를 휩쓸어 갔을 때 현판도 함께 떠내려가 아주 잃었다고 체념했는데 그곳에서 백여 리 떨어진 곳의 한 어부가 이 현판을 들고 찾아와 무사히 애일당의 모습을 갖추게 되었다. 어부는 고기를 잡으러 강에 나갔더니 무언가 물결을 타고 흘러 내려오는데 찬란하게 빛나는 것이었다. 어부는 혹 금물을 입힌 진귀한 것이 아닌가 해서 급히 배를 대어 건져 냈더니 애일당 현판이었다고 한다. 전에 있던 애일당은 안동댐 건설로 인해 수몰 지구에 들어가게 되어 그 뒷산 중허리에 옮겨 세워졌다.[56]

---

56) 안동군, 『내고장 전통가꾸기』, 1985, pp.137 - 138.

오미동 (五美洞)

안동시 풍산읍에서 약 4㎞쯤 더 가면 오미동이란 풍산 김씨들이 살고 있는 마을이 있다. 이 마을은 풍산 김씨의 세력이 당당하여 출중한 인물들이 많이 나오고 가세도 든든하여 이웃 마을에서 부러워하는 부촌이었다. 이 집안의 작은집에서 아들만 9형제를 낳았는데 이렇게 많은 아들은 낳은 것도 천복인데 모두 재기가 출중하고 총명이 남보다 뛰어나 인근 마을 사람들도 칭찬이 자자했다.

그중에서도 특히 막내아들이 제일 영리하며 내외의 귀여움을 독차지하였다. 이때 안동부사 는 자식이 없어 적적한 나날을 보내던 중 김씨 댁의 9형제 이야기를 듣고 그중 총명하고 귀여운 막내아들을 데려다 훌륭히 기르겠다고 하여 마침내 부사 댁에서 명문자제로 귀히 자라게 되었다. 하나를 배우면 백을 통하는 총명에다가 깍듯한 예의범절과 부모에게 대하는 깊은 효심도 있어 부사는 친아들처럼 사랑하였으며 이동할 때마다 데리고 다녔다. 몹시 무더운 여름 어느 날 막내아들은 더위를 식힌다고 낙동강에 뱃놀이를 나갔다. 영호루 앞에서 뱃놀이를 즐기다가 호기심에 사람이 없는 곳까지 가게 되었다. 물살이 세어지자 노 젓는 손에 균형을 잃어 배가 뒤집히는 바람에 익사하고 말았다. 부사와 온 마을 사람들은 매우 슬퍼했다. 특히 아우를 잃은 나머지 형제들의 슬픔은 매우 컸다. 그들은 열심히 글을 읽어 훌륭한 인재가 되는 것이 아우의 죽음에 대한 형제의 정이라 생각하여 학업에 열중했다. 드디어 한 과거에서 5형제가 다 같이 급제하게 되었다. 이 경사스런 소문이 전국에 퍼지니 이를 시기한 무리들이 생겨나게 되었다.

이들은 열심히 임금께 무고를 하기 시작했다. "5형제가 동시에 등과한 것은 불길한 징조이며 그곳은 필시 보통 지형이 아닐지니 이를 그냥 두면 역모가 날 것이옵니다. 처단하여 원화소복하기를 바라옵니다."고 왕에게 연일 상소를 올렸다. 왕이 이 말을 듣고 처음엔 시기하는 무리의 참소라고 생각했으나 횟수가 잦아지자 마음이 움직이게 되었다. 임금은 당시 풍수지리에 뛰어난 지관을 밀파하여 자세히 조사하도록 하였다. 밀령을 받은 칙사가 지형을 조사해 보니 역모의 땅 같지는 않았으나 어명인지라 김씨네 선조의 묘지를 파 보기로 하였다. 무덤을 반쯤 팠을 때 이상하게도 붕어 세 마리가 나오지 않는가! 그런데 한 마리가 펄쩍 뛰어오르더니 저만큼 나가 죽었다. 그 죽은 자리에 훗일 절을 지은 것이 지금의 광생의 절이다. 그리고 다른 한 마리는 갯가에 뛰어나가 죽었는데 죽은 곳에 비문 없는 비석을 세워 지금까지 남아 있다.

마지막 한 마리는 그 자리에서 죽었다. 괴이하게 생각한 지관이 보니 명산혈이 산줄기를 타고 뻗은지라 혈을 타고 가 보니 예천군 고평면 오천동에서 끊겨져 있으므로 이는 역모가 날 징조가 아님을 확인하게 되었다. 지관은 오히려 명당의 무덤을 판 것을 후회하여 서울로 올라가 왕에게 사실대로 아뢰니 왕도 무덤을 파헤치기까지 한 것을 퍽 애석히 생각하여 이 마을에 새 이름을 지어 주니 5형제가 한꺼번에 과거에 급제한 것은 과연 아름다운 일이란 뜻에서 오미동이라 하였다.[57)]

용소(龍沼)

옛적 안동 길안면 산달리 월성 이씨 가문에는 온 집안이 기다리던 아들이 태어났다. 태어난 지 얼마 안 되는 이 아기는 아주 신통한 힘을 가지고 있어 사람들은 장사가 태어났다고 수군거렸다. 낳은 지 얼마 안 되어 이빨도 나고 걷기도 하며 젖보다도 밥을 먹었다.

아직 첫돌도 지나지 않은 어느 날 어머니가 시장에 갔다 오니 놀랍게도 시렁 위에 올라가 흰 이를 보이며 씩 웃는데 가만히 보니 겨드랑이에 날개까지 돋아 있는 것이 아닌가! 당시에는 장사가 나면 나라를 망하게 하는 역적이 된다고 하여 그 집안을 멸족시키는 국법이 있어 소문이 자꾸 퍼지면 아들은 물론 친척들까지 모두 화를 입게 될 처지였다. 이에 당황한 월성 이씨 일가는 의논 끝에 갓 태어난 장사를 죽이려 했다. 여러 가지 방법을 썼지만 어린 장사는 힘에 지혜까

---

57) 안동군, 『내고장 전통가꾸기』, 1985, pp.138 - 139.

지 있어 어렵기만 했다. 인척들은 뜻대로 잘되지 않자 마침내 낮잠을 곤히 자는 장사 위에 큰 널판을 덮고 떡메로 쳐 죽여 버렸다. 장사가 마침내 숨을 거두자 그 마을 건너편 산기슭에 장차 용이 날 곳이라 하여 용바위라 칭하던 큼직한 바위가 있었는데 바로 그곳에 용마가 한 마리 나타나 큰 소리로 하늘을 향해 부르짖더니 곤두박질을 치며 산기슭 아래 큰 못 속에 빠져 죽었다. 그 용마는 장사가 타는 말로서 장사가 태어나면 하늘에서 점지된 용마도 동시에 태어나 어떤 시기에 그 둘이 만나게 되면 비로소 큰 장사의 힘을 발휘하게 되는 것이 었다. 이 어린 장사에게로 오던 용마가 뜻을 이루지 못하고 빠져 죽은 물은 하루에도 세 번씩이나 색깔이 변하여 이씨 일가뿐 아니라 마을 사람들에게 큰 두려움을 주게 되자 이 못을 없애려고 흙을 실어 메우게 되었다.

그러자 때아닌 큰 홍수가 마을을 휩쓸고 그 못을 메운 흙을 모두 쓸어가 버리고 말았다. 몇 번 시도를 했으나 매번 홍수가 나 다시 못이 이루어지자 포기하게 되었다. 이렇게 훌륭한 인물이 될 어린 장사를 죽인 월성 이씨 가문 은 점차 몰락하게 되었다고 하며 용마가 빠져 죽었다는 그 물을 용소라 부르게 되었다고 한다.58)

용 우 물(龍泉)

안동시 와룡면 중가구동 앞산 밑에는 용의 머리모양으로 파인 우물이 맑은 물을 담고 있다. 옛날 이 마을에 마음 착한 한 젊은이가 살고 있었다. 일가친척이 없이 외롭게 사는 가난한 살림이었지만 홀어머니를 정성껏 모시며 열심히 일하는 성실한 나날을 보내고 있었다. 청년은 스물이 넘는 가을 추수기에 겨울 쌀섬을 모아 장가를 들었다. 결혼 후에도 매양 가난을 면치 못했지만 끝내 꿈을 잃지 않고 늘 근면하고 정직하게 살았다.

드디어 옥동자를 얻게 되었는데 아이를 낳던 날 밤 산모의 꿈에 갓난아기

---

58) 안동군, 『내고장 전통가꾸기』, 1985, p.140.

를 안고 어르고 있는데 인자하게 생긴 하얀 수염의 산신령이 나타나더니 "그 놈 잘생겼구나, 허지만 명이 짧겠는걸……, 내가 다스리는 이 산 밑에 수천 년 묵은 뱀이 용으로 승천하지 못하고 있는데 그 뱀은 어린 남자아이 하나만 먹으면 승천할 수 있으니 네 아이는 어차피 명이 짧으니 제물로 바치면 너희 는 큰 부자가 될 것이고 석 달 후면 다시 옥동자를 얻으리라." 하고 홀연히 사라졌다. 부인의 마음은 찢어지는 듯 아팠지만 남편과 의논하였다. 모두 처 음에는 그럴 수 없다고 반대했지만 차츰 산신령이 우리에게 복을 주려고 하 는 것이니 그렇게 하자고 결론이 났다. 어느 날 밤 아직 첫돌도 안 지난 어린 아기를 갖다 놓았다. 밤이 이슥해지자 소낙비가 내리퍼붓고 천둥이 요란히 울 리면서 용 한 마리가 하늘로 오르는 모습이 보였다. 용이 승천하자 갑자기 그 집 앞으로 때아닌 물이 밀어닥쳐 냇물을 이루더니 어디에서인지 볏가마니가 숱하게 물결에 밀려왔다. 이리하여 그들은 부자가 되었고 산신령의 말대로 석 달 후에는 태기가 있더니 건강하고 아름다운 옥동자를 또 얻게 되었다. 그 후 냇물은 점차 줄어들더니 냇물의 근원이 됨 직한 곳에 한 우물을 이루고 다시 본래의 땅으로 되었나. 이 우물온 용이 승천한 자리에 생긴 것으로 용의 머리 모양을 닮아 생겼으며 지금도 이 물을 먹으면 건강한 첫아들을 낳는다는 말 이 돌고 있다.59)

우 장군과 말무덤

안동시 풍산면 신양동에 창마을이라는 마을이 있다. 이 마을에는 지금으로 부터 350여 년 전인 조선 인조 때에 우홍구라는 사람이 살고 있었다.

이 사람은 청빈을 생활의 신조로 삼는 가난한 선비라 마을 소년들에게 글 을 가르치는 것을 낙으로 삼고 생활해 오던 중 나이 50에 셋째 아들 영진을 분만하였다. 영진은 태어나자마자 걸어 다녔다고 하며 기골이 장대하고 영리

---

59) 안동군, 『내고장 전통가꾸기』, 1985, p.141.

하여 하나를 가르치면 열을 아는 신동으로 4살 때 벌써 큰 아이들이 책 읽는 것을 옆에서 듣고 그대로 따라 외웠다고 한다. 더욱 놀라운 일은 7살 때 벌써 동리 씨름판에서 당할 사람이 없었으니 날 때부터 장사의 기골을 타고 났던 모양이다. 때는 연산군의 폭정, 인조반정, 병자호란 등으로 나라가 매우 어지러울 때라 영진은 장차 훌륭한 장사로서 나라를 구하겠다는 원대한 포부를 갖고 남모르게 무술을 수련하였다. 한편 영진의 부모 우홍구 내외는 아들의 비범한 재간을 보고 장차 커서 나라를 어지럽게 하여 집안에 후환이 있을까 두려워 늘 무술 수업을 중지하기를 권하였다. 아침에 일어나면 마을에서 8㎞ 나 되는 학가산을 단숨에 뛰어갔다 와서 아침을 먹었으며 밤이면 마을 앞 느티나무를 몇 번씩 뛰어넘고 냇가에 가서 그 건너편으로 돌 던지기 연습을 하였다. 지금 영진이 태어난 마을 앞 냇가에 약 200m 거리를 두고 수레바퀴만 한 바위 2개가 있으니 이 바위는 우 장군이 돌 던지기 연습을 하던 바위라 전해지며 이 바위를 우 장군이 공깃돌과 같이 가지고 놀았다 하여 우 장군의 공깃돌이라고도 부른다. 영진이 나이 19세 되던 해 힘이나 무술의 재간이 비범한 경지에 도달하였다. 때마침 나라는 인조 임금이 청나라에 굴복하고 말았다. 이 소식을 들은 영진은 자기의 뜻을 이룰 수 없음과 부모의 자기에 대한 장래의 두려움을 보다 못해 나라 망함을 탄식한 나머지 원대한 포부를 이루지 못한 채 19세의 꽃다운 나이로 자결하고 말았다. 그런데 천리(天理)인지 조화인지 예천군 보문면 작곡동 속칭 읍실 소(沼)에서 젊은 장수 우영진을 태우고 천하를 호령하는 용마가 솟아나 우영진이 거주하는 창 마을을 향해 오던 중 지금 예천군 보문면 속칭 오치마을 앞에 와서 자기 주인인 영진의 자결 비보를 듣고 용마는 하늘을 우러러보며 크게 세 번을 울부짖다 그 자리에서 숨졌다고 한다. 마을 사람들은 우 장군과 용마는 하늘이 내리신 것인데 뜻을 이루지 못함을 안타깝게 여기며 이 용마의 시체를 오치 마을 뒷산에 장사 지내니 지금도 이 무덤터를 말무덤이라 부르고 있다.60)

---

60) 안동군, 『내고장 전통가꾸기』, 1985, pp.142-143.

의성 김씨 운천 종가의 삼보

임하면 천전동 마을은 의성 김씨의 일문의 집단 부락으로 의성 김씨의 운천 종가에는 대대로 전하는 세 가지 소중한 보물이 전하고 있다.

그 첫째가 신라 경순왕의 옥저, 둘째가 연하침, 셋째가 매화연이다. 옥저는 신라 경순왕이 청색으로 된 한 쌍의 옥저를 만들게 하였는데 그 황색의 것은 지금 경주 박물관에 소장되어 있으며 청생의 옥저는 넷째 아드님 석(의성 김씨 시고공)에게 물려주었다. 그런데 수백 년 전에 경주의 황색 옥저가 네 동강으로 갈라졌다는 얘기를 듣고 김씨 종택에 있는 청색 옥저를 꺼내 보았더니 놀랍게도 똑같이 네 동강으로 부러져 있었다 한다.

참 신기하고도 괴이한 일이었다. 약 백 년 전에 영해부사 김희주 공이 옥저의 궤두껑 안에 천년 유물이 네 동강이 난 것은 한스러우나 자손들은 길이 잘 보존하라고 적어 두었다. 연하침은 운천 선생의 셋째 아드님 경제공의 자제이신 경와공이 금강산에 유람을 갔을 때 일이다. 어느 구름 한 점 없이 맑은 날 만폭동 청룡담을 찾아갔다. 청룡담 못 위에서 안개가 피어오르고 있기에 하도 이상하여 하인을 시켜 못 속을 수색게 했더니 나무부리 같기도 하고 돌덩이 같기도 한 이상한 물건을 건져 왔다. 그것은 보통 나무보다 훨씬 무거웠다. 나무뿌리가 물속에서 천 년을 묵으면 침향이라는 만병통치의 한약 약제가 되고 또다시 더 오랜 세월을 거치면 침석이 된다고 하는데 혹시나 침석이 아닐까 한다. 한 백여 년 전에 한 종손이 자기 눈으로 직접 안개가 피어오르는 것을 보기 위하여 지금 백운정 정자 아래 냇물 속에 담가 두었다가 급한 물살에 이것을 잃어버리고 말았다. 아무리 찾아도 결국 찾지 못해 아주 잃었다고 단념하였었다. 그 이듬해 여름에 어떤 등짐장수가 이 마을을 지나면서 자기는 전국 방방곡곡을 다니는데 일전 어느 강변을 지나가다 보니 해가 중천에 뜬 대낮인데 물 위에서 안개가 피어오르고 있더라고 마을 사람들에게 신기한 듯 이야기를 했다.

종손은 그곳으로 달려가 수색하여 겨우 연하침을 찾았다고 한다. 잃은 지 1년 만에 다시 찾은 셈이었다. 끝으로 매화연은 조선 선조 때 승지 김백암이

명나라 사신으로 갔다가 명나라 신종황제로부터 기념품으로 하사받았다고 한
다. 이것이 의성 김씨 댁으로 넘어오게 된 데는 다음과 같은 이야기가 있다.
김백암의 외손 되는 김경와 공이 어릴 때 외가에 놀러갔다가 그 벼루가 탐이
났다. 그래서 외조부에게 달라고 졸랐다. 김백암이 이르기를 "나는 열심히 공
부하여 입신양명해서 그 대가로 얻은 것인데 너는 아직 이룬 것 없이 그냥
얻으려 하느냐. 친손이나 외손이나 간에 먼저 과거에 급제하는 사람에게 주겠
다."고 약속했다. 경와공은 그로부터 열심히 학문에 정진하여 14세에 초시에
급제했다. 과거 급제의 소식을 듣고 그는 집에도 들르지 않고 바로 외조부 댁
에 찾아가서 벼루를 얻었던 것이다. 이 벼루는 중국 황하 유역의 단애석으로
세로 34㎝ 가로 22㎝의 장방형에 매화, 대, 구름, 해, 산, 사슴 등이 교묘하
고 아름답게 새겨져 있어 보는 사람으로 하여금 절로 감탄케 하는 훌륭한 것
이다.61)

장파리

　안동시 녹전면 원천동에서 약 3㎞ 떨어진 곳에 있는 넓은 들을 '장파리'라
한다. 고려시대 어느 산골에 한 농부가 살고 있었는데 그는 밤낮없이 열심히
일을 하는 한편 재물을 알뜰히 모으고 손해 보는 일은 전혀 하지 않았다.
　그날도 그는 들에 나가 뜨거운 햇볕에도 아랑곳없이 열심히 김을 매고 채소
밭을 가꾸었다. 아내가 점심밥을 가지고 광주리에 펴 놓자마자 된장에 붙어 있
던 파리가 포르륵 날아가는 것을 보게 되었다. 농부는 그만 화가 머리끝까지 올
라 식사고 뭐고 팽개치고 파리를 쫓아 달리기 시작했다. 이에 그의 아내도 곧
만류하며 뒤를 따랐으나 남편은 막무가내로 파리를 잡으러 뛰어갔다. 얼마나
달렸는지 그가 파리를 잡았을 땐 벌써 해가 기울고 그들이 서 있는 곳은 인적
도 없는 첩첩산중이었다. 어차피 날이 저물어 지척을 분간할 수 없음을 안 그들

---

61) 안동군, 『내고장 전통가꾸기』, 1985, pp.143 - 144.

은 그곳에다 모닥불을 피우고 하룻밤을 보내게 되었다. 그날 밤 점심, 저녁을 제대로 못 먹고 오랫동안 달린 농부는 쓰러지자마자 깊은 잠을 자게 되었다. 그런데 참으로 기이한 꿈을 꾸게 되었다. 백발의 산신령이 나타나더니 "이 산엔 일찍이 사람이 들어온 적이 없더니 네가 들어와 내 적적함을 달래 주었구나. 이렇듯 깊은 산중에 들어온 네 용기가 가상하여 내 좋을 것을 일러 주마. 너희들은 이곳에서 해가 돋는 쪽으로 가거라. 거기에는 넓은 들이 있을 것이고 그곳에 가 살면 필시 다자 부귀하여 영화를 누리리라." 하였다.

이튿날 날이 밝자 잠을 깬 그들 부부는 서로 똑같은 꿈을 꾼 것이 신기하고 놀라워 산신령이 이르는 데로 줄곧 동쪽으로 가게 되었다. 얼마쯤 걸었을까 그들의 앞에 정말 넓은 들이 나타났는데 농사를 지은 흔적이 없고 가까운 데 인가도 없었다.

이에 그들 부부는 필시 산신령이 내려 준 살기 좋은 곳이라 생각하고 바로 움막을 지어 그 넓은 들에 많은 곡식을 지으며 재미있게 살았다고 하는데 사람들은 이것을 된장에 앉은 파리를 잡으려다 얻은 것이라 하여 장파리라 부른 것이다.[62]

전주 류씨 묘지와 정려각

안동시 임동면 수곡동 무실 마을에는 열녀비가 서 있는데 이 정려각은 류씨 가문에 시집온 의성 김씨 문중의 김씨 부인의 덕행을 칭송해 지은 것이라고 한다. 조선 중엽이었다. 임하면 천전동의 김씨 문중에서 한 여인이 류씨 댁으로 시집을 왔다. 이 부인이 바로 청계 김진 선생의 따님이었다. 예의범절, 봉제사, 접빈객이 남달리 뛰어나 어른들 사이에 칭찬이 자자했다. 그러나 집안은 가난하고 남편은 병약하여 고생이 많았다. 그런데 어느 해 친정 조부의 병환이 위독하다는 소식을 듣고 김씨 부인은 친정에 갔다. 조부는 이미 세상

---

62) 안동군, 『내고장 전통가꾸기』, 1985, pp.144 - 145.

을 뜨셨고 친정에서는 두 곳의 묏자리를 놓고 부친과 지관이 상의를 하는 중이었다. 두 곳이랑 숲당(지금의 안동시 임동면 망천2동)과 비리실(안동시 임하면 천전동)을 말한다. "두 곳의 묏자리 중 숲당은 자손이 번성하고 이름 있는 사람이 많이 나오겠으나 혹시 물이 나올지도 모르며 물이 나오면 천하명당이라도 아무 소용 없는 것이니 오늘 땅을 파 놓고 나서 내일 아침에 나가 보면 물이 나는지 안 나는지 알 것이니 그때 정하기로 합시다."라고 친정아버지께서 말하는 것이었다. 사랑을 지나치다 우연히 이 말을 엿듣게 된 김씨 부인은 숲당 묏자리가 탐이 나서 이 생각 저 생각 깊은 궁리 끝에 밤이 이슥해질 때를 기다려 묏자리를 택한 산에 올랐다. 부인은 마을과 산을 오르내리며 물동이를 이어 날랐다. 밤새껏 묏자리에 물을 퍼부어 어느 정도 물이 고이자 날이 새기 시작했다.

부인은 새벽이 되어서야 모른 척 깊은 잠에 들었다. 날이 밝자 친정아버지와 지관은 묏자리를 가서 보니 물이 고여 있으므로 명당을 놓친 것이 애석하기는 해도 할 수 없이 비리실에 묘를 쓰고야 말았다. 장례가 끝난 다음에 김씨 부인은 친정아버지에게 기왕 구한 것이니 물이 나오는 묏자리는 자기 집안에 주면 어떻겠냐고 졸랐다. 친정아버지는 아까워하면서도 허락을 했다. 그리하여 훗날 김씨 부인은 자기 남편을 그 묏자리에 모셨다. 그때 김씨 부인의 나이 스물다섯, 남편을 여읜 김씨 부인은 곧 뒤따라 자진하려 했으나 두 아들 때문에 차마 뜻을 이루지 못하였으나 음식을 제대로 먹지 않아 3년 후에 세상을 뜨고 말았다. 그런 후에 지관의 말처럼 류씨 집안은 날로 번창하게 되었고 후손들은 명성을 떨치며 번화한 가문이 되었다고 한다.[63)

진모래

견훤은 원래 지렁이의 화신이었다고 한다. 전시에는 모래땅에 진을 쳐서 신

<hr>

63) 안동군, 『내고장 전통가꾸기』, 1985, pp.145 - 146.

변이 위태롭게 되면 지렁이로 변해 모래 속으로 들어가 버려 웬만해선 그를 물리칠 수 없었다고 한다.

삼태사가 왕건을 도와 현재의 안동시 와룡면 서지동에 진을 치고 있을 때 견훤이 그 동쪽 낙동강 변 모래땅에 진을 쳐 대전하였다. 싸움이 수십 번 계속되었는데도 끝이 나지 않고 견훤은 싸움을 하다 불리해지면 모래 속으로 기어 들어가니 어찌할 도리가 없었다. 이에 삼태사들은 전략을 세워 흐르는 강을 막아 못을 만들고 못 속에 소금을 수없이 넣어 염수를 만들어 놓고 접전했다.

그 어느 때보다 치열한 싸움이었다. 견훤은 점점 불리해지자 당황하여 지렁이로 둔갑하더니 모래 속으로 기어들었다. 삼태사는 이때다 하며 염수의 못물을 터트렸다. 소금물이 흘러내리니 아무리 둔갑한 지렁이일지라도 견딜 재주가 없었다. 견훤은 겨우 목숨만 건져 패주하여 안동 땅에서 물러났다고 한다. 지금도 이 내를 소금물이 흘렀다 하여 간수내라 부르고 견훤이 숨었던 모래를 진모래라 한다. 이 진모래의 넓은 모래벌판은 안동댐 건설로 수몰되어 있으며 삼태사를 모신 사당은 현재 안동시내에 있다.64)

천등산 천등굴

안동시 서후면 태장동에 자리 잡고 있는 천등산을 옛적에는 대망산이라 불렀다. 신라 문무왕 12년에 능인대덕(能仁大德)이 창건했다는 이곳 봉정사는 의상대사가 수도를 한 후 종이로 봉을 만들어서 날렸더니 학가산을 거쳐 봉정사 자리에 앉기에 그곳이 봉이 머물렀다 하여 봉정사라 했다고 한다. 절 뒷산에는 거무스름한 바위가 산정을 누르고 앉아 있는데 그 바위 밑에 천등굴이라 불리는 굴이 있다. 의상조사가 아직 소년이었을 때 법문에 정진하기 위하여 대망산 그 바위굴에서 계절이 지나는 것도 잊고 하루에 한 끼 생식을

---

64) 안동군, 『내고장 전통가꾸기』, 1985, pp.146-147.

하며 도를 닦고 있었다. 살을 에는 듯한 추위가 휘몰아치는 겨울에도 ‘나무아미타불’, 찌는 듯한 더위의 여름에도 땀을 씻을 겨를도 없이 ‘나무아미타불’, 마음과 몸을 나른히 풀어지게 하는 아지랑이가 눈앞에 아른거리는 봄에도 ‘나무아미타불’, 낙엽 지는 가을에도 ‘나무아미타불’뿐이었다. 괴괴한 산속의 무서움과 고독 같은 것은 아랑곳없었다. 이렇게 십 년을 줄곧 도를 닦기에 여념이 없던 어느 날 밤 홀연히 아리따운 한 여인이 앞에 나타나 “여보세요, 낭군님” 옥을 굴리듯 낭랑한 목소리로 그를 불렀다. 미처 의상이 고개를 들기 전에 보드라운 손길이 의상의 손을 살며시 잡지 않는가! 눈을 떠 보니 과연 아름다운 여인이었다.

고운 살결에 반듯한 이마와 까만 눈동자 오똑한 콧날, 거기에는 지혜와 정열이 샘솟는 것 같아 진정 젊은 의상의 마음을 사로잡을 만했다. 여인은 “낭군님” 다시 한 번 맑은 목소리로 의상을 불렀다. “소녀는 낭군님의 지고하신 덕을 사모하여 이렇게 찾아왔습니다. 낭군님과 함께 살아간다면 여한이 없을 것 같습니다. 부디 낭군님을 모시고 지내게 하여 주소서.” 여인의 음성은 간절하며 가슴을 흔드는 이상한 힘이 있었다. 그러나 의상은 십 년을 애써 쌓아 온 수련을 한 여인의 간청으로 허물 수는 없었다. 의상은 준엄히 여인을 꾸짖었다. “나는 안일을 원하지 아니하며 오직 대자대비하신 부처님의 공력을 사모할 뿐 세속의 어떤 기쁨도 바라지 않는다. 썩 물러나 네 집으로 돌아가거라!” 의상의 꾸중에 산도 울리는 듯했다. 그러나 여인은 계속 유혹을 하며 쉽게 돌아가지 않았다. 의상은 끝내 거절하였으며 오히려 여인에게 깨달음을 주어 돌아가게 했다. 여인이 돌아가자 구름이 몰려들더니 여인을 사뿐히 들어 하늘로 올리어 “대사는 참으로 훌륭하십니다. 나는 천상 옥황상제의 명으로 당신의 뜻을 시험코자 하였습니다. 이제 그 깊은 뜻을 알게 되었사오니 부디 훌륭한 인재가 되기를 비옵니다.” 여인이 하늘로 사라지자 그곳에서 산뜻한 기운이 내려오더니 굴 주변을 환히 비추었다. 그때 하늘에서 여인의 목소리가 또 울려왔다. “대사 아직도 수도를 많이 해야 할 텐데 굴이 너무 어둡습니다. 옥황상제께서 하늘의 등불을 보내 드리오니 부디 그 불빛으로 더욱 깊은 도를 닦으시길 바라나이다.” 그러자 바로 그 바위 위에 커다란 등이 달려 어둠을 쫓고 대낮같이 굴 안을 밝혀 주고 있었다. 의상은 그 환한 빛의 도움을 받아 더욱 열심히 수련을 하여 드디어 득도하여 위대한 스님이 되었다. 하늘에서 내려온 등의 덕택으로 수도하였다 해서 그 굴은 '천등굴', 대망산을 '천등산'이라 이름 지어 불렀다고 한다.[65]

청산 마당바위

안동시 일직면 동북쪽으로 조금 떨어진 곳에 넓은 바위가 있는데 이를 청산 마당바위라 한다. 조선 선조 때 왜군은 평화롭던 이 강토를 마구 짓밟고 살인방화를 일삼아 민심은 거칠 대로 거칠어져 평화를 희구하는 마음이 더욱 간절하였다.

드디어 싸움이 끝났을 때의 기쁨은 말할 수 없는 것이어서 이듬해 봄놀이는 모든 마을이 축제처럼 들떠 즐거워했다. 이곳 일직면 아낙네들은 모두 이 마당바위로 모여늘었다. 그린데 이상한 일이었다. 전에는 아무렇지도 않았던 그 바위 위에 수많은 사람의 발자국과 흡사 거미줄처럼 금이 나 있었고 문고리처럼 동그란 구멍도 여러 개나 있었다. 아낙네들은 모두 기이하게 여기며 전쟁의 흔적일지도 모른다고 지껄이게 되었다. 이 마을에는 김씨 성을 가진 술 잘 먹고 성질이 괴팍하며 힘센 한량 한 사람이 있었는데 이 기이한 사실은 한량에게도 알려졌다. 임진왜란으로 우리나라에 들어왔던 왜국 장수가 고국으로 돌아가지 않고 그곳에서 산다느니 산신령이 산다느니 하는 소리에 그 김한량은 호기심이 들어 자주 마당바위에 나가 보았다. 그러던 어느 여름철 비가 몹시 쏟아지는 날이었다. 논에 물을 보러 나갔던 김한량은 기이한 것을 보게 되었다.

바로 그 청산 마당바위 위에서 한 장수가 갑옷을 입은 채 커다란 백마를 앞세우고 바위 밑으로 흐르는 강물에 세수를 하는데 자세히 보니 그 장수가

---

65) 안동군, 『내고장 전통가꾸기』, 1985, pp.147 - 148.

손을 내리면 강물이 저절로 쭉 딸려 오르는 것이었다. 한량은 돌연 호기심과 함께 질투를 느꼈다.

마침 칼을 준비하지 못한 것이 안타까웠지만 그냥 삽을 들고 몰래 다가가 힘껏 내리쳤다. 장수는 이 일격에 그만 맥없이 쓰러지고 말아다. 한량은 우쭐 대며 마을로 돌아와 자기가 마을의 액을 떼었다고 자랑하였다. 그러나 이튿날 아침 장수가 타던 백마가 네발을 뻗고 죽어 버리자 김한량도 그만 병이 들더니 사흘 만에 숨지고 말았다. 마을 사람들의 놀라움은 말할 수도 없었고 장수를 죽여 벌을 받았으니 산신령을 건드린 재앙이니 하면서 모두들 혀를 찼다. 그 후 사람들은 이 청산 마당바위 밑에는 수많은 금은보화와 비단이 쌓여 있으나 누구라도 그곳에 손을 대면 벌을 받아 죽는다고 말하고 있다.66)

학가산의 자연석탑

안동시 서후면 자품동 천지부락 뒤에 우뚝 솟은 학가산에는 신라시대의 능인도사가 10여 년간 수도한 능인굴이 있는데 아무리 심한 가뭄에도 줄지 않는 맑은 석간수가 요즘도 흘러나오고 있다. 이 능인굴에서 200여 리 떨어진 영주 봉황산의 부석사는 삼천 승려들이 수도를 하던 큰 사찰이었다. 삼천 명이나 되는 스님들의 식사공양은 보살들의 큰 일과였다. 아침저녁 밥이며 나물이며 수저들을 챙겨 한 명의 스님도 빠짐없이 공양을 올려야 되는 보살들은 늘 신경을 쓰며 분주했다. 그러던 어느 날 아침 공양 때였다. 스님 한 분이 밥 한 그릇이 모자란다며 밥을 청했다. 그러나 공양을 올린 보살은 분명 맞게 올렸으므로 그렇지 않다고 맞섰다. 헌데 그날 아침에 없어진 밥 한 그릇이 저녁때 또 감쪽같이 없어지고 말았다. 이렇게 없어지기 시작한 밥 한 그릇은 이튿날에도 그다음 날에도 계속 없어졌다. 스님의 공양들이 차례로 한 그릇씩 계속 없어지자 스님들은 서로 시비가 붙게 되었고 드디어는 싸움까지 벌어지

---

66) 안동군, 『내고장 전통가꾸기』, 1985, pp.148 - 149.

게 되었다. 스님들은 부석사에서 가장 지고하신 고승을 찾아가 그 연유를 밝히고 대책을 물었다. 고승은 "허허 이상할 것 없지 않은가? 공양이 한 그릇씩 없어진다는 것은 누군가 먹기 때문이 아닌가? 허나 공양도둑은 부석사 안에는 없네. 조석으로 부석사 공양을 한 그릇씩 먹는 자는 남쪽으로 200리 떨어진 학가산의 능인도사라네." 이 말을 들은 삼천 스님들은 공양 한 그릇씩 없어진 것에 대해 분풀이할 것을 결의하여 돌을 하나씩 들고 능인도사를 찾아갔다.

학가산의 북쪽 산등성이까지 오자 능인도사는 신통술을 부려 삼천 승려들 앞에 떡 나타나더니 벙글벙글 웃어 대며 "도둑은 한 가지 죄, 잃은 놈은 열 가지 죄라 했는데 오히려 잃은 놈들이 나를 벌하러 왔느냐?"고 빈정대자 스님들은 화가 머리끝까지 치밀어 저마다 흥분하여 돌을 내리치려고 하니 능인도사는 눈을 크게 부릅뜨고 준엄한 목소리로 "살생을 금하고 자비를 추구하는 사문들로서 이것이 웬 추태인가, 오히려 자기의 공양을 남에게 주어야 하거늘 자기의 공양을 빼앗겼다고 속세의 무리들처럼 살생을 하려 하는가?" 엄격한 꾸중에 부석사 삼천 승려들은 크게 깨달아 능인도사를 죽이려고 들고 온 돌을 모두 한자리에 모아 탑을 쌓았다. 이 탑은 학가산 북쪽 계곡을 가로막고 서 있으며 한쪽 변이 16m, 높이가 15m나 되는 거대한 자연석탑인데 지금까지 남아 있다.[67]

___
67) 안동군, 『내고장 전통가꾸기』, 1985, pp.160 - 161.

홍진사의 무덤

조선 중엽 안동시 풍천면 신성동 속칭 납성계에 살던 홍진사 집에는 아들
3형제가 있었다. 큰아들과 둘째 아들은 이미 장가를 들어 고운 자부들을 보았
으나 아직 손자들은 없었다. 이제 막내아들의 장가들 일에 집안 대소가에선
마땅한 규수감을 구하는 일로 분분했다. 그런데 그보다 더 큰 일이 일어났으
니 홍진사가 병으로 시름시름 앓다가 그만 세상을 떠난 것이다. 장례를 치르
기 위해 지관을 모셔 왔다. 헌데 지관은 묏자리를 잡기 전에 상제들 앞에서
매우 난처해하는 것이었다. 아들들은 무슨 연유인지 거리낌 없이 밝혀 달라고
요청했다. 지관은 "만약 장례를 치르게 되면 3년 내로 아들 3형제는 모두 죽
을 것이오. 그러나 후세에는 반드시 큰 인물이 나리다."고 하였다. 이 말에 홍
진사 댁은 발칵 뒤집혔다. 과연 장례를 치러야 하느냐 말아야 하느냐에 의견
이 분분하였다. 맏이와 둘째아들은 후대를 이을 아들이 하나도 없이 모두 죽

으면 어떻게 하느냐고 장례를 치르지 말자고 우겼고 막내는 아버님의 유택을 마련하지 못함은 불효라 하여 어찌 장례를 치르지 않고 시체를 그냥 둘 수 있느냐고 막무가내로 우겼다. 막내아들의 의견대로 결국은 장례를 치르게 되어 지관이 정한 자리에 무덤을 썼다. 1년 후 소상 때 모인 마을 사람들은 그때까지 아무런 변고가 없는 홍진사 댁을 보고 지관이 거짓말을 했는가 의아해했다. 그런데 바로 그날 맏아들이 원인 모를 병으로 급사하고 말았다. 그후 대항 땐 둘째 아들이 역시 원인 모를 병으로 죽었는데 슬하에는 모두 자녀가 없었다. 지관의 말대로 2년 만에 남편들이 죽고 청상과부가 된 두 며느리는 신세타령을 하기에는 사태가 급해졌다. 바로 시동생 문제였다. 두 며느리는 시동생을 불러 이대로 있으면 멀지 않아 죽을 것이며 이대로 죽으면 홍씨 가문은 영영 끊어져 버리고 마니 액운이 든 고향을 떠나라고 했다.

집을 나선 청년은 그길로 한양으로 올라갔다. 신분을 감추고 문전걸식하며 지내던 중 요행 어떤 큰 대감 댁 하인으로 일하게 되었다. 그 하인은 어딘지 품위가 있었고 태도와 범절에도 다른 하인들과는 다른 데가 있고 밤늦도록 글을 읽기도 하여 주인은 그를 심상치 않게 여겼다. 마침 그 댁에는 과년한 딸이 있었는데 청년의 남다름을 보고 남몰래 사모하게 되었다. 홀로 그리워하던 중 그해도 다 가는 늦가을 밤이었다. 가을밤은 심회의 적막감을 더욱 깊이 하여 청년에 대한 사모의 정이 샘솟듯 솟아나는 것이었다. 딸은 음식상을 해들고 청년의 방을 찾아갔다. 청년은 주인의 딸이 찾아온 것을 짐짓 꾸짖었으나 마음은 이미 서로 사모하고 있었던지라 음식과 술을 나누며 운우의 정을 통하게 되었다. 물론 청년은 왜 자신이 이렇게 살고 있는지 그 자초지종을 처녀에게 자세히 얘기했다. 새벽녘이 되어 지난밤의 따뜻한 정에 아직도 가슴이 뛰던 딸은 청년에게 혼례에 대한 말을 하였는데 아무 반응이 없자 아직 잠에서 깨지 않았나 흔들어 보니 이게 웬일인가. 청년은 피를 토하고 죽어 있는 게 아닌가. 뜻하지 않은 변을 당한 주인은 남몰래 청년의 시체를 싸서 딸로 하여금 경상도 안동으로 내려가게 했다. 한편 시동생을 내보낸 두 과부는 오직 시동생이 성공하여 돌아오기만을 기다렸다가 객사하여 돌아온 시동생을 보고 까무러치게 놀랐다. 홍신사의 무덤 밑으로 세 아들을 나란히 장사한 며

느리들은 하늘과 조상을 원망하며 한없이 울었다. 그런데 이 홍진사의 막내
며느리는 천우신조로 하룻밤으로 태기를 얻어 열 달이 지나 세쌍둥이의 아들
을 낳았다. 막내며느리는 꿈에서 아버지로부터 세 사람이 그 아들을 하나씩
맡아 기르도록 부탁하였다 하며 가장 먼저 태어난 아들을 맏형에게 그다음을
둘째 형에게 맡기고 막내는 자기가 맡아 길렀다. 세쌍둥이는 모두 기개가 뛰
어나고 학문과 재주가 비상하며 우애 또한 깊었다. 이들은 모두 장성하며 첫
째는 목사, 둘째는 현감, 셋째는 경상감사로 부임하여 일생을 조상이 묻힌
땅에서 번창하여 살다가 그들 또한 조상이 묻힌 옆에 묻히었다. 아직도 그들
이 공부하던 낙동강변의 창한루가 의연한 자태로 남아 있어 그 시점을 알려
주고 있다.68)

68) 안동군, 『내고장 전통가꾸기』, 1985, pp.161 - 163.

05 구미시(龜尾市)

구미시
龜尾市

괘혜암(掛鞋岩, 신걸이 바위)의 전설

인의동(仁義洞) 네거리에는 선돌(立石)이 있다. 옛날 인의동의 고을 관아(官衙)가 설치될 무렵 한 풍수(風水)가 이르기를 "이 고장은 고을로서 적당하지 못하다."라고 하였으니 그 까닭인즉 동쪽의 산이 고개를 내밀고 언제나 인동고을을 집어삼킬 듯, 도둑이 남의 집을 엿보듯 무엇을 훔치려고 넘어다보고 있는 형상이니 여기에다 고을을 정하면 오래가지 못하여 망한다는 것이다.

이에 고을 원님은 그 풍수에게 해결방도를 물으니 그 도둑을 잡는 길밖에 없다고 하면서 고을 입구 세 곳에 세 개의 바위를 세우면 된다고 하여 세워진 바위 중 그 하나가 괘혜암(掛鞋岩)으로 곧 신걸이 바위인 것이다.

조선 선조 때 인동현감(仁同縣監)으로 도임한 이등림(李鄧林)은 너무나 청렴결백(淸廉潔白)하여 고을은 물론 청백리(淸白吏)로 유명하였다. 그러나 부임한 지 1년 만에 다른 곳으로 전임되어 떠나게 되었다. 이때 한 여노비(女奴婢)가 짚신을 가지고 있는 것을 본 이등림(李鄧林)이 그 짚신은 웬 것이냐고 물으니 그 여노비는 "맨발로 나서는 것을 본 아전(衙前)이 신고 가라고 준 것입니다." 하니 이등림이 말하기를 "그 짚신도 관물(官物)이니 사사로이 써서는 안 되니 이 바위에 걸어 두고 가라." 하고 엄명을 내렸다. 이에 여노비는 짚신을 바위 위에 걸어 두고 떠났다. 이로부터 이 바위를 신을 걸었다는 연유에서 괘혜암, 즉 신걸이 바위라 부르게 되었고 청렴결백한 마음을 영원히 잊지 않게 하기 위하여 괘혜암이라 새겨 놓았으며, 이로부터 인동은 풍년이 들고 어진 원님이 뒤를 이어 선정(善政)을 베풀었고, 주민들은 행복하게 살았 다고 전한다.[69]

천생산성(天生山城), 미덕암(米德岩)의 전설

인동의 구읍 소재지에서 동쪽으로 약 4㎞ 되는 지점에 사방이 자연 석벽으 로 된 절험한 산이 있으니 이 산이 천생산성이다. 이 산의 서쪽에 불쑥 튀어 나온 큰 바위가 자리 잡고 있으니 밀득암(密得岩)이라 한다. 근래 미덕암이라 부르고 있으니 이는 쌀(米)의 덕을 보았다는 전설에 따른 것이다. 천생산성은 임진왜란 때 의병장으로 홍의장군이라 불리는 망우당(忘憂堂) 곽재우(郭再 祐)가 의병을 모아 천생산성에 집결시켜 왜적과 싸웠다는 전설이 있다.

이 산성은 천연적으로 깎은 듯이 험준하게 생긴데다가 곽장군의 신출귀몰 한 전법으로 난공불락을 자랑하던 요새지로서 왜군이 아무리 공격해도 함락 할 수가 없으므로 공격에 지친 그들은 한 계략을 쓰기로 작정하였다. 왜군은 인근 민가에 내려가서 저 산성에 제일 귀한 것이 무엇이냐고 물으니 물이라 고 하였다. 이 귀중한 정보를 탐지한 왜군은 이 산기슭에다 큰 못을 파니 산 위의 샘물이 점점 줄어들기 시작했다. 산성 안에서는 식수가 적어서 큰 고난 을 겪었지만 이에 홍의장군은 굴하지 않고 기발한 계책을 세워 이 산성에 물 이 많이 있다는 것을 왜군에게 보이기로 계획을 꾸몄다. 홍의장군은 밀득암 바위 끝에다가 백마를 세우고 말 등에다 쌀을 주르르 부으면서 말을 씻는 모 습을 하였더니 멀리서 바라보는 왜군은 마치 물로써 말을 씻고 있는 것같이 보였던 것이다. 이것을 바라본 왜군들은 자기들이 정보를 탐지한 것과 달리 산성에 물이 많아서 말까지 씻기니 공격을 단념하고 물러갔다는 이야기가 전 해지고 있다.[70]

---

69) 구미시, 『내고장 전통가꾸기』, 1982, pp.242 - 243.
70) 구미시, 『내고장 전통가꾸기』, 1982, pp.244 - 245.

금오산(金烏山)의 별명(別名)

높이 976m의 금오산은 중천에 솟아 사방의 여러 산을 호령하고 있다. 손소지(孫昭之)가 읊기를 "새파란 금오산 허공에 우뚝하다."라 하였으며 옛글을 보면 고려 말에 구미 인동·개령·성주 백성들이 왜구의 겁탈을 피하여 이 산에 많이 있었다고 한다.

산 위에 성 자취가 있으며 임진왜란 이후는 본도의 요충으로 성을 쌓고 병사를 두었는바 성장(城將)은 금오산 병마절제사 겸 별장(金烏山 兵馬節制使 兼別將)이라 칭하여 병졸(兵卒) 300명을 두고 구미·개령·금산·지례 4군(四郡)의 병사를 관장하면서 서기 1895년까지 이르렀다. 산 이름, 물 이름, 땅 이름의 전설이 한갓 구호를 붙이기 위한 꾸민 말이라 하더라도 김천은 '금샘', '감천(甘川)'이란 어원이 '단샘', '달래'라고 한다는 것과 같은 말이 있거니와 차라리 감천의 감(甘)을 한자형(漢字形)을 떠나 '감'을 '검'으로 통한다고 본다면 '감내'는 '검내'로 다시 이것을 '금내'로 관련지어 보는 것이 타당한 동시에 '감'은 섬이란 뜻도 되나 '임금'의 금이 위대하고 크다는 의미로 연결시켜 보면 오늘날 금오산의 금이나 금천의 금이나 감천의 감이나 모두 같은 '김', '금', '감'의 어음을 넘나드는 것으로 이것은 옛사람들이 자기 고장의 지명, 수명, 산명을 덮어놓고 위대하게 부른 데서 금오산은 '검오산', '검산', 감천은 '감내', '검내'로 되지 않았는가 한다. 이것은 이 지방뿐만 아니라 타 지방의 예를 보아도 '검뫼'(큰산), '검은 바위'(큰 바위)의 어원을 얼마든지 캐낼 수 있는 데서 명백해진다. 금오산의 산명이 이 산에 금까마귀가 날아감을 보고 유래되었다는 설이 있으나 이러한 신화도 최육당(崔六堂)의 학설과 같이 모계씨족사회에 있어서 출중한 단군(檀君)을 임금으로 모시는 데에는 흔히 건국의 신화가 필요하듯이 이 위대한 인물을 왕손의 칭호를 붙여야만 되었던 것이며 '곰'은 '웅(熊)'이 아니라 '검' 또는 '금'에서 오는 말로 임금의 뜻을 가진 말이기에 이처럼 '곰'의 후손설이 생긴 것을 알 수 있는 것이다. 선산에서 금오산을 보면 끝이 뾰족하여 붓끝 같으므로 구미 사람은 '필봉(筆峰)'이라고 불러 왔는바 구미에서는 문인, 명필이 많이 나왔다고 한다. 개령에서 보면 금오산봉이 꼭 도적놈이 무엇을 노리며 피신하고 있는 모양 같다고 해서 개령사람은 '적봉(賊峰)'이라 불러 왔는바 개령에서는 역사적인 큰 도적이 많이 나왔다고 한다. 다음 금산에서 보면 부잣집의 노적(露積) 같다고 해서 '노적봉(露積峰)'이라고 불러 왔고 금릉에는 부자가 많이 나왔다고 한다. 또 인동에서 이 산을 보면 높은 사람이 관(冠)을 쓴 것 같아서 '귀봉(貴峰)'이라고 불러 왔다. 역시 인동에서는 귀한 사람, 큰 벼슬이 많이 나왔다고 한다. 성주에서 보면 음탕한 여인의 모습 같다고 해서 '음봉(淫峰)'이라고 불러 왔다고 한다.71)

충신(忠臣)의 아들

단종(端宗)을 위하여 충절(忠節)을 다하고 세조(世祖)의 참혹한 형벌을 당하여 죽음을 털끝같이 여기며 대의(大義)를 태산처럼 지킨 사육신(死六臣)의 한 분이신 단계(丹溪) 하위지(河緯地)는 네 아들과 한 딸이 있었으니 장자는 호(琥), 둘째는 박(珀)이라 하였다. '호'는 이미 생원(生員)에 올랐으나, '박'은 아직 어린아이를 면치 못하였으니, 두 아이 모두 어린 나이었다. 날마다 서당에서 글을 익힘에 있어 열성이 남달랐는데 아버지가 단종을 위하여 복위를 꾀하다가 형(刑)을 받고 돌아가신 뒤, 조정에서 내린 엄한 명으로 이 네 아들마저 죽게 되었다. 호와 박의 형제는 서당에서 공부를 하고 있다가, 돌연히 들이닥친 형리(刑吏)들에 의해 온몸이 포박되어 형장(刑場)으로 끌려오게 되었다. 온 고을은 물 끓는 듯한 소란과 공포의 도가니가 되었으며, 이 형제의 참형(斬形)을 구경하려고 온 사람들로 인산인해를 이루었다. 호의 형제는 어머님과 이미 이 화가 올 것을 미리 짐작하였던 것이다.

그러나 나라를 위하고 임금을 위하는 충성의 불타는 단심(丹心)이 어찌 단계 한 사람에게만 있으랴? 실로 하씨 한 가족은 하늘이 내린 충(忠)의 화신

---

71) 구미시, 『내고장 전통가꾸기』, 1982, pp.240 - 241.

(化神)이었던 것이다. 형리(刑吏)의 명령대로 땅에 꿇어앉은 '호'에게 수령이 묻는다.

"네 아비가 충성(忠誠)하지 못해서 죽었음을 알진대 마땅히 자식 된 너희도 어찌 죽음을 면하랴?"

고개를 수그린 채 '호'의 대답은 조금도 당황하는 빛이 보이지 않았다. 조용히 입을 열어 말하기를, "나랏일을 거역한 죄로 아버지가 이미 죽은 뒤에 자식들이 어찌 살아 한 생명을 아끼리요마는 한 가지 소원이 있으니, 청컨대 들어주시겠습니까?" "무엇이냐? 말하라." 수령은 묻는다.

"저희들은 집에 어머님이 계시는지라 잠깐 나아가 이별을 고하고 올 것이니 여가를 허락하여 주시면 안 되겠습니까?"

집에서 체포되어 온 것이 아니라 형제는 서당에서 붙들려 온 것이다. 수령은 이 형제의 효도하는 마음에 감복하고 기특히 여겨 또 마음속으로 측은한 생각이 들어 드디어 잠시 동안 이별을 고하고 올 것을 허락하였다. 이에 형제는 곧 집으로 달려가 어머님을 뵙고 엎드려, "소자는 아버님의 뒤를 따라 오늘 죽음에 나가오나 한 가지 아뢸 말씀은 원컨대 누이동생으로 하여금 불량한 무리들의 종이 되게 마시고 어머님은 평안하게 만수무강하소서."

말을 마치고 사당(祠堂)에 절한 후 형장에 돌아와 조용히 죽음에 이르니 그때 이를 목격한 사람들이 "그 아버지의 그 아들이라." 하고 "범이 개를 낳지 않는다." 하며 하위지 부자의 억울한 죽음을 애석해하였다고 한다.[72]

탑 쌓기(죽장리 오층석탑)

선산읍 죽장리에 있는 죽장사지(竹杖寺址, 現 法輪寺) 오층석탑에 전해지는 이야기이다.

옛날에 두 남매가 살고 있었는데 서로 재주를 자랑하다가 오빠는 다른 곳

72) 龜尾文化院, 『龜尾市誌』, 2000, pp.640 - 641.

에서 누이동생은 죽장사에서 석탑을 세우게 되었는데 누가 먼저 세우는가 내
기를 걸어 경쟁을 하였는데 누이가 먼저 우아하고 웅장한 이 석탑을 세워서
이겼고 한다.[73]

어(御)갱이라 개비산(開扉山)

고려 태조 왕건이 후백제 신검(935~936)의 군사와 싸울 때(936) 왕건(918
~943)의 군사가 주둔하였던 곳이라 하여 붙여진 들(어갱이) 이름이다.

개비산은 마을 뒤편 3개의 산봉우리 중 서편에 있는 가장 높은 봉우리로
사방을 멀리까지 바라볼 수 있을 만큼 시야가 넓고 전면과 측면 모두가 절벽
이며 그 아래로 강물이 흘렀으니 누가 보아도 천연적인 요새인지라 고려 태
조 왕건이 여기에 군사를 주둔시켜 두었다.

후백제 신검의 군사가 출현하니 왕건은 문(扉)을 열고(開) 군사를 내어보내
신검의 군을 대파시킨 곳이라 하여 개비산이라 하였다고 한다.

깊은 강물

옛날 낙동강 물이 고아읍 예강 1리에서 항곡리에 와서는 돌아서 흘러가니
수심이 깊어서 명주실 한 타래를 모두 풀어도 닿지 않을 정도로 물이 깊었다
고 마을에 전한다.

비봉산의 유래(飛鳳山의 由來)

선산읍을 감싸고 있는 비봉산(飛鳳山)은 글자의 뜻 그대로 봉황이 나는 모

---

73) 善山郡, 『善山의 脈絡』, 1994, p.53.

습을 하고 있다. 봉황은 역사상 상스러운 새로 생김새는 닭의 머리, 뱀의 목, 제비의 턱, 거북의 등, 물고기의 꼬리, 모양 등을 하고, 키는 6척 정도이며, 목과 날개에는 5색 빛이 찬란하고 다섯 가지의 울음소리를 내며 성품이 어질고 청결하여 나는 새 가운데 왕이라 칭한다. 오동나무가 아니면 앉지 않고 대나무 순이 아니면 먹지 않으며 신성한 물만 마시고 산다고 하며 성인군자가 나야만 이 새가 나타나는데 용, 거북, 기린과 함께 사령(四靈)이라는 전설의 성스러운 새라 한다. 지리학설에 의하면, 비봉산은 봉황이 두 날개를 활짝 펴고 하늘을 날려는 모습을 보여 주는데, 동쪽으로는 교리 뒷산, 서쪽으로는 노상리 뒷산이 있어, 두 날개이며 출장소 뒤의 봉우리가 몸과 모가지가 된다. 가운데의 봉우리 아래에 출장소가 자리 잡고 있어 봉의 입이 옛 군청사를 문 것과 같다 한다.

나는 것일까? 날고자 하는 것일까? 늠름한 기상, 수려하고 장엄한 기상은 정말 선산의 진산(鎭山)이요, 산 중의 산으로 명산(名山)이며 산의 조종(祖宗)임에 틀림이 없다.

이러한 산의 보양으로 봐서 "조선 인재의 반은 영남에서 나고, 영남 인재의 반은 선산에서 난다."는 옛말이 결코 우연한 일이 아닌 것 같다.

비봉산은 북쪽에서, 금오산은 남쪽에서 서로 안을 지키고 감천은 동으로 흘러 낙동강과 이어져 외부를 지키면서 아주 튼튼한 천연의 성을 이루었다.

그러나 선산읍민들에겐 큰 걱정이 있었다. 비봉산의 봉새가 날아가면 어쩌나 하는 것이다.

그래서 고아읍 황당산에 그물을 친다는 의미로 동네 이름을 '망장(網張)'이라 했으며, 물목동네 뒷산을 '황산(凰山)'이라 이름 지어 짝을 맞춰 주기도 했다. 그것은 봉(鳳)은 수컷이요, 황(凰)은 암컷이기 때문이다. 그리고 선산읍 사방동네를 죽장(竹杖)이라 하여 대나무를 심어 대나무 순으로 먹이를 대어 주고 화조리 또한 봉황을 즐겁게 해 주기 위하여 만화백조(萬花白鳥)가 있다는 뜻이며, 다시 동리 이름을 영봉리(迎鳳里)라 한 것은 봉황을 맞이한다는 뜻에서 지은 이름이며, 무래리(舞來里) 역시 봉황이 날아오는 것을 뜻한다. 그뿐만 아니라, 봉황은 알을 다섯 개를 낳는데 한 개는 이미 앞들에 있는 동산이므로 다시 네 개의 동산을 만들어 다섯 개의 동산이 되게 하였다. 이것은 이 다섯 개의 알을 봉황이 품고 영원히 깃들게 하기 위한 것이었다.

이 다섯 개의 동산은 세월이 흘러감에 따라 점차 허물어져 1966년 경지 정리에 따라 자취를 감추고 지금은 한 개의 동산만이 남아 있다. 한편, 임진왜란 때에 명나라 장군이 이 산을 보고 인재가 많이 날 것을 두려워한 나머지 비봉산 주령 허리를 끊고 장작으로 불을 피우고 큰 쇠못을 꽂았다고 전해지고 있다.[74]

덤바위 산

어느 때인가 잘 알 수 없는 아주 옛날에 소를 먹이던 소년과 말을 먹이던 소년이 이날은 같은 곳에서 소와 말에게 풀을 뜯어 먹이다가 심심해서 내기를 하였다.

"소와 말이 싸우면 누가 이길까?" 내기를 하였다. 그래서 싸움을 붙이니 처음에는 소가 이기더니 싸우는 시간이 지날수록 소가 차차 힘이 빠져 말에게 밀리게 되었다. 이쯤에서 중지시켰으면 아무 일이 없을 터인데 계속 싸우게 그냥 두었더니 말이 소를 몰아붙이니 소가 힘이 빠져 덤바위까지 밀리게 되었다. 말이 잔인하게 끝까지 밀어붙여 그만 소가 낭떠러지에 떨어져 죽고 말았다. 그 후로부터 비가 오는 밤이면 소의 풍경소리가 들려온다고 한다.

그리고 그때는 모두가 천수답이라 가뭄이 계속되면 농사를 지을 수 없기 때문에 마을에서는 이곳 덤바위 밑에서 비가 오게 하여 달라고 천지신명(天地神明)에게 기우제(祈雨祭)를 지냈다고 한다. 소의 넋을 달래 주면 비가 온다는 옛 이야기가 전해진다.

---

74) 龜尾文化院, 『龜尾市誌』, 2000, pp.633 - 634.

대방골에 도둑

큰 대방골에 어떤 사람이 남의 물건을 자주 훔치므로 도둑을 맞지 않는 집이 없었다. 그러나 물증이 없어 도둑을 잡을 수가 없었다. 그래서 애태우던 마을 사람들이 잃어버린 물건을 채우기 위해 서로 물건을 훔치기 시작하여 마침내 모든 마을 사람들이 도둑으로 변하고 말았다. 그래서 마을 사람들이 서로 믿지 못하고 이웃이 모두 도둑으로 보여 다른 마을로 이사 가기 시작하였다. 마을 사람 모두가 다른 곳으로 이사 가서 마을이 마침내 없어졌다는 이야기가 지금까지 전해 오고 있다.

차돌백이산

마을 웃골(牛曲) 혹은 업작골이라 말하는 곳에 예전부터 구두쇠 부자가 살고 있었고 또 이웃에 절이 하나 있었다.

절의 스님들을 비롯하여 길손들 그리고 거지들이 부잣집에 가서 요기(療飢)나 한다고 찾아가 구걸을 하기도 하였는데, 이 부자 구두쇠영감은 이를 좋아하지 아니하고 매우 싫어하였다 한다. 어느 날 한 대사스님이 찾아왔기에 구두쇠영감이 묻기를 "어떻게 하면 손님이 적게 찾아올 수 있겠습니까?" 하고 물으니

대사스님이 답하시기를 "일선 김(金)씨 선산(先山)에 구름같이 날아갈듯 얹혀 있는 차돌바위를 깨뜨리면 손님이 오지 않는다."고 말씀하셨다. 그러자 이 부자 구두쇠영감은 좋아라 하고 그 집 종들을 시켜 차돌바위를 깨트려 버리게 하였다. 그 후 세월이 흘러 절도 부잣집도 다 망하고 손님도 찾아오지 아니하였다 한다. 다만 그때 바위를 깨트린 차돌 조각이 모여 차돌백이산이 되었다고 하는데 지금도 차돌이 많이 남아 있다.

여우못(狐池)

　조선 초기의 이야기이다. 하루는 마을 사람들이 자고 일어나 보니 지금 있는 못 둑 모양으로 짚이 나란히 이어져 있으므로 농민들은 의아해하다가 문득 생각나는 것이 있었다. 간밤에 앞산에서 여우가 몹시 울더니 이는 반드시 여우의 짓이다. 이대로 둑을 쌓으라는 뜻인 줄 알고 그대로 파고 둑을 높이 쌓아 지금의 깊고 넓은 호수가 되었으나 둑이 터져 피해를 본 일도 한두 번이 아니었다고 한다.

　그러나 한 가지 기이한 일은 둑이 터지는 해 봄이면 앞산에서 반드시 여우가 울어서 피해를 예고하였다고 하는데 한 번도 어긋남이 없었다고 한다. 그래서 마을 사람들은 여우가 우는 봄이면 여름이 오기 전에 둑을 튼튼히 하여 피해를 미리 막고 무당을 불러 굿을 하며 앞산에 여우사당을 지어 제사를 지냈다.

　굿과 제사를 지낸 뒤부터는 한 번도 둑이 무너진 일이 없었으며 굿하는 날은 인근 동네의 구경꾼이 인산인해를 이루었다. 이리하여 '못' 이름을 여우못(狐池, 호지)이라 하고 매년 봄에는 좋은 날을 가리어 여우제를 지냈으나 지금은 여우사당의 터만 남아 있고 수십 년 전부터 못 굿도 행하지 않고 있다고 한다.[75]

연지(蓮池)의 신비(神秘)

　해평면 소재지에서 금호리 고갯길을 건너가기 전 국도 변에 40,000㎡에 가까운 큰 못이 있다. 일정한 수원(水源)도 없이 큰 가뭄에도 마르는 일이 없고 언제부터 이루어졌는지 그 연대는 미상이나 창림 저수지에 보조 수원지로 논에 물을 대 주어 이곳 곡창을 채우는 데 큰 몫을 한다. 또한 이 못의 수면을

---

75) 龜尾文化院, 『龜尾市誌』, 2000, pp.647－648.

뒤덮은 연꽃은 갖가지 전설을 안고 피고 또 졌다. 한국 최초의 가람인 도리사를 창건한 아도화상이 이르기를 "이 못에 연꽃이 길이 피거든 나의 정신이 살아 있음을 알아 달라." 했다고 한다.

봄바람, 가을비를 수천 년을 되풀이해 온 오늘까지 많은 사람들이 연꽃을 먹고 연뿌리를 캐곤 하지만 시들고 쇠할 줄을 모를 뿐 아니라 해를 거듭할수록 더욱 무성히 만발하던 것이 일본제국주의의 침략으로 나라가 점령당하자 웬일인지 점차로 연이 줄어들고 꽃이 줄어들기 시작하여 해방 전해까지만 해도 몇 포기만 남아 겨우 그 명맥을 유지해 왔다. 1945년 해방이 되자 기적적으로 포기가 늘어나 연못을 꽉 채워 오늘의 성황을 이루게 되었다.

옛날 아도화상의 얼이 깃들었다는 증좌의 상징인가? 아니면 이 고장 사람들이 잘 가꾼 탓일까? 1977년 4월 18일 도리사에 석가모니의 진신사리(眞身舍利)가 발견되면서부터 연꽃은 더욱 무성하여 이제는 낚시를 드리울 틈도 없이 되었으니 참으로 신기한 일이라 아니할 수 없다. 잎이 피면 녹색 이불을 덮은 듯하고 꽃이 피면 빨간 수를 놓은 듯하여 싱그러운 향기 또한 온 들을 뒤덮어 지나는 길손들의 발걸음을 멈추게 한다. 신비로운 전설을 지닌 이 연꽃들이 이 일대가 불교의 발상지임을 증명해 주고 있다.76)

용샘에 얽힌 사연

금오산 마애보살입상(磨崖菩薩立像) 옆 절벽 밑에 옹달샘이 있다. 이 샘에는 용이 못 된 강철이가 살고 있었는데 이무기라고 전한다. 이 이무기는 길고도 모진 천 년이란 세월을 지난 후 마침내 바라고 바라던 등천(登天)의 날을 맞았다.

어느 따뜻한 봄날 바위를 타고 천지가 진동하는 큰 소리를 지르며 서서히 하늘로 오르고 있던 그때 공교롭게도 언덕 아래 양지쪽에서 산나물을 캐던

---

76) 龜尾文化院, 『龜尾市誌』, 2000, pp.645 – 646.

아낙이 너무나 뜻밖에도 천지를 진동하는 소리와 등천(登天)하는 광경을 보는 순간 놀란 나머지 방정맞게 요망스럽게도 그만 "저 이무기 봐라." 하고 소리를 지르고 말았다.

천 년 묵은 이 이무기는 원통하게도 용(龍)이 못 되고 '처절 – 퍽' 소리를 내며 땅에 떨어져 죽고 말았으니 천애(天涯)의 낭떠러지 암벽(岩壁)엔 떨어질 때의 흔적으로 홈이 파였고 비늘 자욱이 남아 있으니 이 바위를 용회암이라 하며, 절벽 밑의 이 옹달샘을 용샘이라 부른다.

이 근처에 묘(墓)를 쓰면 가뭄이 온다고 해서 가뭄이 심할 때면 주민들이 묘를 찾아 파헤치면 그날 밤부터는 틀림없이 비가 온다고 하는 영험 있는 곳이라 전하고, 가물 때는 기우제(祈雨祭)를 올리기도 했다고 한다.77)

의구전(義狗傳)

약 3백 년 전 선산의 동쪽 연향(현, 해평면 산양리)에 살던 우리(郵吏) 김성원이 개 한 마리를 길렀는데, 이 황구(黃狗)가 영리하여 사람의 뜻을 잘 알았다.

어느 날 주인이 이웃 마을에 놀러 갔다가 말을 타고 돌아오는데 술이 취하여 말에서 떨어져 길에서 깊은 잠이 들었다.

그때 곁에서 불이 나서 주인이 위험하게 되자 개는 낙동강 물을 온몸에 적셔 불을 끄고는 죽었다. 주인이 술이 깨어 일어나서 개가 자기를 구하고 대신 죽었음을 알고 크게 감동하여 거두어 묻어 주었다. 그 후로 주위 사람들이 그 개의 충성된 의로움을 기려 왔으며 1665년 선산부사 안응창은 의열도에 의구전을 기록하였고 이 개무덤은 구미시 해평면 낙산리에 지금도 남아 있다.78)

---

77) 龜尾文化院, 『龜尾市誌』, 2000, pp.648 – 649.
78) 善山郡誌編纂委員會, 『善山郡誌』, 1988, p.124.

이우전(義牛傳)

옛날에 김기년이란 사람이 암소 한 마리를 길렀는데 어느 해 여름 이 소와 밭갈이를 하고 있을 때 호랑이가 뛰어나와 소를 덮쳤다.

주인이 당황하여 소리를 지르며 갖고 있던 괭이로 마구 싸우니 호랑이는 소를 두고 사람에게 덤벼들었다. 이때 소가 크게 우짖고 뿔로 호랑이와 싸워 물리치고 주인을 구하였다.

이 일이 있은 지 얼마 후 주인이 호랑이와의 싸움에서 얻은 상처로 죽자 소도 아무것도 먹지 않다가 3일 만에 죽었다. 마을 사람들이 소의 주인에 대한 충성을 기려 그 사실을 돌에 새겨 소의 무덤가에 세웠다. 1630년 선산부사 조찬한이 의열도에 의우전을 기록하였으며 소의 무덤은 지금 구미시 산동면 인덕리에 남아 있다.[79]

조랑전(趙娘傳)

조랑은 선산부사 조공(趙公)의 딸이었다. 사우(祠宇)는 출장소에서 서북쪽 두어 걸음 밖에 있었으나 지금은 없으므로 옛날 어느 시대의 일인지 자세히 알 길이 없었다.

랑(娘)은 부사의 딸로 부친재관(父親在官)의 고을에 따라온 것이다. 혼기(婚期)에 들자 연미한 자태와 요조한 의표(儀表)로 당시에 유명하여 일향(一鄕)의 추중(推重)하는 바 있었다. 불행히도 무례한 통인(通引)의 강제 겁탈의 변을 당하게 되어 위급한 경우에 있어서 처사한 일이 떳떳한 일이나 또 어려운 일이 있다.

절의를 지키고 목숨을 버렸으니 랑의 죽음이야말로 가위 옳은 죽음이며 열렬히 천추에 불사(不死)의 지조가 있다 할 것이다. 봄기운이 완연하며 밤이

---

79) 善山郡誌編纂委員會, 『善山郡誌』, 1988, p.123.

깊어 달빛이 숲속에 깃들고 미풍이 죽림을 흔들 무렵이었다. 관각(官角)은 이미 잠들고 성문은 굳게 잠겼는데 관노가 화음월색(花陰月色)의 틈을 타고 감히 불측한 의사를 내었으니 만약 범염한 처녀였다면 어두운 야음에 사람들이 모르리라 하여 순순히 따를 수도 있었으나 랑은 그렇지 않아 칼을 받으면서 오욕을 받지 않았으니 진실로 의랑(義娘)이라 아니할 수 없다. 당일 부사의 가족들은 가정의 한 소소한 수치로 알고 절대 발설을 금하며 덮어 두어 정려의 포상도 엄금하였다.[80]

굴암사의 굴 덮개바위

금오산의 경치에 반해 금오산을 날아다니던 덮개바위가 굴암사 위에서 쉬고 있을 때 어느 보살이 덮개바위 아래서 부처님께 간절히 기도를 드리고 있었다. 이 덮개바위는 보살이 마침 기도를 끝내고 하늘을 쳐다보다가 깜짝 놀라 기절하였다. 그 후 이 보살이 자주 이곳을 찾아와 기도를 드리고 있는데 또 이 돌이 날아갔다. 그래서 "이놈의 돌아 여기 있지 않고 어디 가느냐."고 욕설을 퍼붓자 그 다음부터는 욕을 먹기 싫어 여기 계속 눌러 있게 되었다고 전한다.

---

80) 善山郡誌編纂委員會, 『善山郡誌』, 1988, p.121.

06 영주시(榮州市)

두운대사와 희방사

지금으로부터 천삼백 년 전 신라 선덕여왕 12년(643)에 두운대사(杜雲大師)는 태백산 심원암이란 암자에서 수도를 하다가, 지금의 영주 풍기읍 희방사가 있는 소백산으로 자리를 옮겨 초막을 짓고 수도를 계속하였다고 한다. 초막이 있는 산기슭은 숲이 우거질 대로 우거져 낮에도 무시무시하고, 사람이라고는 그림자도 찾아볼 수 없었으며 무서운 산짐승들이 쏘다니는 곳이었다.

어느 눈보라 치는 겨울날, 오직 수도에 여념이 없는 조사 앞에 암범 한 마리가 찾아와 괴로워하는 눈치를 보였다. 조사가 자세히 살펴보니 산기(産氣)가 임박해 있으므로 부엌에 검불을 깔아 새끼를 낳게 해 주었더니 범은 새끼 두 마리를 낳았다. 그 후 조사가 어린애처럼 알뜰히 거두어 준 것이 인연이 되어 범이 은혜를 갚고자 몇 번이고 찾아오게 되었다. 어느 날 그 범이 은비녀와 큰 산돼지 한 마리를 대사에게 차례대로 가져다주었다.

대사는 은혜에 보답하기 위한 것으로 알았지만 "내가 술과 고기를 금하는 것을 너도 잘 알고 있으면서 이런 부정한 물건을 가져왔느냐? 이런 짓을 하려면 두 번 다시 찾아오지 마라." 하고 야단을 쳤더니 범은 못마땅한 표정을 지으며 어디론가 사라졌다. 다시 며칠이 지난 어느 달 밝은 깊은 날 밤 범이 찾아와서는 조사의 장삼을 물고 당기므로 따라가 보았더니 앞산 큰 바위 밑에 혼수상태에 빠진 한 처녀가 누워 있었다. 대사가 자세히 살펴보니 나이는

18세에서 19세쯤 되며 곱게 단장한 절색이었다. 조사는 급히 처녀를 움막으로 옮긴 뒤 물을 끓여 먹이고 정신을 차리게 한 후 이렇게 된 연유를 물으니 "저는 경주 계림에 사는 호장(戶長) 유석(兪碩)의 무남독녀로서 오늘 결혼식을 치른 후 저녁에 막 신방에 들어가려는 찰나, 불덩이 같은 것이 몸에 부딪치더니 몸이 공중으로 떠오르는 것을 느낀 후에는 어떻게 된지 모르겠사옵니다."고 하였다. "너희 집에서 얼마나 걱정하겠느냐? 며칠 쉬었다가 곧 돌아가도록 하여라."고 하였다. 그 뒤 조사는 그 여자에게 남복을 입혀 총각처럼 꾸며 경주로 데리고 갔다.

딸의 이야기를 들은 유호장은 조사에게 감사의 뜻을 표하면서 "이런 말씀을 드리기는 죄송하오나 조사님은 딸의 죽은 목숨을 살려 주신 은인이니 불민한 것이오나 거두어 인연을 맺게 해 주실 수 없겠습니까?" 하고 은근히 사위 되기를 간청했다.

그러나 조사는 "나는 이미 속세와 인연을 끊고 산중에 들어가 수도하는 몸이요, 이미 따님과는 남매의 인연을 맺었으니 그런 당치도 않는 말씀은 하지 말아 주시오." 하고 완강히 거절했다. 유호장은 조사의 수도생활에 대하여 이야기를 듣고 조사에게 큰 절을 지어 주기로 결심하였다. 유호장은 조사가 경주에서 한 3개월 순례하며 쉬었다 갈 것을 청하고, 풍기읍(豊基邑)에서 소백산 연화봉으로 가는 길은 새로 닦아 큰길을 만들었고, 동구 앞 여울에는 쇠다리까지 놓았다. 그뿐만 아니라 조사가 살던 초막은 없어지고 단청도 새로운 큰 법당을 비롯하여 많은 건물이 즐비하였다. 그제야 유호장은 사람을 보내어 3개월 동안 절을 지어 놓았다는 것을 알려 주었다. 그리고 "전 가족에게 기쁨을 주었기에 희방사(喜方寺)라 절 이름을 지었고, 저 아래 다리는 수철교(水鐵橋), 풍기 서문 밖에 놓은 다리는 유다리(兪다리)라고 이름하였다."고 했다.

또 유호장은 조사와 인연을 길이 기념하고 조사가 머물고 있는 곳 가까이에서 법문을 들으며 수도하기 위하여 도솔봉 아래 조그마한 암자를 지어 유석사(兪碩寺)라 하고 땅 백여 두락(斗落)을 사서 공양미를 드리게 했던 것이다.[81]

---

81) 영주시·영풍군, 『우리고장의 전통문화』, 1983, pp.214-216.

봉황산 부석사 뒤의 대나무

650년경 신라의 의상조사는 불교에 심취되어 불법을 공부하기 위하여 당나라 사신의 배를 타고 지금의 상해로 건너가 당시의 당나라 서울 장안에 이르러 불도가 높은 도승 지엄대사를 지상사에서 뵙게 되었다. 대사는 전날 밤 꿈에 해동에 큰 나무가 나서 가지와 잎이 번성하여 중국을 덮고 그 위에 봉의 집이 있었다. 이상히 여겨 올라가 보니 용왕의 뇌 속에서 나오는 한 개의 귀한 구슬이 있어 그 밝은 빛이 멀리까지 비치었다. 꿈을 깬 후 놀랍고 이상하게 생각하여 집 안과 방을 깨끗이 청소를 하고 기다리는 때에 의상이 왔었다. 그리하여 대사는 특별한 예의로 맞이하였다. 수년간 화엄종의 공부를 열심히 하여 도를 깨달은 다음 신라로 돌아왔다. 이때에 관음보살의 진신이 해변의 굴속에 산다는 말을 듣고 지금의 낙산사 의상대 앞에 이르러 재계 7일 만에 앉을 자리를 만들어 물 위에 띄우고 앉으니 용왕이 굴속으로 인도하였다. 공중을 향하여 참례를 하니 수정 염주 한 꾸러미를 내주었다. 또 동해의 용이 여의주 한 알을 의상조사에게 비쳤다. 다시 재계 7일 만에 들어가 관음보살의 용모를 보았다. 진신이 일러 말하기를 내가 앉은 자리 위의 산꼭대기에 쌍죽(雙竹)이 솟아날 것이니 그 땅에 불전을 짓는 것이 마땅하다고 하였다. 그 말을 듣고 문무왕 11년(671)에 그곳에 절을 지으니 오늘의 낙산사이다.

화엄종의 총본산이 될 만한 큰 절을 짓기 위해서 사방으로 절터를 찾기 위해 돌아다니다 부석면 북지리 봉황산 아래에서 명지를 발견하였다. 아마 옛날 당나라 지엄선사가 꿈에 봉을 보고 다음 날 조사를 만난 것을 생각하여 부석사 절터를 잡은 것이고 문무왕 16년(676) 그 중허리에 신라에 와서 처음으로 절을 지을 때 관음보살의 지시에 따라 쌍죽을 보고 지었으니, 이곳에 대나무를 많이 심게 되었다. 속설에 봉황산의 봉이 대나무 열매를 먹고 살기 때문에 천수백 년이 지나도 절이 전하며 앞으로 영원히 이 절이 왕성할 것이라고 한다. 그리고 부석사에 의상조사가 밤에 주무시고 아침에 낙산사에 가시어 아침식사를 드셨다고 하니 조사의 도술이 대단한 것을 알 수 있었다. 봉황산 산꼭대기에서 낙산사까지의 직선거리는 70여 리밖에 되지 않으나 산이 첩첩으로 가려 있다.[82]

의상과 선묘의 구원의 사랑

부석사(浮石寺)는 봉황산 기슭에 자리 잡고 있는데, 신라 문무왕 16년(676)에 의상조사(義湘祖師)가 창건한 이래 우리나라 화엄종의 총본산이었다. 화엄학을 전교한 의상조사는 진평왕 47년(625) 당시 귀족의 가정에 태어나 호화롭게 성장하였다. 그 뒤 그는 황복사에서 삭발하고 중이 되어 입산수도를 했다. 입산한 지 8년 만에 큰 뜻을 품고 원효대사와 함께 당나라로 향했다. 당나라를 거쳐 불교의 발상지인 인도까지 가려는 것이었다. 압록강을 건너 요동에 이르러 노숙을 하는 어느 날 밤 원효대사는 아주 심한 갈증을 느꼈다. 어두운 곳을 수없이 더듬거리다가 끝내는 바가지 같은 것에 물이 고인 것을 잡아 꿀꺽꿀꺽 들이마셨다. 그러나 이튿날 아침, 잠을 깬 원효대사는 깜짝 놀랐다. 물을 마신 그 그릇이 바가지가 아니라 사람의 해골이었던 것이다. 그러고 보니 보지 않고 마실 때 그토록 맛있던 물이 알고 보니 토하고 싶도록 비위에 거슬린다는 데 깨달은 바 있어 인도로 향하던 발길을 돌려 귀국한 후 계속 불교연구에 힘썼던 것이다. 그러나 의상조사는 홀로 당나라를 향해 길을 떠났다. 도중에 조사는 고구려 첩자에게 잡혀 고생을 하다가 귀국하여 661년에 다시 당나라의 사신의 배를 타고 당나라로 들어갔다. 양주(陽州)에 이르러서 신병을 얻게 되어 양주성의 수위장인 유지인(劉至仁)의 집에 유숙하며 병을 치료하던 중, 그의 딸 선묘(善妙)라는 처녀가 몇 달이 지나자 어느덧 의상조사에게 연정을 갖게 되었다. 이에 조사는 선묘의 마음을 그대로 받아들이지 않고 법도로 대하여 제자로 삼게 되었다. 어느덧 그녀의 정성으로 몸이 완쾌하게 된 조사는 다시 길을 떠나게 되었다. 이때 선묘가 조사에게 청하기를, "귀국하실 때 이곳을 지나시면 꼭 소녀의 집에 다시 한 번 들러 주시고 가십시오."라고 간곡히 부탁했다. 조사는 이러한 부탁을 쾌히 승낙하고 길을 떠났다.

얼마 후 조사는 당나라 서울 장안 남쪽에 있는 종남산(終南山) 지상사(至相寺)에 가서 지엄대사(智嚴大師)의 제자가 되어 수학하던 중 당(唐)이 30

---

82) 영주시 · 영풍군, 『우리고장의 전통문화』, 1983, pp.213 - 214.

만 대군으로 신라를 침범하려는 형세임을 알고 오직 구국일념(救國一念)으로 문무왕 11년(671)에 급히 귀국하게 되었다. 조사는 귀로에 양주 선묘의 집에 이르니 마침 출타 중이라 만나지 못하고 가는 것을 전해 달라고 그녀의 부모에게 부탁한 후 다시 길을 재촉하였다. 한편, 선묘는 조사의 귀국 선물로 법의(法衣)를 정성껏 마련하여 손꼽아 기다리던 중, 잠시 집을 떠난 사이에 조사가 여정이 급하여 머물지 못하고 다녀갔다는 이야기를 부모로부터 듣고, 만들어 두었던 선물을 가지고 조사를 쫓아 산동성(山東省) 해안에 다다르니 조사가 탄 배는 바다 위에 흰 돛만 보일 뿐이었다. 그녀는 멀어져 가는 돛을 하염없이 바라보고 서 있다가 들고 있던 선물을 바닷물에 던지며 축원하기를 "진심으로 조사님께 공양하오니 원컨대 이 옷이 조사님께 이르도록 해 주옵소서." 하였더니 때마침 해풍이 크게 일어나면서 던진 선물이 조사가 탄 배 안으로 날아갔다. 이를 보고 있던 선묘가 다시 축원하기를 "이 몸이 용이 되어 조사를 받들어 무사히 귀국하도록 해 주옵소서." 하며 바닷물에 몸을 던지니, 기이하게도 선묘는 바라던 대로 용이 되어 조사의 멀고 험한 귀국의 길을 줄곧 호위하였는지라, 조사는 무사히 귀국하여 나라에 당의 침략 흉계를 고하고 난을 면하게 하였다. 그 후 조사는 왕으로부터 사찰 건립의 명을 받들어 영주시 봉황산에 이르러 지세를 살펴본즉 화엄종지(華嚴宗旨)를 크게 선양할 수 있는 명산이나 먼저 자리를 차지하고 있는 이교(異敎)의 무리들 5백여 명이 점령하고 있으므로 수차 이들에게 자리를 양보해 줄 것을 요청하였으나 이들이 막무가내로 듣지 아니하여 고심을 하고 있을 때, 용으로 화신한 선묘가 공중에서 바라보니 순리로는 조사의 뜻이 이루어지기 어려움을 짐작하고 법력(法力)을 써 지금의 무량수전 서편에 있는 큰 바위를 공중으로 올렸다 내렸다 3차례나 하였더니 무리들이 겁을 집어먹고 굴복하였다. 이 자리에 사찰을 건립한 것이 부석사이며 이교도들을 놀라게 하기 위하여 공중에서 세 번이나 떴다는 큰 바위를 부석(浮石)이라 부르는데 무량수전 서편 암벽 밑에 거대한 모습으로 묵중히 앉아 있는 것을 볼 수 있다. 그리고 선묘룡(善妙龍)은 석룡(石龍)으로 화하여 무량수전의 자리에 안좌되어 부석사의 수호신이 되려 하매 조사를 크게 감격게 하였다. 지면에서 2척 깊이에 묻혀 있는 48척의 석룡은 그 머리를 무량수전 주불(主佛) 밑에 두고 꼬리는 무량수전 앞 석등까지 펼쳐 있다. 이 석룡은 1967년 5월에 신라 5악 학술조사단이 무량수전 앞뜰에서 발굴하여 5m가량의 석룡 하반부를 발견하는 데 성공하였다. 비늘 모습까지 아련히 나타나 있는 그 모습이 그림에서 볼 수 있는 용과 너무나 흡사하여 천연석으로 볼 수 없는 천연스러운 용이라고 하였다.[83]

부석사 조사당의 선비화

의상조사가 중국 당나라에서 돌아올 때 가지고 온 지팡이가 있었는데 조사

---

83) 영주시 · 영풍군, 『우리고장의 전통문화』, 1983, pp.217 - 220.

가 열반하실 때 예언하기를 "이 지팡이를 비와 이슬에 맞지 않는 곳에 꽂아라. 지팡이에 잎이 나고 꽃이 피면 우리나라의 국운이 흥왕할 것이다."고 하매 문도들이 조사당 축대에 꽂았더니 과연 음력 4월 초팔일께 버선 모양의 누런 장삼빛 꽃이 피었다. 그 후로 국운이 흥하고 나라가 태평할 때는 늘 잎이 피고 꽃이 피었으나 한말(韓末)에서 일제 때는 잎은 피어도 꽃은 피지 않았던 것이 8·15 해방과 함께 30여 년 만에 꽃이 피었다고 한다. 이 나무의 수령(樹齡)은 1,300여 년이라 하나 높이는 불과 1m 30㎝ 정도로 이 지방의 고로(古老)들은 옛날이나 지금이나 성장의 변화를 발견할 수 없다고 한다.

그런데 이 나무의 잎과 가지를 애기 못 낳는 여인이 달여 먹으면 임신한다고 해서 몰래 꺾어 나무가 자랄 여가가 없었다고도 한다. 일제강점기 때 철책을 하여 방지하다가 그래도 피해를 면치 못하므로 지금은 쇠 그물을 처마까지 쳐서 철저히 보호하고 있다.[84]

소수서원의 경석(敬石)

영주시 순흥면 사현정(四賢井) 위에 백운동(白雲洞)이 있고 이 동리에 소수서원(紹修書院)이 있는데 이 서원은 우리나라에서 최초로 창건된 것이다.

이 서원 앞에 죽계수가 북에서 남으로 흐르고 그 천변(川邊)에 바위가 병풍처럼 둘러쳐져 있으며 그 밑에 깊은 소(沼)가 있다. 이 소는 별다른 이름이 없이 '백운동 소'라고 불리고 있는데 신라 통일기에 이 서원 터에 숙수사(宿水寺)라는 거찰이 있어 인근뿐만 아니라 먼 곳에서 수많은 참배자들이 꼬리를 물고 있었다고 한다. 그러나 그 후 불행하게도 중종 37년(1542)에 주세붕(周世鵬)이 숙수사를 헐고 백운동 서원을 창건하게 되자 사(寺)내에 모셨던 불상들을 모두 소에다 던져 버렸다고 한다. 이들 불상들의 한은 하늘에 사무쳐 비가 내리는 캄캄한 밤이 되면 그 소에서 뛰어오르는 소리가 첨벙거리기

때문에 서원에서 공부하는 유생들은 이 소리에 놀라 비 오는 밤이 되면 늘 불안에 떨고 있으며 혹은 행인들도 이 소리를 듣고 혼비백산하는 등 그 폐단이 막심했다. 그러나 누구 한 사람 방비 대책을 마련하는 이 없이 속수무책이었다. 이 사연을 알게 된 주세붕 선생이 소위의 바위에 경(敬) 자를 새겨 음각(陰刻)했더니 그런 후에는 다시 그러한 일이 일어나지 않았다. 경(敬) 자를 쓴 것은 공경한다는 뜻이니 이에 불상들의 한이 위로를 받은 것 같다. 경(敬) 자를 각(刻)한 것은 주자의 철학의 근본이 경에 있기 때문이며 회헌(晦軒), 퇴계의 사상의 근본이기 때문이다. 이러한 까닭에 공부하는 제자들을 위하여 한시라도 경건한 마음을 잊지 말라는 뜻도 있다고 하겠다. 그리고 이러한 '경' 자를 새긴 연유의 액자가 아직도 서원에 보관되어 있으며 '경' 자 바위는 지금도 그곳에 남아 있으나 옛날에는 명주실 한 타래를 다 풀어 넣도록 깊던 소가 이제 잔잔한 여울물로 변하여 흐르고 있다.85)

순흥의 청다리

  영주 순흥에서 부석으로 통하도록 죽계수 위에 놓인 다리가 있는데 이 다리를 청다리라고 한다. 주세붕(周世鵬) 선생이 세운 백운동 서원에는 조정에서 벼슬을 하다가 그만둔 학자와 청년들이 많이 모여서 학문과 덕을 닦았다. 한편 이곳에는 숲이 우거지고 시냇물이 맑아 주위에서 이곳의 경치를 따를 만한 곳이 없었다. 그리하여 학자와 청년들은 이곳이 풍류를 즐기기에 제격이었으므로 때때로 기생을 불러서 풍류를 즐기곤 하였다. 이러한 가운데 서로 놀다가 정이 들어 사생아를 낳기도 했는데 양쪽 모두 이러한 사생아를 기를 형편이 되지 못했다. 그래서 이 사생아들을 죽계수 위에 놓인 청다리 밑에다 버렸다. 당시에 자식이 없고 후손이 귀한 집에서는 이러한 아이를 많이 주워다 길렀다고 하는데 지금도 늙은 할아버지나 할머니들이 어린이들을 달랠 때

---

85) 영주시·영풍군, 『우리고장의 전통문화』, 1983, pp.221－223.

에 "청다리 밑에서 주워 왔다. 너의 어머니는 청다리 밑에서 고운 옷과 맛있는 음식을 해 놓고 기다린다."라고 한다. 청다리라는 말도 꽃같이 젊은 기생들과 인연이 깊은 뜻에서 상징한 이름이라고 한다. 지금은 옛날의 이러한 사연을 아는지 모르는지, 죽계수는 청다리 아래로 맑은 소리를 내며 흘러 오가는 사람들의 마음을 한결 가볍게 하고 있다. 소수서원 북쪽 편 죽계수 위에 제월교(霽月橋)라는 해묵은 돌비가 있다. 이것의 속명이 청다리이다.86)

풍기 금계동의 금계바위

　영주시 풍기읍에서 얼마쯤 가면 아담한 마을이 보이는데 이 마을의 이름은 지금은 삼가동(三街洞)이라 하나 옛날에는 금계동(金鷄洞)이라고 불렀다. 이곳은 정감록에서 말하는 10승지지(十勝之地)로 100여 년 전부터 많은 피난민들이 살고 있으며 앞으로 세계대전이 발생하면 이곳에서 인간의 씨를 구할 수 있다고 신앙화(信仰化)되고 있는 곳이기도 하다. 지금도 풍기읍과 그 일대에는 이북 출신의 많은 피난민들이 살기도 한다. 그리고 이 마을 뒷산에는 닭의 모양과 비슷한 바위가 있는데 이 바위를 가리켜 '닭산', 즉 <금계바위>라 부른다. 옛날 이 바위의 가운데 부분에는 많은 금이 묻혀 있었다고 하며 또한 닭의 눈이 되는 부분에는 두 개의 빛나는 보석이 박혀 이 마을을 지켰다고 한다. 그래서 마을 사람들은 이 바위를 동네의 수호신으로 믿어 왔다. 그런데 어느 날 이곳을 지나던 어떤 나그네가 이 바위에 대해 들은 바가 있어 일확천금을 노리고 가파른 절벽을 간신히 기어 올라가 금계암에 박힌 보석을 빼려고 했다. 그때 갑자기 하늘에 먹구름이 덮이기 시작하며 캄캄한 하늘에서 천둥이 치고 벼락이 떨어졌다. 이 벼락으로 인하여 바위의 일부분이 무너져 내리고 그 나그네는 바위에 깔려 숨지고 말았다. 그리고 나그네가 빼려고 한 보석은 묻혔는지 간 곳이 없었다. 이러한 일이 있는 후에 이 마을은 차차 가

---

86) 영주시·영풍군, 『우리고장의 전통문화』, 1983, pp.223-224.

난해지기 시작하고 사람이 살기가 어려워졌다. 일제 강점기에는 많은 사람들이 이 없어진 보석을 캐내려고 이 마을에 많이 모였다고 한다. 지금은 바위의 형태도 닭처럼 보이지도 않는데, 다만 그 당시의 일이 사실이라는 것을 증명이라도 하려는 듯이 많은 수정조각들이 금계암 부근에 흩어져 있어 해질 무렵이면 낙조에 반사되어 절경을 이루며 가끔 여행객들이 찾아들기도 한다.[87]

술바위

영주시 휴천동에는 술바위라는 곳이 있는데 산기슭에 술단지 모양의 바위가 있고 그 위에는 뚜껑 형태의 바위가 덮여 있다. 옛날에는 그 뚜껑 밑으로 항상 흘러내렸다고 하는데 여기에는 다음과 같은 이야기가 전하고 있다. 옛날 이 바위 위에서부터 아래로 술이 계속하여 흘러나와 길을 다니는 행인들이며 정처 없이 떠돌아다니는 나그네며 장사치 할 것 없이 모두가 엽전 한 닢 없이도 목을 축이고는 나무그늘 아래에서 낮잠을 한잠 푹 자고 쉬어서 갔다. 여기에서 나는 술을 먹을 때는 두 잔 이상을 마시면 절대로 안 된다는 사실이 신앙처럼 되어 계속 내려왔다. 그런데 하루는 아랫마을에서 벌써 거나하게 취한 행인 한 사람이 이 법을 어기고 연거푸 여러 잔을 마시고 술타령을 하다가 죽고 말았다. 이런 일이 있은 후부터는 술이 나오지 않았다고 하며 지금도 바위에는 술이 흘렀던 흔적이라 하여 흰 줄이 있는 것을 볼 수 있다.[88]

조개섬의 박진사집

영주시 안정면 동촌2동에 조개섬이라고 불리는 마을이 있는데 이 마을을

---

87) 영주시 · 영풍군, 『우리고장의 전통문화』, 1983, pp.224 - 225.
88) 영주시 · 영풍군, 『우리고장의 전통문화』, 1983, p.227.

어느 정도 거리를 두고 바라보면 70여 호의 집들이 흡사 조개모양을 하고 있다. 박진사집은 조개가 입을 여닫을 때 붙어 있는 부분에 해당하는 곳에 자리하고 있었다. 이름난 부자로 알려진 박진사는 재산이 많은 데 비해 집이 너무 작은 것을 불편하다고 생각한 나머지 살던 집을 뜯고, 그 자리에 집을 크게 지었다.

그런데 그때부터 가세가 크게 기울기 시작할 뿐만 아니라, 자식까지 죽는 등 액운이 겹쳐 일어났다. 궁리 끝에 박진사는 큰 집을 헐고, 전에 살던 집을 그대로 다시 지었다. 그러자 점차 가세가 펴, 옛날처럼 살림이 늘어나기 시작했다. 그런 일이 있은 이후 마을의 누구 한 사람도 집을 손대지 않고 개축하지 않는다고 한다.[89]

장수를 빌던 뚜껍바위

지금 영주시 휴천동(속칭 광승) 뒷산에는 높이 10m 직경 7m가량 되는 뚜껍바위가 있다.

뚜껍바위는 옛날부터 주민들에게 전해 내려오는 전설이 있으며 외아들의 명을 길게 해 달라는 뜻에서 이 바위에 이름을 새기는 일이 많다. 조선 초기에 이 마을에 송석(宋石)이라는 바보 같은 아이가 있었다. 이 아이는 10리나 떨어진 문정동(속칭못골) 한천서당에 글공부하러 다녔다. 너무 바보 같아서 서당에서 같이 공부를 하는 학동들의 놀림감이 되어 따돌림과 뭇매까지 맞았다. 이를 한탄한 나머지 어느 날 글공부를 포기하고 서당에서 한참 떨어진 연못 둑에서 낮잠을 자던 중 꿈에 스승이 나타나 "네가 바보 같고 힘이 없어 여러 학동들에게 놀림을 당하니 이 못에 있는 잉어를 잡아먹으면 힘이 솟아나느니라."는 말에 정신이 번쩍 들어 깨었다. 과연 못가에 잉어가 있어 당장 잉어를 잡아먹으니 힘이 솟아났다고 한다. 서당에 내려오니 여러 학동들이 서

---

89) 영주시 · 영풍군, 『우리고장의 전통문화』, 1983, pp.225 - 226.

당 마당 대추나무에 올라가 대추를 따먹고 대추씨를 던지면서 "이 바보 천치
야! 어디 갔다 이제 왔어……" 하면서 놀려대는 통에 송석은 화가 났다. 그래
서 당장 대추나무를 뽑아 버렸다. 그 후부터 송석의 힘은 세상에 알려져 송장
수로 불리었다. 또 어느 날 송장수는 영주 문정리 앞을 흐르는 남원천이 장마
로 물이 많아 상여가 건너지 못하는 것을 보고 상주와 상두꾼을 태워 두 손
으로 성큼 들어 건네주었다. 그로부터 송장수의 힘이 조정에까지 알려지자 일
부 간신들은 자신의 자리를 지키기 위해 모함하고 집안에서는 화를 면하려고
그를 죽이려고 애를 썼다. 송장수는 어느 날 어머니에게 농담 삼아 "아무리
나를 죽이려 해도 나는 죽지 않는다. 꼭 나를 죽이려면 겨드랑이의 잉어 비늘
을 떼면 내가 죽는다."고 말했다. 간신들의 모함에 빠진 송장수의 어머니는
어느 날 아들이 잠자고 있을 때 겨드랑이 밑에 있는 잉어 비늘을 떼었더니
송장수는 큰 소리를 치고 죽었다. 그가 죽은 날부터 며칠 후 문정리 못 둑에
는 송장수를 태우고 하늘로 날아 올라가려던 용마가 등에 갑옷을 싣고 못 둑
을 돌면서 울다가 끝내는 갑옷을 이 뚜껑바위에 넣고 뚜껑을 닫은 후 어디론
가 가 버렸다는 것이다. 그 후부터 뚜껑바위 속에는 송장수의 갑옷이 들었다
는 말이 구전되어 내려오고 있다. 이 마을 사람들의 말을 들어 보면 날씨가
맑은 날이라도 뚜껑바위를 해치는 마음으로 뒷산에 올라가면 당장에 우레가
치고 소낙비가 내려 모두 이 바위를 보호하며 지금도 고사를 지내고 있다는
것이다. 요즘도 뚜껑바위 밑에 가 보면 외동아들을 가진 어머니들이 이 바위
에다 아들의 이름을 새기고 아들의 명을 길게 해 달라면서 고사를 지낸 후
새끼줄을 치고 부적을 달아 놓는 것을 볼 수 있다.90)

---

90) 영주시·영풍군, 『우리고장의 전통문화』, 1983, pp.228 - 229.

명의 이석간(李碩幹)과 천도(天桃)

　영주시 영주2동 땅 '뒤세'라는 곳에 이석간(李碩幹)[91]이라는 고명한 의원이 살고 있었는데 천품이 어진데다가 널리 인술을 베풀었으니 제아무리 난치의 병이라도 한번 시술의 손길이 닿기만 하면 척척 고쳐 내었다. 이석간 하면 천하의 명의로 통했다. 하루는 젊고 아름다운 부인이 찾아왔다. "어디가 불편해서 오셨느냐."고 물어보았다. 그는 대답하기를 "말씀드리기 좀 부끄럽사오나 저는 결혼한 지가 꼭 일 년이 되옵는데 남편의 몸이 날이 갈수록 조금씩 줄어들기에 괴이히 여겼더니 지금 이와 같이 되었습니다." 하고는 품 안에서 작은 인형만 한 어린아이를 내어놓는 것이었다. 자세히 살펴보니 새까만 눈동자가 반짝거리고 수염도 거무스름하게 난 어른임에 틀림없었다. 한참 동안 침묵이 흘렀다. 이윽고 의사가 하는 말이 이것은 동의보감을 천독하고 의서란 의서는 다 보았지만 이와 같은 환자는 생전 처음 보는 터이라 의사의 양심에서라도 무슨 병인지 잘 모르겠다는 이유로 거절하거나 회피할 수는 없었다. 그래서 한 달만 여유를 수넌 고치는 방법을 연구해 보겠다고 희망적인 말을 했던 것이다. "그럼 꼭 고쳐 주셔서 정상적인 인간으로서 떳떳한 부부가 되게 해 주십시오."라고 간청을 남기고는 한 달 후에 다시 찾아오겠다는 약속을 하였다. 그 젊은 부인은 인형 만한 남편을 도로 그의 품속에 넣어 가지고 돌아가는 데 그 뒷모습을 바라보니 남편을 구하겠다는 결의에 찬 모습이 한없이 안타까웠다. 비록 언약은 했으나 막상 시술할 생각을 하니 눈앞이 캄캄하여 쓴웃음을 금할 수가 없었다. 아침식사를 마치고 나서는 뽀얀 먼지가 내려앉은 의서들을 서안에 내려놓고 연구에 몰두하니 밤과 낮이 없었다. 그러나 어느 책에서도 이와 같은 사례는 찾아볼 수가 없었다. 어느덧 시간은 흘러 한 달이 살같이 지나갔다. 그 부인이 또 찾아왔다. 정중히 인사를 하고는 그 작아진 환자를 품에서 내놓지 않겠는가? '이 일을 어쩌나.' 하고 의사는 그동안 고생을 하도 해서 핼쑥한 얼굴로 말하기를 한 달만 더 여유를 주면 꼭 고쳐 보겠

---

91) 이석간(李碩幹) 정덕(正德) 기사생(己巳生) 갑술(甲戌) 졸(卒) 1509~1574. 가정(嘉靖) 13년 중종(中宗) 29년 갑오시(甲午試) 1534년 진사(進士) 참봉(參奉).

다고 불쌍한 젊은 부인을 위로해 보냈다. 그 후 사방을 돌아다니며 책을 모아 읽기도 하고 넌지시 딴 의원들에게 물어도 보았으나 모두 입을 모아 천지개벽 후 그런 환자는 본 적도 들은 적도 없다면서 일소에 부치고 마니 연구심이 강한 명의로서는 더욱 답답하기만 했다. 실의를 안고 집으로 돌아온 그는 급기야 몸져눕게 되었다. 세월은 쏜살같이 흘러 한 달이 또 지나갔다. 약속한 날이 되자 그는 여자가 나타날 것을 생각하니 좌불안석하고 식불감미라 시야는 구름에 싸여 몽롱할 뿐이었다. 그 젊은 여자 앞에서 못 고치겠다는 말 한마디만 하면 그만인데 무책임하고 굴욕적인 말을 하여 그 젊은 여자에게 실망을 준다는 것이 그에게는 차마 못 할 일이었다. 실망한 얼굴로 '당신이 소위 천하명의 이석간이냐.'고 쏘아붙이며 달려들 것 같은 모습을 상상하니 등골이 오싹해졌다. 누웠던 자리에서 벌떡 일어나 의관을 차려입고는 도망칠 생각으로 아침식사를 끝내고 인적이 없는 저 죽령고개를 향해 말없이 걸었다. 얼마를 걸었는지 다리가 아팠다. 노변의 널찍한 돌 위에 앉아 쉬고 있노라니 고갯마루에서 인기척이 나더니 이상한 사람이 "영차 영차" 하며 분명히 이쪽을 향해 내려오고 있지 않는가? 의아한 눈으로 살펴보니 등 붙은 두 장정이 의원 앞에 다가오더니 "여보시오. 어르신네 여기서 영천(현 영주)이 거리가 얼마나 됩니까?" 하고 묻는 것이었다. "예, 약 오십 리쯤 됩니다."라고 대답하니 "예. 그렇습니까? 그러면 영천의 천하명의 이석간을 아십니까?" 하고 묻자 가슴이 뜨끔한 나머지 잠깐 속여 넘긴다. "그 이석간이 아주 이상한 환자가 와서 병을 고쳐 달라고 하나 무슨 병인지 알지 못해 그 젊은 부인의 간청을 거절하지 못하여 못 고친다는 말은 못 하고 고민 끝에 도망치고 말았다."고 기지를 써서 넌지시 속여 넘겼더니 그가 하는 말이 "천하명의란 헛소문이 났군 그려, 우리 병이야 그 사람한테 가서 고쳐 달라 해도 소용이 없겠군." 하면서 오던 길로 돌아가려고 하는 눈치였다. 이때 이석간은 넌지시 떠보았다. "여보, 그 병은 듣도 보도 못한 병이어서 그 많은 의서에도 적혀 있지 않는 희귀한 병이라오." 하면서 "여보시오 대체 그 병을 어떻게 고치면 되느냐?"고 물어보았다. 그랬더니 아니나 다를까 그 젊은이가 천연스럽게 하는 말이 "그것은 어릴 때 젖을 주렸던 때문이며 장가를 드니 필시 옛날 젖배를 곯은 것이 원인이 된 것이니 치료의 방법은 단 하나, 첫 아이를 낳은 모유를 호수로는 천 집, 양으로는 서 말 세 홉을 얻어 그것을 큰 함지에 담아 놓고 그 환자를 세 번 목욕을 시키면 한 달 안에 완쾌되리라.”고 했다. 이야기를 끝마치자 “잘 가시오.” 하고 그들을 떠나보냈다. 하도 신기해서 그 길로 집으로 돌아왔다. 이튿날 아침 그 젊은 부인은 또 찾아왔다. 이번에는 아주 젊잖게 앉아 기쁜 낯으로 젊은 부인을 대하였다.

등 붙은 장정이 가르쳐 준 대로 그 부인에게 가르쳐 주었다. 그 부인은 염치 불구하고 동네방네 다니며 첫 아기를 낳은 집을 찾아가서 젖을 얻어 꼭 백 일 만에야 천 집을 채웠다. 얻어 모은 젖이 서 말 세 홉에 달하였다. 이석간은 그 환자를 부인의 품에서 꺼내어 받아 가지고 젖 속에 담갔다가 꺼내니 이슬아침 오이 굵듯이 그야말로 듬뿍듬뿍 부푸는 듯 커지는 것이 아니겠는가? 신이 나서 세 번을 넣었다가 꺼내니 제법 어린아이만 하게 되었다. 그는 신기해서 그 등이 붙은 젊은이는 과연 누구였을까? 아마도 소백산 산신령이 변신술로 인도한 것이라고 내심으로 생각했다. 석 달이 지난 후 그 작은 환자는 완쾌되었다. 그리고 젊은 부인은 너무너무 고마워서 자기가 시집올 때 가지고 온 패물을 몽땅 이석간에게 바치었다. 그 후 젊은 부인과 남편은 은혜를 갚기 위해 아버지라고 부르며 그 집에서 같이 살게 되었다고 한다. 그리고 이석간의 명성은 우리나라 방방곡곡에 전파되고 날이 갈수록 환자가 문전성시를 이루었고 죽을 사람도 이석간의 약만 쓰면 거뜬히 낫게 된다고 믿게 되었다. 이 말이 동양천지에 퍼지니 일본, 중국에서도 난치병 환자가 몰려들기 시작했다. 하루는 명나라 사신이 우리나라 조정에 찾아왔다. 그 목적인즉, 조선의 천하 명의가 영천(현재 영주) 땅에 있다고 하니 그 사람을 중국으로 속히 보내 달라는 명나라의 요청이었다. 임금은 사신을 영천(현재 영주)으로 보내어 이석간을 데려오게 하여 중국 사신에게 소개하고 같이 중국을 다녀오게 어명을 내렸던 것이다. 그는 영문도 모르고 사신을 따라가고 싶지 않아 압록강을 건너가면서 생각했다. 앞으로 닥쳐올 난관을 생각함에 만감이 교차했다. 여러 날이 되어서 중국에 당도하니 대접이 이만저만 융숭하지 않았다. 삼 일 후에 임금이 직접 불러서 대령하니 임금께서 “그대는 소문과 같이 사람의 병을 못

고치는 게 없다기에 나의 모후가 이상한 병이 들어 중국의 유명한 의사와 주
변의 여러 나라의 의사가 진찰을 하고 약을 써 보았으나 아직 고치지 못하였
기로 그대를 불렀으니 꼭 있는 의술을 다해서 고쳐 주면 무슨 소원이든지 들
어주겠노라. 만약 그렇지 못할 경우 나라의 기밀을 유지하기 위해서 본의 아
니게 죽어 주어야 되겠다."고 했다. 기왕에 닥친 일이라 어찌할 도리도 없고
해서 그 환자를 한 번 보자고 했다. 임금이 앞서서 인도하는 곳을 따라가 보
니 금은보석으로 장식한 넓은 방을 지나 다시 밀창을 여니 그곳에 약 육십쯤
되어 보이는 여자가 누워 있는데 얼굴은 마치 달덩이같이 아름다웠고 손은
백옥같이 희고 깨끗하기만 했다. 겉으로 보기에는 아무 이상도 없는 것 같았
다. 임금이 인사를 하고 나서 "육 년 전부터 우연히 말 한마디도 못 하고 이
렇게 누워 있으니 심히 딱한 터이니 진찰을 해 보라."고 했다. 이석간이 너무
이상해서 명주수건을 얹고 손목을 쥐어 진찰을 해 보았으나 맥박이 정상이었
다. "임금님 아무 병이 없습니다." 하니 임금이 노기 띤 얼굴을 하고 이불을
걷어 올렸다. 그러자 이게 웬일입니까? 하체가 모두 뱀과 같이 되어 가고 있
지 않겠는가? 이석간은 깜짝 놀라지 않을 수 없었다. 아무 말 없이 얼굴이 새
파랗게 질려서 한동안 말문을 열지 못하고 가만히 앉아 있으니 임금이 "잘
보시었지요, 그럼 일어섭시다." 하고 일어서서 따라오라고 했다. 반사적으로
일어나서 임금의 처소로 따라왔다. 임금께서 앉기에 따라 앉으니 "어떻소, 고
칠 만합니까?" 못 한다면 죽을 판이고 해서 우선 "육 개월만 시간을 주시면
성의를 다해 고쳐 보겠습니다."고 했다. 그랬더니 "이리 오너라." 하니 사신이
다가왔다. "이분의 처소를 정해 드리되 아주 정중히 대접하라."는 분부였다.
그곳을 나와 처소에 드니 으리으리하게 좋은 집이었고 침구며 옷이며 모두가
호화롭기 짝이 없었다. 그러나 이제는 죽었구나 하는 생각이 들어 공포감에
휩싸여 망연자실했다. 사신이 물러간 다음 문을 닫고 꿇어앉아 묘방을 찾기
위해 정신을 가다듬었다. 의학의 성서라고 할 수 있는 '동의보감'을 깡그리
외워 보았으나 허사였다. 죽을 일을 생각하니 사랑하는 처자식과 일가친척 그
리고 이웃 사람들이 생각나고 하염없는 눈물이 흘러내렸다. 죽어서 낯설고 물
선 이국의 땅에서 고혼이 될 것을 생각하니 너무나 아득했다. 그러던 중 문득

옛날 자기를 도와주었던 죽령고개에서 만난 등 붙은 장정이 생각났다. 여기서 만여 리나 떨어진 곳이니 어떻게 했으면 좋을지 생각이 나지 않았다. 마침내 자기 처소 앞에 단을 모으고 한밤중에 축원을 해서 등 붙은 사나이를 만나 자기의 생명을 구해 줄 것을 간청하기로 했다. 그래서 한 달 동안이나 열심히 발원하기를 빌었다. 그러던 어느 날 비몽사몽간에 그 등 붙은 장정이 나타나 "너는 왜 나를 그렇게 목마르게 찾고 있느냐?" 하면서 "나는 소백산 산신령인데 저번에 네가 불쌍한 사람을 돕기 위해 열심히 노력하기에 한 번 도와주었을 뿐이었는데 또 무엇을 도와 달라는 것이냐?"고 묻기에 전후 사정을 얘기하고는 내 목숨이 진실로 경각에 달렸으니 대왕대비의 병을 고칠 수 있는 신효한 처방을 가르쳐 달라고 간절히 빌었다.

그랬더니 "대왕대비 마마는 원래 음탕한 여자이었는데 선왕이 돌아가신 후 오랫동안 독수공방을 하는 동안 음기를 참아 병이 되어 하체가 뱀과 같이 변했으니 이 침을 가지고 가서 배꼽에 꽂아 두면 꽂혀 있는 동안 소변으로 악기가 흘러 빠질 것이니 하루에 두 번 아침저녁으로 한 시간씩 한 달 동안 계속하면 깨끗이 완쾌될 것이니 그렇게 하라."는 가르침을 남긴 채 사라져 버렸다. 너무 좋아서 기뻐하는 순간 꿈에서 깨어 보니 손에는 반짝이는 금침이 쥐여 있었다. 다음 날 상감을 뵙고 지금부터 대왕대비의 병이 치유되도록 성심껏 다스려 보겠다고 아뢰었더니 상감은 희색을 만면에 띠우면서 대왕대비의 방으로 인도했다. 그날로부터 꼬박 한 달 동안 시술한 결과 차츰차츰 위로부터 본래의 몸으로 회복해 가더니 한 달 후에는 완쾌한 몸이 되었다. 임금님은 너무 좋아서 이석간을 불러 놓고 치하를 하면서 "그대 소원이 무엇인고." 하고 물으시니 "저는 아무 소원이 없습니다. 다만 집이 없어 곤란을 겪으니 작은 집이나마 한 채 가졌으면 합니다." 임금은 이 말을 듣고 "너는 참 정직하고 욕심이 없는 훌륭한 의사로고." 하시며 칭찬해 마지않았다. 임금님은 여기서 6개월 동안 명산대천을 두루 찾아 구경이나 하고 가라고 하시며 신하를 불러 잘 안내해 드리라고 분부하셨다. 그 후 중국의 명승지 구경을 마치고 돌아오니 귀국할 준비를 다 해 두었는데 금이 천 냥이요, 최상의 비단이 백 필이었다. 또 전의라는 벼슬까지 내렸다. 임금이 못내 이별을 아쉬워하며 삼 일간에 걸쳐 송별연을 베풀었다. 마지막 날 잔칫상에는 유달리 크고 붉은 복숭아가 큰상에 놓여 있었다. 하도 먹음직해서 한 개를 먹으니 그 맛이야 무어라고 이르랴. 이 곧 [천도]라고 할 수밖에 표현할 말이 없었다. 그 씨를 도포자락에 넣어 가지고 귀국했는데 수년 전까지도 공주 이씨 후손들이 혼례식 합걸례 때 이것을 술잔으로 사용했었다고 전한다. 임금과 아쉬운 이별을 한 후 사신을 따라 압록강을 건너 서울에 당도하니 우리나라 조정에서도 후히 맞아들여 임금께서 그 공을 높이 치하하였다고 한다. 그러나 이석간의 마음속은 "내가 떠난 지 오래되었으니 사랑하는 처자식이 굶어 죽지나 않았을까." 하고 몹시 궁금했다. 애를 쓰며 허겁지겁 집에 당도하니 이것이 어찌된 일인가? 자기의 집은 오간 데 없고 으리으리한 고래 등 같은 집이 서 있는데 고을 원님이 이것이 너의 집이라고 하지 않겠는가? 그리고 불러 보라고 해서 "이리 오너라." 하니 안에서 부인과 아들들이 쫓아 나와서 맞이하는 것이었다. 그 집의 칸 수를 세어 보니 아흔아홉 칸이었다. 그리고 그 집은 제갈공명의 팔진도를 응용해서 지었기 때문에 도적이 들지 못하고 특수 온방장치를 했기 때문에 연료가 적게 들었다. 중국에서 받은 돈과 비단으로 부를 누리며 오래오래 살다가 일생을 마쳤으니 그 후 오랜 세월이 흘러감에 집이 날로 퇴락하여 자손들이 담을 헐고 집을 수리하였더니 팔진도의 효력이 없어지고 마침내 도적이 자주 들게 되었다고 전한다. 오늘날 영광중학교 서편 뒤에 남아 있는 당시 99칸이나 되던 웅장한 그 모습은 찾아볼 길이 아득하나 오늘날 그 자리에 달성 서씨가 살고 있다.92)

왕머리

　영주시 평은면 강동1리 왕유마을은 속칭 '왕머리'라고 하는 왕유동(王留洞, 왕이 머무른 마을이라는 뜻)이다. 고려 31대 공민왕(恭愍王)이 중국으로부터

---

92) 영주시 · 영풍군, 『우리고장의 전통문화』, 1983, pp.229 - 235.

쳐들어온 홍건적의 난리(1361년)를 피하기 위해 안동으로 가는 몽진(蒙塵)길
에 이곳에 잠시 머물렀다 해서 붙여진 이름이라고 한다. 이곳에는 고려시대로
추정되는 마애보살 입상이 있는데 경상북도 문화재자료 제474호로 지정되어
있다.93)

청룡이 끊은 동지대와 서지대

옛날 지금의 서천교에서 남쪽으로 내세천방을 따라 내려오면 농협 서부지
소 농산물 공판장이 있는데 근처에 하천의 수면에서 사람의 한 키 높이의 큰
바위에는 방수대(防水臺)라고 새겨져 있었고 하천은 석천이어서 물은 아주
맑았다. 이 근처에 참외와 수박을 놓아 생계를 이어 가는 슬하에는 일점혈육
도 없는 홀아비 노인이 있었다. 하루는 동막까지 볼 일이 있어 갔다 오는 길
에 해는 어둑어둑한데 도중에서 젊고 어여쁜 부인을 만나게 되었다. 그래서
이런저런 이야기를 하고 오는 중 친숙하게 되었다. 그 젊은 여인이 소원이 있
으니 꼭 들어 달라면서 사흘 후에 큰비가 올 것이고 그때 하늘을 보고 큰 소
리로 "이년아" 소리만 꼭 질러 달라는 것이었다. 노인이 하도 이상해서 부탁
은 꼭 들어 드릴 터이니 그 연유나 말하라고 하니 약간 어색한 태도로 머뭇
거리다가 하는 말이 "저는 동구대 밑 쪽박소(沼)에 살고 있는 용인데 재작년
큰비로 상류에 살고 있던 여식아이가 왔기에 같이 살고 있었는데 그것이 우
리 바깥주인을 꼬여 최근에 와서는 눈에 뜨이도록 얄밉게 놀아 울화가 터져
서 죽을 판이니 내가 그 아이와 싸우고 있을 때 그 소리를 듣고 그 아이가
돌아볼 때 목을 칠 것이니 그렇게만 꼭 해 달라."는 것이었다. 그러면 그렇게
해 주겠노라 약속을 하고 헤어졌다. 사흘째 되던 날 과연 먹구름이 끼더니 잇
달아 비가 오기 시작하고 드디어 큰비가 오고 천지가 어두워 지척을 구분할
수 없게 되었다. 그리고 공중에서는 번개가 치고 칼 부딪치는 소리가 나니 놀

---

93) 慶尙北道文化財硏究所, 榮州市, 『榮州江東里磨崖佛調査報告書』, 2002.

라서 방에 들어가 무서워서 이불을 쓰고 엎드려 있다가 깨니 날이 밝아졌고 저녁때가 되어 있었다. 저녁을 먹고 잠이 들었는데 꿈에 그 여인이 나타나 "왜 소리를 지르지 않았느냐."고 노한 얼굴로 성난 소리로 묻는 것이었다. 너무 무섭고 겁이 나서 못 질렀다고 하니까 "사흘 후에 또 오늘과 같은 일이 있을 터이니 큰 소리로 소리를 지르지 않으면 당신은 내 칼에 죽을 것이니 그리 알아." 하고는 가 버리는 것이었다. 무서운 생각에 잠을 깨서 담배를 피우면서 다음에는 꼭 큰 소리를 질러야겠다고 혼자 주먹을 쥐어 보았다. 약속한 날이 되었다. 전과 같이 폭우가 쏟아지고 날이 밤같이 캄캄하게 되고 공중에서는 우레와 번개가 치며 칼과 칼이 부딪치는 소리가 들렸다. 영감은 우선 겁이 나서 방으로 쫓아 들어갔다가 또 뛰어나왔다. 서너 차례 이와 같이 반복하다가 밖으로 뛰어나와 공중을 향하여 "이년아" 하고 소리를 쳤다. 그 순간 청룡의 머리가 마당에 떨어지는 것이었다. 더욱 겁이 나서 쩔쩔 매는데 전에 보았던 어여쁜 여인이 나타나 고맙다고 인사를 하고 오늘의 이 은혜는 무엇이라도 해서 갚아야겠으니 소원을 말하라고 했다. 노인은 나는 자식도 없고 마누라도 없으니 아무 소원이 없으나 다만 해마다 비가 많이 오면 참외밭이 떠내려가 생계가 어려우니 바로 앞에 있는 저 산만 끊어 주면 고맙겠다고 말했다. 그렇다면 명년 칠월에 비가 많이 오는 날 내가 끊어 주겠다고 말하고 가 버렸다. 다음 해가 되고 칠월이 되어 장마가 시작되었다. 어느 날 폭우가 쏟아지는 날 밤 벼락 치는 소리가 나더니 아침에 일어나 보니 오늘날과 같이 동구대와 서구대 사이를 끊어 놓아 서천의 물이 바로 흐르게 되어 노인의 참외밭은 영원히 물이 넘어오지 않게 되었고 옛 하천 자리는 지금은 넓은 시가지로 바뀌었다.94)

---

94) 영주시·영풍군, 『우리고장의 전통문화』, 1983, pp.242-244.

순흥의 흥망과 봉서루

옛날에 순흥은 한산한 고을이었다. 하루는 지리에 능통한 이인(異人)이 나타나 지형은 번성할 곳이나 앞이 너무 허해서 순흥의 진산인 비봉산의 봉이 남쪽으로 날아가 이곳이 흥할 수가 없다고 했다. 그것을 듣고 있던 고을 사람들이 어떻게 하면 되느냐고 묻자 남쪽에 큰 누각을 짓고 오동나무를 심어 봉이 못 가도록 알을 만들어 두면 이 지방이 흥하고 명인이 많이 날 것이라고 하고 사라져 버렸다. 고을 사람들이 너무 이상해서 서로 수의를 거듭한 결과 읍에서 남쪽 1.5㎞ 되는 곳에 큰 누각을 짓고 봉서루라고 이름하고 그 옆에 흙을 쌓아 봉의 알을 세 개 만들고 누각 앞에 오동나무를 많이 심어 두었다. 몇 년 안 가서 이인(異人)이 말한 대로 글 잘하는 선비와 이름난 무인이 나고 또 고을이 번성하게 되었다. 수백 년이 흘러 일제시대가 되어 새로운 교육제도가 이 땅에 들어오게 되었다. 1910년경에 보통학교를 이 공청(空廳)을 이용해서 세우게 되었다. 1927년경에 와서는 6년제 보통학교가 12학급이 되어 봉서루 상하층 두 교실을 사용하고도 두 교실이 모자라게 되었고 당시 면사무소는 옛날 동헌을 사용했으나 너무 헐어서 개축을 해야 될 판이었다. 지방 유지들이 봉서루와 페문루를 합해서 면사무소를 짓고 순흥 보통학교에서 동편으로 4개 교실을 연장해서 동서로 길게 짓기로 했다. 그래서 3월에 봉서루를 헐기 시작했다. 그런데 그날 밤에 목수가 꿈을 꾸니 봉서루에서 큰 봉이 자기 앞에 날아와서 "너는 왜 내가 천 년 동안 살아온 집을 허느냐? 만일 네가 중지하지 않으면 큰 변을 당할 것이다." 하고 가는 것이었다. 꿈이 깬 다음 기분이 좋지 않았으나 발설도 아니 하고 봉서루를 다 헐었다. 12개 교실 동편의 교상 목수간을 만들고 거기에 교실 지을 나무를 많이 갖다 놓고 대패질을 하다가 점심을 먹으러 간 다음 담뱃불이 대팻밥에 붙어 그 불이 천장을 통해 12개 교실 서편부터 연기가 나면서 동시에 불이 붙게 되어 학생들이 공부하다가 책보를 둔 채 운동장으로 뛰어나와 책도 다 타고 학교의 비품도 다 타 버렸다. 순흥, 풍기, 영주의 소방차가 왔으나 너무 화력이 강해서 소방호스의 물이 화염을 뚫지 못하고 다시 튀어나올 지경이었다. 봉서루 앞에 큰 오동나무가 몇 그루 있었는데 그 생나무에 불이 붙어 타고 말았다. 그 나무 속에 있던 봉서루 지킴이 큰 구렁이도 타 죽고 말았다. 그 후 순흥 보통학교는 지방민의 여론에 따라 읍내로 옮겨지고 봉서루는 현재의 면사무소 옆에 우뚝 솟아 있으나 순흥은 인물도 나지 않고 지방의 번영이 점점 쇠해만 가고 있다. 봉서루는 최소한 800년은 되는 해묵은 건물이라고 생각된다. 유명한 안축 선생의 중수기가 그것을 말해 주며 안축 선생은 약 700년 전 사람이다. 오늘날 주민들은 모두 그때 봉서루를 헐어 읍내로 옮긴 것을 후회하고 있다.95)

지네바위

　소백산맥이 흘러내리는 곳에 주맥을 벗어나서 용암산(龍岩山)을 이루고, 남으로 말을 달리듯 주마산(走馬山)이 솟아 있다. 산 이쪽은 안정면 여륵동(汝勒洞)이고 산 저쪽은 봉현면 노좌동(魯佐洞)이다. 여륵동에서 산마루를 바라보면서 올라가노라면 길 왼편에 기이한 봉우리가 하나 우뚝 솟아 있다. 이 봉우리를 가리켜 이곳에서는 언제부터인지는 알 수 없으나 '지네바위'라고 부르게 되었다. 수백 년 전에는 그 바위 밑에 깊고 큰 못이 있었다 한다. 이 못에는 오래 묵은 큰 구렁이(이슴)가 살았다고 하며, 못 위에 있는 큰 바위 밑에는 얼마나 묵었는지 알 수 없는 지네가 살고 있었다고 한다. 이 두 괴물들은 이 지방 사람들에게 행패를 부려 적잖은 피해를 주었다. 그 봉우리 앞을 지나가던 행인이 누구의 소행인 줄도 모르게 감쪽같이 없어졌다. 자주 이러한 일이 일어나게 되자 행인의 발자취가 끊어지고, 초행 가는 새색시의 가마도 이 길을 피하여 험한 길을 돌아서 재를 넘나들었고, 나무하는 초동(樵童)들도 얼씬하지 않았다. 또 한 가지 괴이한 것은 까치가 높은 바위에 올라앉아 있다가 근처에 사람 소리가 들리면 이 두 괴물들에게 신호를 보내는 것이다. 신호

---

95) 영주시·영풍군, 『우리고장의 전통문화』, 1983, pp.244－246.

를 받은 그들은 쏜살같이 나타나 지나가는 사람을 해치워 버린다. 이 괴물들의 못된 소행을 천지신명도 괘심하게 여겼는지 어느 날 하루는 갑자기 비바람이 불면서 짙은 먹구름이 산을 에워싸더니 별안간 비바람이 몰아치고 번개와 천둥이 천지를 진동하였다. 붉은 불줄기와 함께 벼락 치는 소리가 더욱 심하더니 바위는 허연 먼지와 함께 허공에 높이 떴다가 땅에 떨어졌다. 날이 차차 개고, 맑아짐을 기다리던 마을 장정들이 그곳으로 달려가 보니 지네바위는 두 동강이로 갈라지고 한쪽은 흙더미와 같이 못을 메웠고 또 다른 한쪽은 지네가 없고 흘린 피가 묻어 있었다. 또한 바위 위에 앉아 울던 까치도 온데간데없었으며 그 바위 위에는 까치의 발자국만이 남아 있었다. 그러한 일이 있은 후로는 괴물들의 행패가 없어져서 오가는 행인들도 안심하고 이 재를 넘나들게 되었다. 지금은 한 옛날 전설로 전해 오고 있을 따름이다.

07 영천시(永川市)

영천시 永川市

노름꾼과 목매기

아주 옛날 금호강 변에 자리 잡은 영천 땅 어느 고을에 강갈이란 사람이 살고 있었다. 그는 어엿한 양반집 자손으로서 노름도 일종의 재주라고 여겼다. 아침밥술을 놓기가 무섭게 투전판으로 달려갔다. 돈을 한 꾸러미씩 안고서 모여든 노름꾼들은 며칠 낮 며칠 밤을 새워 가며 화투장을 돌렸던 것이다. 돈은 돌고 돌다가 오늘따라 운 좋게 강갈이 앞으로 모이기 시작하였다. 이때였다.

"주인마님, 큰일 났습니다. 집에 불이 났어요."

강갈이네 하인 놈이 목이 터져라 외쳐 댔지만, "이놈 끗발 죽는다. 어서 없어져라." 하면서 노름판을 떠날 줄 몰랐다.

하인 놈이 다녀간 후로는 하늘의 노여움인지 강갈이는 계속 돈을 잃게 되었고 새벽녘에는 아주 털리게 되었다.

투덜투덜 집으로 돌아온 강갈이는 집이 불에 탄 것을 보고 그제야 어젯밤에 하인 놈이 외쳐 대던 말이 되살아났다.

그러나 이미 때는 늦어 노름판에서 돈을 다 날리고, 집마저 불에 타 버렸으니 강갈이는 하루아침에 거지가 된 셈이다.

이렇게 되자 그의 부인은 남편이 다시는 노름을 하지 않기를 부처님께 빌고 나서 그동안 푼푼이 모아 두었던 몇 푼의 돈에다 그녀의 치렁치렁한 머리카락을 잘라서 말을 한 필 사게 되었디. 시장에서 짐이나 날라 주고 또 행상을 하기 위함이었다.

노름판에서 돈을 날려 부인에게 미안해하던 차에 부인의 귀한 머리카락마저 자르게 했으니 아무리 노름에 미친 강갈이였지만 마음을 잡지 않을 수 없었다. 그리하여 그날그날 벌어들인 돈으로 입에 풀칠을 하였다. 그러던 어느 날 이웃마을에 행상을 나갔다가 목이 컬컬하던 차에 막걸리를 한잔 들이켜게 되었다. 그때 골방 안에서는 이 마을 사람들이 노름을 하고 있었다. 우연히 그 사실을 알게 된 강갈이는 노름이 하고 싶어 견딜 수가 없었으나 부인과의 맹세도 있고 해서 발걸음을 옮기게 되었는데 장기를 두고 있던 한 젊은이가, "여보, 장기나 한판 두려오." 하며 그를 끌어 앉혔다. 이윽고 술내기 장기가 벌어져 그날 번 돈을 전부 날려 버린 강갈이는 근성이 나오기 시작해 그 귀한 말을 걸고 내기를 했다. 내기 장기꾼인 젊은이를 도저히 당해 낼 수가 없었다. 외통수에 걸려들기 직전이다. 이때 밖에 매어 둔 말이 "히잉" 하고 울자 문득 깨달은 바가 있어 마장을 부르니 바로 외통수였다.

말 한 마리를 따먹었으면 일어나야 할 텐데 제 버릇 개에게 주지 못하는 모양이었다. 두 번, 세 번 장기를 거듭 두자 강갈이는 도저히 당해 낼 재간이 없어 자신의 말까지 잃어버렸다. 빈대도 낯짝이 있다고 차마 아내를 대할 면목이 없어진 강갈이는 술을 한잔 더 마시더니 길가에 그대로 쓰러져 버렸다.

그는 정신은 말짱하였으나 웬일인지 몸이 말을 듣지 않아 누운 채로 스스로 눈을 감고 말았다. 강갈이는 억만금을 가지고 남방의 풍경을 구경하기 위해 유람길에 올랐다. 헌데 가는 도중에 호수가 있어서 배로 건너려 하였다. 하늘이 난데없이 흐려지고 강한 파도가 일어 배를 기슭에 붙여 놓았다.

사방이 캄캄한지라 할 수 없이 하룻밤을 쉬어 가게 되었는데 밤의 무료함을 달랠 길이 없었다. 그때였다. 어디선가 주사위 구르는 소리가 들려오는지라 강갈이는 좀이 쑤셔 견딜 수가 없던 차에 푸른 저고리를 단정하게 입은 두 처녀가 화장을 어여쁘게 하고 강갈이를 찾아와, "삼가 아뢰옵니다. 저희 주인께서 긴 밤의 무료함을 달래고자 어르신을 모시고 오라고 하셨습니다." "무엇으로 무료함을 풀고자 하시더냐?" "노름이옵니다." 옳구나 하고 무릎을 탁 치고서 그녀들을 따라갔다.

한 십 리쯤 걸었다고 생각되었을 때였다. 안개를 뚫고 휘황하니 밝게 서 있는 큰 기와집이 보였다. 강갈이가 안내되어 넓은 방에 홀로 앉았는데, 당당하게 문이 열리며 네 사람의 모습이 나타났는데 그들 모두가 귀인의 풍모를 지녔으며 영락없는 신선의 모습이었다. "명성은 익히 들었습니다. 우리들도 실은 유람 중인 몸으로서 심심풀이로 투전을 하고 있습니다. 뭣하시면 저희에게 한 수 가르쳐 주십시오." 판 위의 주사위의 눈도 지금과는 달리 빨강, 노랑 …… 등 색칠이 되어 있었다. 붙기 시작하면 어차피 밤을 새울 각오를 하고 시작하였으나, 한밤중이 되기도 전에 네 신선은 빈털터리가 되고 말았다. 그 중에서 한 젊은 신선이, "또 한판 승부! 현금이 없으면 그 옥구를 가져오너라." 하고 하인에게 명령하고 주사위를 던졌으나 강갈이를 당해 낼 수가 없었다.

"정말 훌륭한 선물입니다. 황공하옵게 받아 가옵니다." "그 옥구는 천하의 보물이라 월수를 건널 때 옥경이가 빼앗으려 할지도 모르니 각별히 조심하십시오." 하고 한 신선이 일러 주었다. 월수란 낙동강 근처에 흐르는 강의 옛 이름이지만 그 말이 무슨 뜻인지 몰랐다. 초계를 건넌 것은 밤이었다. 물은 잔잔하고 달은 교교하게 밝은 것이 아무 일도 없이 무사히 건너려니 하였으나, 소매 속 깊숙이 감춰 둔 옥구가 별안간 사라져 버렸다. "요 앞 수선사에 옥경이란 여신이 사옵는데 그녀의 짓인가 하옵니다." 뱃사공의 말에 강갈이는 짚이는 것이 있어서 옥경이가 산다는 집으로 찾아갔다. 돌계단을 오르니 넓은 정원 좌우에 자줏빛 옷을 입은 하녀가 십여 명 늘어섰다가, "여왕님, 옥구의 도둑이 도착하였습니다." "무슨 소리냐? 도둑은 그 쪽이 아니냐?" 강갈이의 소리가 끝나기도 전에, "입 다무세요. 이 옥구는 나의 궁중에 수년간 내려온 보물인데 며칠 전 사라졌다가 이제 홀연히 나타난 거요."

이 말에 강갈이는 그간의 사정을 얘기하고, 노름을 즐긴다는 옥경과 한판 승부가 붙었다.

"당신이 질 것이 뻔한 일, 내기는 무엇으로 할까?" 옥경의 말에 강갈이는 목숨을 걸고, 옥경은 그의 몸뚱이를 6개월간 걸게 되었다. 이 내기에서 이긴 강갈이는 6개월간 미녀를 끼고 지냈다. 이윽고 6개월의 마지막 밤에 모든 것이 귀찮아진 강갈이가 지게 되어 목을 늘어뜨리려는 순간 머리가 아픔과 동시에 자리가 축축하여 눈을 뜬 강갈이는 초라한 그의 부인이 허리를 떠메느라 끙끙거리고 있음을 알게 되었다. 실로 허망하고 괴이한 꿈이었다.

그 후로는 절대로 노름을 하지 않고 오직 부인만을 사랑하며 부지런히 일하여 행복하게 잘살았다.96)

요도(蓼島)과 무리미산

옛날 영천 땅에 구(具)씨 성을 가진 사람이 살고 있었다. 그에게는 꽃처럼 예쁜 고명딸이 있었다. 그때의 풍속대로 그녀는 어릴 때 이미 인근의 건강한 청년과 정혼을 하였다.

그러나 양가 모두 지지리도 가난하여 정식으로 예식을 올리지 못하고 있는 처지였다. 젊은 청년과 규수는 서로 안타깝게 그리워하면서도 한 번도 만나지 못하고 있었다. 다만 서로가 먼발치에서 곁눈질로 훔쳐보며 속으로 부모님들이 야속하다는 생각을 하였다. 가난하면 가난한 대로 혼례라도 올려 주면 두 사람이 합심하여 노력한다면 남부럽지 않게 살 것 같기도 했으나 그들의 심정을 이야기할 수도 없는 처지였다. 남녀가 유별하고 도덕을 생명처럼 생각하는 부모님으로부터 무슨 날벼락이 떨어질지 모르기 때문이다. 그러던 어느 해 드디어 불행이 찾아오게 되었다. 당시 고을 사또가 구 처녀를 마음에 두기 시작하였기 때문이다. 사또는 관속을 앞세워 청혼을 했다. 가난한 살림이므로 논마지기라도 마련해 주면 쾌히 응낙하리라 생각했다.

그러나 그것은 사또의 생각일 뿐 당사자인 구씨는 한마디로 거절을 하였다. 이미 정혼한 처지이므로 인륜을 저버릴 수 없다는 것이었다. 사또는 불쾌했다. 남의 사정은 아랑곳없이 감히 자기의 청을 거역하는 못된 놈이라고 생각했다. 더구나 성질이 난폭하여 걸핏하면 백성들을 중벌로 다스려 모두가 두려워하

---

96) 永川市, 『永川의 傳統』, 1982, pp.215-218.

는 처지였다. 그런데 이미 아리따운 구 처녀에게 마음을 빼앗겨 버렸으니 가만있을 리 없었다. 순박한 구씨는 즉시 관아로 잡혀가 흠씬 매를 맞았다. 죄명은 역모를 했다는 것이었다.

그러나 고을민들은 그 사실을 믿으려 하지 않았다. 남의 집 품팔이로 생계를 유지하면서도 평생 얼굴 한 번 찌푸리지 않고 착하게 살아가는데 설령 그가 사람을 죽였다고 해도 믿지 않을 터인데 역모를 했다는 것은 더더구나 당치도 않는 말이었다.

사또는 몸을 가누지 못할 정도로 지쳐 있는 구씨를 향해 은근히 일렀다. "만약 내 청을 거역하지 않으면 죄를 불문에 부치고 너희 식구들이 먹고살 수 있도록 후하게 전답을 줄 것이다. 그렇지 않으면 할 수 없이 국법에 따라 목을 치지 않을 수 없다. 다시 한 번 잘 생각해 보아라." 하고 회유하였다.

그러나 구씨는 들은 척도 하지 않았다. 사실이지 째지도록 가난한 형편에 전답을 준다니 그보다 더 큰 도움은 없지만 그렇다고 아무리 사또라지만 다 늙은 사람에게 딸을 줄 수는 없는 것이다. 그보다 이미 정혼한 처지라 죽으면 죽었지 배신할 수는 없다고 생각하였다.

사또는 목숨을 걸고 거절하는 구씨의 심경이 바위처럼 단단한 것이라고 믿게 되었다. 당장 죽이고 싶었으나 범죄는 처음부터 조작한 것이라 그럴 수도 없었다. 하기야 어차피 엎질러진 물이니 목을 베는 것도 문제는 아니지만 하잘것없는 농부 하나를 죽이고 행여 조정에 알려지면 큰일이 아닐 수 없다. 그렇지 않아도 사령 나졸들이 수군거려 이미 알 사람은 모두 알아 백성들의 원성이 자자한 형편이었다. 한참 동안 골똘히 생각한 사또는 어쩔 수 없이, "지독한 놈이로구나. 저 놈을 요도(蓼島)에 위리하여라." 하고 이를 갈듯 명령하였다.

요도는 도동(道東)에 있다. 영천 중심지에서 남천과 북천이 합하여 흐르고 다시 북안 쪽에서 흘러드는 호계천과 도동에서 합류를 하는데, 이 지점은 강이 넓어 조그마한 삼각주를 이루는 섬이 바로 요도이다. 지금은 제방을 쌓아 마을과 연결하여 과수원으로 변하였지만 아직도 당시의 흔적이 뚜렷하게 남아 있다. 이곳이 바로 옛날 영천지방에서 중죄를 지은 사람을 가두어 두는 유배지였다. 구씨는 결국 위리된 몸이 되었다. 사방은 청청한 강물이 몸부림치듯 출렁거리고 멀리 강 건너에는 순라꾼들이 쉴 새 없이 순찰을 하고 있었다. 사람이라고는 그림자도 없고 이따금 불어오는 바람소리만 마음을 슬프게 하였다. 더구나 모진 매에 시달린데다 먹을 것이라고는 물뿐이니 견딜 수 없는 고통이었다.

"빌어먹을 세상 딸년 하나 마음대로 출가시키지 못하는 세상이니 차라리 태어나지도 말걸." 혼자 중얼거리며 탄식하였다.

그러나 아무리 몸부림쳐도 소용이 없었다. 어느 한 사람이 나서서 자신의 처지를 탄원하는 이가 없었다. 그럴 수도 없는 것이 서슬 푸른 사또 앞에 감히 나설 수는 없는 일이었다. 거동만 보아도 오금이 저리는 절대자 앞에

"당신은 잘못을 저지르고 있소이다."라고 직언한다면 목숨이 열 개라도 견딜 수 없을 것이다.

구씨는 처음 며칠은 악으로 버티었다. 그러나 날짜가 지날수록 몸은 가누지 못할 정도로 지치게 되었고 정신만 초롱처럼 맑아질 뿐이었다. 이대로 죽는 한이 있더라도 승복하지 않으리라 마음을 다잡았다. 한편 정혼한 딸과 청년은 멀리 강 건너 유봉산에 올라 요도를 향해 정좌를 하고 있었다. 가까운 강 언덕에서 지켜보다가 순라에게 쫓겨 이곳까지 올라온 것이었다.

그들은 아예 끼니를 거르고 기도하는 사람처럼 앉아 있었다. 따지고 보면 구씨의 불행은 두 사람의 인연을 지켜 주기 위해서가 아닌가? 그러한 어른이 생사의 길목에 있는데 어찌 걱정만 하고 편히 쉴 수 있겠는가! 그래서 그 고통을 함께 나누기 위해 서로가 고난을 자원한 것이며, 언제라도 아버지가 풀려나면 내려갈 것이라고 서로가 언약하였다. 낮이면 아버지와 딸이 멀리 개미처럼 보이는 서로를 확인하며 영혼으로 이야기를 하였다. 비록 천하게 버림받고 살지만 결코 마음이라도 더럽게 살지 말라는 이야기였을 것이다. 그러다가 밤이 되면 어렴풋이 보이던 형체마저 사라지면 딸과 청년은 목청을 가다듬어, "아버지……" 하고 불렀으며, 아버지는 되받아 "오냐." 하고 소리쳤다.

그 소리는 메아리가 되어 온 산을 더듬고 벌판을 거슬러 밤마다 오장을 녹이는 처량한 울부짖음이 되어 인근 사람들의 가슴을 서럽게 적시었다. 그러나

오래가지 않았다. 차츰차츰 식어 가는 육신과 함께 음성도 가라앉았다. 아버지는 이제 스스로 잠들어 감을 느끼며 보일 듯 말 듯 딸이 앉아 있는 산마루를 물끄러미 쳐다보며 연신 손짓을 했다. 이제 자신은 살아날 가망이 없으니 너희라도 부디 돌아가 행복하게 살라는 뜻이었다. 그러나 두 남녀에게 그러한 손짓이 보일 리 없었다. 결국 허공을 휘젓다가 생을 하직하였다. 그날 밤 난데없는 구름이 몰려오고 뇌성이 천지를 진동하는 괴변이 일어났다. 사람들은 억울하게 죽은 구씨의 사정을 안 하늘이 노하였다고 쑤군거렸다. 밤새도록 몰아친 비바람은 이튿날 먼동이 틀 무렵에야 갰다.

그런데 정말 괴이한 일은 밤사이에 벌어졌다. 죽어 있어야 할 시신은 온 데 간 데 없어지고 유봉산에서 아버지를 목 놓아 부르던 딸과 청년은 산 아래로 내려와 돌이 되어 나란히 서 있는 것이었다. 그리고 사또는 벼락을 맞아 갈가리 찢어진 살점이 곳곳에 흩어져 있었다.

그러한 일이 있은 후 유봉산은 구씨가 딸을 그리워하며 죽는 날까지 물끄러미 쳐다보았다고 해서 무리미산이라고 부르며, 두 남녀가 돌이 된 산 아랫마을은 입석동이라 불렸다. 또한 구씨의 원혼이 비가 되었다고 믿어 가뭄이 닥치면 이곳에서 기우제를 지내며, 강을 사이에 두고 애절하게 부르던 부녀의 주고받은 소리가 오동나무로 만든 가야금 소리처럼 애절하였다고 해서 강 이름을 동강포(桐江浦)라고 부르게 되었다 한다.[97]

사모산(思母山)의 모정(慕情)

영천 쌍계동 뒤편에 그리 높지 않은 3개의 산봉우리가 있는데 가운데 한 봉우리는 여인이 애틋한 사연을 간직하고 있는 곳으로 조선 중엽에 다음과 같은 이야기가 전해진다.

당시 조씨 성을 가진 사람이 영천 군수로 부임하여 왔다. 그는 서울에 살던

---

97) 永川市, 『永川의 傳統』, 1982, pp.218 - 221.

사람으로 줄곧 내직에만 근무하다가 처음으로 외직을 맡게 된 것이다. 요즘도 그러하듯이 잠깐 근무하다가 다른 곳으로 이주하여야 할 공직 생활에 멀리 서울에 있는 가솔을 모두 데리고 부임하려니 번거롭기도 하여 딸아이만 동행하여 부임을 하였다. 조 군수는 단정한 품위에 퍽 미남이었다. 아버지를 닮았음인지 조 낭자 역시 무척 아름다웠다. 훤한 이마와 반듯한 콧날, 항상 웃음기 감도는 입술과 총명한 눈빛은 어느 한 곳도 나무랄 곳이 없었다. 마치 깎아 놓은 불상처럼 아름다우면서도 신비스러웠다.

이러한 낭자가 어느 날 우연히 사랑을 하게 되었다. 마침 타향의 생활도 조금씩 익숙해질 무렵이었다. 하루는 멀리 두고 온 어머니를 그리며 천천히 연당 뜰을 거닐고 있었다. 그런데 그리 넓지 않은 연못 저쪽에서 물소리가 어렴풋이 들리더니 한 건장한 도령이 앞을 가로막는 것이었다. 구중궁궐은 아니터라도 연못 속의 별당이라 날아가는 새도 감히 침범하지 못할 이곳에 한 남자가 침범하였으니 낭패가 아닐 수 없었다. 더구나 시중을 들어 주던 하녀마저 그날따라 바쁜 일이 있어 이곳에는 조 낭자 외에 아무도 없었다. 조 낭자는 소스라치게 놀라며, "누구요?" 하고 숨이 끊어질 듯 기어가는 음성으로 얼떨결에 물었다. "놀라지 마십시오. 옛날 이 집에 살던 사람이온데 하도 낭자가 아름다워서 나도 모르게 찾아온 것뿐이옵니다." 실례를 범한 사람답지 않게 낭랑하게 말하는 도령은 여간 단정하지 않았다. 그리고 하얀 달빛을 받은 탓인지 얼굴은 수정처럼 맑고 깨끗하였다.

"하지만 선비의 몸으로 아무도 모르게 별당까지 숨어 들어온 것은 체면이 아닌 줄 아옵니다. 남이 볼까 두렵사오니 돌아가시기 바랍니다." 말은 그렇게 하면서도 낭자의 마음은 무엇엔가 홀린 듯 친근감을 느꼈다. 두 사람은 아무 말도 없이 오래도록 그 자리에 서 있었다. 전류처럼 마음에서 마음으로 연결되는 그들의 정감은 달리 대화가 필요 없었다.

그날부터 밤마다 별당 후미진 곳에서는 도란도란 속삭이는 소리가 들려왔다. 그러나 조 낭자는 도령에 대하여 어디 사는 누구인지, 이름도 성도 아는 것이 아무것도 없었다. 물론 물어보지도 않았다. 알 필요도 없었다. 무조건 도령이 죽도록 사랑스러웠던 것이다. 그런데 도령이 찾아오는 시간과 돌아가는 시간이 그토록 정확할 수가 없었다. 자정이 되면 그림자처럼 나타났다가 첫닭이 울기 전에 바람처럼 사라지는 것이었다. 그리고 사방으로 높은 담이 쌓여있고 순라꾼들이 시간을 다투어 경비를 하는데 어떻게 찾아오는지 그것도 몰랐다. 이 역시 알 바가 아니었다. 만나면 별다른 할 이야기도 없으면서 그렇게 즐거울 수가 없었다. 만나면 시간이 흐르는 게 두려워 그대로 세월을 꽁꽁묶어 두고 싶었다.

이렇듯 마냥 행복한 나날을 보내고 있던 어느 날 밤이었다. 다른 때와는 달리 도령은 굳은 얼굴로 나타났다. 그리고 나직하게 조 낭자를 부른 후에, "우리가 이렇게 만난 지 이미 오래되었지만 낭자는 나에 대해서는 아무것도 아는 것이 없을 것이오. 나는 수년 전에 낭자의 부친처럼 이 고을의 군수로 있었던 사람의 아들이오. 그런데 불행하게도 몹쓸 병에 걸려 죽은 몸이 되었소. 그러니까 나는 사람이 아니고 혼령이오. 객귀로 방황하다가 낭자의 미색을 보고 장난기가 발동하여 이렇게 되었소. 그러나 이제는 참으로 당신을 사랑하게 되었소이다. 그러나 나는 저승의 몸이오, 낭자는 이승의 몸인데 어떻게 연분이 맺어시겠소. 그동안 저의 부질없었던 장난을 용서하시고 언제까지나 행복하게 사십시오." 하며 도령은 서운하다는 듯 눈물까지 뚝뚝 흘리며 떨리는 듯 말하고는 홀연히 사라졌다. 조 낭자는 청천벽력 같은 소리로 들렸다. 무섭다는 생각보다도 다시는 도령을 만날 수 없다는 생각에 가슴이 철렁 내려앉았다. 그러나 엄연한 현실이고 보니 어쩔 수 없었다. 아무리 마음이 아파도 도리가 없고 땅을 치며 통곡해도 소용이 없었다. 조 낭자는 드디어 병을 앓게되었다. 눈을 감으면 꿈처럼 나타나는 도령의 다감한 모습을 잊으려고 애를 쓰면 더욱 선명하게 아롱거리는 것이었다. 결국 식욕을 잃게 되고 기운이 쇠잔하여 나중에는 아예 드러눕고 말았다. 규중의 처녀가 외간 남자와 밤마다 속삭였다면 당시의 사회도덕으로는 도저히 용납될 수 없었으며 만약 알려진다면 백번 죽어도 가문의 용서를 받지 못할 것이었다. 그러기에 속으로 꽁꽁 앓으며 혼자 몸부림하고 있는 것이었다. 조 군수의 걱정은 이만저만이 아니었다. 멀리 타향에서 소중한 딸이 중병을 앓고 있으니 부인도 가까이 없는 처지라 어디 의논할 자리도 없었다. 다만 의원을 불러 백방으로 처방하였으나 뚜렷한 원인을 알 수 없었다. 조 낭자의 병은 더욱 깊어지고 이제는 도저히 회복할 수 없다는 것을 느끼게 되자 그녀는 모든 사실을 아버지에게 털어났다. 연유를 알게 된 아버지는 두 눈을 지그시 감으며 딸을 위로하였다. "어디 너의 잘못이겠느냐? 사람이 아닌 귀신의 장난일진데 무엇으로 감당하겠느냐? 네가 아니라 난들 도리가 없었을 것이다. 그러니 지금이라도 훌훌 털어버리고 마음 크게 먹어야 한다." 하고 어린아이 다루듯 사랑스럽게 손을 꼭 쥐었다.

"아버님 죄송하옵니다. 못난 제가 마음이 허실하여 정결함을 잊은 듯하옵니다. 그러나 때는 이미 늦은 듯하옵니다. 그토록 여자의 길을 가르쳐 주시던 어머님을 뵐 면목도 없고요. 만약 제가 죽으면 어머님이 계시는 한양 길이 훤히 보이는 산봉우리에 묻어 주십시오. 비록 죽어서라도 어머님의 가르침을 지키지 못한 죄를 빌며 또한 어머님을 그리며 떠나고자 합니다." 하고 말하였다.

며칠 후 낭자는 세상을 떠나고 말았다. 군수는 딸의 유언에 따라 봉화산 옆에 고이 묻어 주었다. 이 산에서 내려다보면 영천 서문통에서 화산을 거쳐 서울로 가는 당시 국도가 멀리까지 아련하게 내려다보인다. 한편 군수는 딸을 묻어 놓고 날마다 못 잊는 마음으로 외아(정사를 보는 사무실) 난간에 걸터앉아 멀리 봉화산 쪽을 쳐다보게 되었다. 딸의 무덤까지 훤히 쳐다보일 정도로 생생한 거리였다. 그때부터 어머니를 사모하는 조 낭자의 무덤이 있었다고 하여 고을 백성들은 사모산이라 부르게 되었다.[98]

용왕이 된 청지

영천 인터체인지(나들목) 부근에 청지라는 큰 못이 있는데 이곳은 원래는 못이 아니고 동네였다고 한다.

하루는 이 동네에 큰 경사가 생겼다. 5대 독자로 내려오는 가정에서 아들을

---

98) 永川市, 『永川의 傳統』, 1982, pp.221 - 224.

순산한 것이다. 장가를 든 지 20년이 지나도 수태를 하지 못하여 근심스럽게 지내던 중 생각지도 않던 후손을 얻었으니 부부는 물론 온 동네가 즐거워했다. 더구나 놀라운 사실은 그 부인이 잉태한 사실도 모르고 있는데 아닌 밤중에 홍두깨 격으로 갑자기 산기가 있어 낳아 보니 아들이었다는 것이다. 자식을 기다리던 두 부부의 기원이 천지신명의 감읍으로 점지된 것이라고 동네 사람들은 수군거렸다. 부부는 푸른 하늘이 준 아기라 해서 청지(菁知)라는 이름을 지어 곱게 길렀다. 청지는 자라면서 용모가 준수하고 지혜가 범상하였다. 또한 힘이 장사라서 범을 타고 다니기도 하고 장정 20명을 상대로 줄다리기도 하였다. 그러나 장정들이 매번 당하여 도저히 당해 낼 재주가 없자 주위에서는 모두 두려워하였다. 청지가 15살 되던 해였다. 하루는 밤에 천상에서 내려왔다는 선녀가 찾아와 채약산 중턱에 있는 쉰 길 바위를 허물어 버리라고 했다. 만약 허물지 않으면 쉰 길 바위에 서려 있는 신기에 의하여 뜻도 펴지 못하고 죽으리라고 했다. 청지는 방정맞은 소리라 했다. 세상에 무슨 놈의 바위에 신기가 있느냐고 크게 꾸짖었다. 그러나 선녀는 화도 내지 않고서 반드시 후회할 일이 있을 것이라고 재차 권유했으나, "요망한 계집이 감히 누구 앞이라고 횡설수설하느냐 썩 물러가지 않으면 요절을 내리라." 청지는 눈을 부릅뜨고서 산천이 떠나갈 듯이 호통을 쳐서 선녀를 쫓아 버렸다. 한편 같은 시각에 당나라 궁성에서는 천자가 복술사와 함께 저녁 산책을 즐기고 있었다. 때는 늦은 봄이라 풋풋한 풀 향기가 코끝에 감돌고 멀리 산마루에서는 부엉이 울음이 밤의 정취를 무르익게 해 준다. 이때 갑자기 동쪽 하늘에서 찬란한 빛이 피어오르고 있었다. 천자는 깜짝 놀라, "저게 무슨 빛이냐?" 하고 옆에 있는 복술사에게 다그쳐 물었다. 복술사는 무엇인가 주문을 읽은 후에 조용히 눈을 감으며, "큰일 났습니다. 저 빛은 동쪽 제후국에서 뻗친 서기이온데 천자가 될 인재가 있다는 징조입니다." 천자는 복술사의 말에 더더욱 놀라, "하늘에는 해가 둘일 수 없고 땅에는 천자가 두 사람이 있을 수 없는 일이다." 하면서 복술사의 경망스러운 말에 역정을 내었다. "아니옵니다. 제 복술은 조금도 틀림이 없습니다. 날이 밝는 대로 빨리 군사를 풀어 그 근원을 제거하여야 합니다. 만약 그렇지 못하면 폐하께서 큰 환란을 당하시게 되옵니다." 복

술가의 말에 천자는 뜬눈으로 밤을 샌 뒤 이튿날 서기 어린 땅을 찾아내어
근원을 없애라고 명령하였다. 복술가와 군사들은 몇 달이 걸려 간신히 채약산
쉰 길 바위에 도달하였다. 오랜 행군 끝이라 모두가 지쳐 바위를 베게 삼아
졸면서 쉬고 있는데 어디선가 우람한 목소리로 “나는 쉰 길 바위의 넋이다.
내 모든 정기를 아랫마을에서 태어난 청지가 가져갔으므로 나는 무용지물이
되어 가고 있다. 그래서 서기를 피워 너희에게 알렸으니 나를 구해다오. 청지
가 살면 내가 죽고, 내가 살려면 청지가 없어져야 한다.” 모두가 깜짝 놀라
사방을 두리번거렸다. 소나무, 떡갈나무, 오리나무 등 숲들만 울창할 뿐 아무
도 보이지 않는데 분명히 그들의 귀에는 사람의 음성이 들렸던 것이다. “어디
계십니까?” 일행을 대표해서 복술사가 물었다. “청지는 힘이 장사이니 힘으로
대결하지 말라. 마을을 아래로 옮겨 새집들을 지어 주고 그곳에 못을 막아 가
뭄이 들어도 농사를 지을 수 있다고 설득하면 인정 많은 청지도 동네 사람
모두를 위하는 일이라 쉽게 들어줄 것이니라.” 복술가가 마을로 와서 갖은 말
로 설득을 하니, 청지는 자신을 해하려는 줄도 모르고 오히려 고맙게 여겨 마
을을 옮기고 못을 막는 데 솔선으로 일하였다. 그런데 이상한 일은 못 둑이
완성되던 날 갑자기 뇌성이 일고 폭우가 쏟아져 눈 깜짝할 사이에 못에 물이
가득 고였다. 그리고 청지는 시름시름 앓기 시작하였다.

　마을 사람들이 신령님께 치성을 드리기로 결정하였다. 치성이 끝날 무렵 못
물이 갈라지며 한 선녀가 나타나, “어이하여 그대는 나의 말을 듣지 않았는고.
나는 천제님의 명을 받아 너에게 힘과 지혜를 주어 만백성을 평화롭게 다스
리려 하였더니 이제 모든 것이 끝이로다. 그러나 내가 15년간 쏟은 정성이 아
까워 그냥 떠날 수 없으니 그대는 이 못의 용왕이 되어라. 그리고 어리석은
유혹을 뿌리칠 줄 알아야 하며, 만약 이 못의 물이 마르면 동해와 뚫린 길이
있느니라. 그 길을 찾아 난을 피하면 또다시 물이 찰 것이니 그 길을 반드시
찾아야 하느니라.” 낭랑한 목소리로 주문을 외우고 일러 주고는 홀연히 어디
론가 날아가 버렸다. 그리고 청지도 함께 온 데 간 데 없이 사라지고 말았다.
그리하여 마을 사람들은 이 못을 가리켜 청못이라 부르며 청지가 15세 나던
해 이 못의 용왕이 되었다고 해서 못의 둘레가 십오 리라고 한다.99)

원한새

영천 중심지에서 동쪽으로 한참 가다 보면 미륵등이란 곳이 있다. 옛날 이곳에는 아늑한 마을이 있었으며, 그 마을에는 한 아버지가 아들과 정답게 살고 있었다. 비록 가난한 농부의 신분이었지만 윗대 조상들은 높은 벼슬에 있었으며 할아버지 때만 하여도 부농으로 이 마을에서 제일 부자였으나 할아버지가 돌아가신 후 어찌된 일인지 가세가 점점 기울어져 그 많던 농토를 다 팔아 버리고 지금은 소작으로 연명하는 신세로 전락하고 말았다.

아버지는 자기 대에서 숱한 재산을 날려 버리고 귀한 자식마저 고생시키는 데 대한 자격지심으로 술로써 시름을 달래는 일이 많았다. 훌륭한 청년으로 자라난 아들은 아버지의 마음을 이해하고, 아버지를 편히 쉬게 하고 혼자서 농사일을 꾸렸다. 낮에는 진종일 밭에서 농사를 짓고, 어둑어둑 해거름에 집으로 와서는 쓰러져 가는 가문을 일으키기 위해 고단함을 무릅쓰고 늦도록 글을 읽었다.

그러는 사이에 아들은 혼기가 차게 되었다. 그러나 가난한 살림살이라 어느 누구도 시집오려는 사람이 없었다. 매일같이 걱정하던 차에 우연히 이웃 마을의 규수를 알게 되었다. 얼굴도 반반하며 행동도 유별하여 어디 하나 나무랄 데 없었다. 즉시 매파를 놓아 혼례를 치렀다. 새로 맞은 며느리 역시 가난한 농군의 딸이었으나 살림에는 알뜰하고, 시아버지와 남편을 섬기기에 정성을 다하는 현숙한 성품이었으며, 시집온 지 사흘 만에 밭으로 나가야 하는 가난함에 이를 설워하는 시아버지의 늘어나는 술에도 불평 없이 받들고 시아버지가 즐기는 술을 사다 날랐다. 해가 바뀌어 과거날이 다가왔다. 몇 해를 이를 악물고 그 보람을 거둘 그 기회가 온 것이다. 매일 술로 지새우는 아버지를 아내에게 맡기고 가기가 염려스러웠으나 가문을 중흥시켜 아버지에게 더 큰 효도를 실천하기 위해서는 꼭 과거에 급제하여야 했기에 아내에게 아버지를 잘 부탁한다는 말을 남기고 한양으로 길을 떠났다.

---

99) 永川市, 『永川의 傳統』, 1982, pp.224-227.

남편을 보낸 며느리는 남편이 있을 때보다 더한 정성을 들여 시아버지를 봉양하였다. 남자도 힘든 농사일을 꾸리랴 시아버지 약주 값을 장만하랴 젊은 여자의 몸으로는 너무나도 고된 일이었으나 불평 한마디 없이 지냄은 물론 밤마다 뒷산의 영험이 있다는 부처바위(부처 모양으로 생긴 바위) 앞에서 남편의 급제를 빌었다. 오랜 주벽으로 성격이 삐뚤어진 시아버지는 차츰 며느리를 구박하기 시작하였다. 술을 더 사내라, 밥이 싫다, 찬이 맛이 없다. 날로 심해져 가는 시아버지의 잔소리와 주벽을 견뎌 가며 더욱 열심히 더욱 밤이 깊도록 남편의 치성을 드렸다. 시아버지의 찬을 마련하기 위해 시집올 때 가져온 패물과 옷가지를 팔다 못해 검은 머리카락마저 잘라다 팔았다. 그러나 시아버지는 구박에 이어 며느리를 의심하기에 이르렀다. 저녁 설거지만 마치면 간다 온다 소리도 없이 살그머니 뒷문으로 나가 밤이 이슥하여 피곤한 표정으로 돌아오고 어떤 날은 동이 틀 무렵 돌아오지 않는가. 수상하게 여긴 시아버지는 무슨 일을 하고 다니는지 캐 볼 생각으로 일찍 저녁을 먹고 자리에 들었다. 며느리는 여느 날과 다름없이 자리끼를 떠다 놓은 후 뒷문으로 살그머니 빠져나가는 것이었다. 때는 그믐이라 시간은 얼마 되지 않았으나 밖은 컴컴하였다. 시아버지가 자신의 뒤를 따르는지 꿈에도 모르는 며느리는 뒤도 한 번 돌아보지 않고 한걸음에 뒷산을 오르는 것이었다.

"옳지 여기서 샛서방과 만나는구나." 다시 집으로 돌아온 시아버지는 도끼를 집어 들고 뒷산으로 뛰어올랐다. 그곳에서 며느리가 누군가와 밀회를 하고 있었다. 성이 머리끝까지 난 시아버지는 더 생각할 것도 없이 내달아 단 한 번에 며느리를 찍어 눕혔다.

창졸간에 소리 한 번 지르지 못하고 며느리가 쓰러지자 이어서 그 남자를 향해 도끼를 휘둘렀다. 그러나 그 남자는 도끼를 맞고도 끄떡도 없었다. 화가 나서 연달아 내리쳤으나 요지부동이었다. 차츰 정신을 차리고 자세히 보니 그것은 사람이 아니라 돌부처가 아닌가. 아차 하는 순간 술이 횡하니 깨고 정신이 번쩍 들었으나 이미 때는 늦어 며느리는 벌써 이 세상 사람이 아니었다. 무슨 망령이 들어 이 모양이냐며 발을 동동 구르며 몸부림쳤으나 죽은 사람이 살아 돌아올 리 없었다. 그리고 자식이 돌아오면 무어라고 변명을 할 것인가? 생각에 생각이 꼬리를 물고 조여 오는데 감당할 방법이 없었다. 그렇다고 이대로 있을 수만 없었다. 누가 보기 전에 시체라도 치워야 했다. 얼떨결에 시체를 개울에 던져 버리고 집으로 돌아온 시아버지는 사건을 은폐하기 위해 며느리가 밤새 도망을 하였다고 헛소문을 퍼트리기 시작하였다. 그럭저럭 세월이 흘러 서울 간 아들이 과거에 급제를 하여 금의환향하기에 이르렀다. 그러나 반가이 맞이하여야 할 아내가 보이지 않는 것이 아닌가. 영문을 묻는 아들에게 아버지는, "네가 떠난 후에 날 버리고 친정으로 가 버렸다."고 거짓말을 하였다. 그럴 리가 없다고 여긴 아들은 처가로 가기 위해 개울을 건너려니 물속에 허연 것이 보이는 게 아닌가. 이상하게 여겨 건져 보니 목에 도끼를 맞은 아내의 시체였다. 뒷산에다 고이 묻고 내려오려니 꿈인지 생신지 숲 속에서 아내가 나타나 "아버님 도끼"라고 뜻 모를 말을 하더니 남편이 가까이 가니 아내는 간 곳 없이 새 한 마리가 푸드덕 날아가는 것이 아닌가. 집으로 돌아와 모든 내력을 알게 된 아들은 아버지를 나무란들 소용이 없는 일, 차라리 아내 뒤를 따를 것을 결심하고 아내의 무덤 옆에 스스로 목을 매자 거기서도 새 한 마리가 날아오르더니 그 다음부터 예쁘게 생긴 새 한 쌍이 날마다 두 무덤 위에서 울어 사람들은 불쌍히 숙은 젊은 부부의 넋이라 하여 원한새라 불렀다 한다.[100]

이 웅덩이(夷)와 어녀(魚女)

영천시 도동 고갯길에서 봉동에 이르는 국도(國道) 중간 지점에서 남쪽으로 쳐다보면 쪽지머리를 한 여인의 실눈썹 같은 아름다운 북안천이 흐른다. 이 강에는 명주실 한 꾸러미를 드리워도 닿지 않는다는 커다란 웅덩이가 있었다고 한다.

옛날 이 부근에 어(魚)씨 성을 가진 여인이 남편과 함께 단란한 가정을 이루고 살았다고 한다. 비록 생활은 넉넉하지 못하였지만 두 사람의 금실이 좋아 하루도 웃음이 끊일 날이 없었다. 그러던 어느 날 남편이 나라의 부름을 받고 변방의 수비병으로 떠나게 되었다. 그는 떠나면서 아내에게 무사히 군무(軍務)를 마치고 꼭 돌아오겠다고 전제하고, 행여 불행하여 돌아오지 못할 경우에는 집 뒤 대나무가 빨갛게 말라 죽을 테니 기다리지 말라고 일렀다. 어녀(魚女)는 무슨 불길한 말을 그렇게 하느냐며, 당신이 돌아올 날만 기다리겠다고 약속하고 눈물을 흘리며 이별을 하였다.

세월이 흘러 일 년이 지나고 이 년이 지났다. 어녀는 매일같이 대밭에 나가 치성을 드렸다. 제발 제 남편이 오랑캐를 무찌르고 무사히 귀환을 하게 해 달라고 기원을 하였다. 그러나 이게 웬일인가? 어느 날 아침에 일어나 보니 밤사이 대나무는 모두 핏빛으로 말라 죽어 있었다. 엊저녁 치성을 드릴 때만 해도 그처럼 푸르기만 하던 대나무들이 눈 깜짝할 사이에 이처럼 말라 있으니 심상찮은 일이 아닐 수 없었다. 어녀는 불현듯 남편이 떠나갈 때 한 말이 상기되었다. 사실 그때는 귀담아듣지 않았는데 지금 생각하니 무심히 한 말이 아니라는 것이 실감이 났다. 그래서 가슴이 철렁 내려앉고 보이는 것 모두가 캄캄하기만 했다.

며칠을 두고 곰곰이 생각을 해 보았다. 도저히 살고 싶은 마음이 아니었다. 남편이 살아 있을 때에는 그래도 기다림이 있어 즐겁게 살았는데 이제 기다림마저 잃어버린 처지이니 세상에 혼자뿐이라는 절망감에 사로잡혔다. 결국 어녀는 남편의 뒤를 따르기로 결심하였다. 아침부터 가산을 정리하고 목욕재계하여 이승을 떠날 모든 준비를 하였다. 그런데 웬일일까! 갑자기 난데없는 까치 떼가 나뭇가지가 휘어지도록 몰려와서는 목이 터져라 울부짖는 것이었다. 어녀는 이상하게 생각하였다. 그러나 스스로 목숨을 끊어야 하는 한 여인의 처지를 불쌍히 생각하여 비록 미물이지만 안타까워 그런 것이라 생각했다. "그래 고맙다. 말 못 하는 짐승이지만 너희들이 그처럼 나를 아껴 주니 죽으면 반드시 남편을 만날 수 있을 것이다." 속으로 중얼거리며 미리 준비한 새끼줄에 목을 달았다. 또 한 번의 이변이 생겼다. 그토록 지저귀던 까치 떼가 일시에 달려들어 어녀가 매달린 새끼줄을 쪼아 끊어 버리는 것이었다. 그리고

"여보! 억울하게 객사한 나의 원수를 그냥 두고 어찌 당신이 목숨을 끊으려 하오. 기다리고 있으면 반드시 때가 올 것이오. 그때 내 원한을 풀어 주시오. 그래야 내가 눈을 감을 수 있지, 그렇지 않으면 영원히 구천을 헤매는 원귀가 될 것이오."

꿈인 듯 생시인 듯 산울림처럼 은은한 목소리가 어렴풋이 들려왔다. 어녀는 소리가 나는 곳을 좇아 사방을 두리번거렸다. 그러나 아무도 보이지 않았다. 그런데 음성은 틀림없이 남편의 음성이었다. 분명히 꿈은 아닌가 보다. 하늘은 파랗고 대밭에서 밀려오는 바람을 받으며 장승처럼 서 있으니 자고 있는 것도 아니다. 그렇다면 무슨 연유일까? 정녕 신의 조화일까? 아니면 혼미한 탓일까? 어녀는 다시 한 번 허벅지를 꼬집으며 자신을 확인해 보았다. 역시 꿈은 아닌 것 같다. 대나무가 마른 것이라든지. 까치 떼가 몰려와 새끼줄을 끊은 것이라든지, 남편의 목소리가 들려온 것이라든지, 지금까지 벌어진 일련의 사실이 결코 부질없는 것이 아니란 걸 느끼게 되었다. 어녀는 드디어 마음을 고쳐먹고 때를 기다리기로 하였다. 텅 빈 마음은 찢어질 것같이 아팠지만 남편이 일러 준 원수 갚을 날을 기다리기 위하여 참을 수밖에 없었다.

그러나 그날그날의 무료한 시산은 하루가 일 년처럼 길고 어려웠다. 견딜 수가 없는 공허함에 스스로의 머리를 쥐어뜯기도 하고 미친 사람처럼 발을 동동 구르기도 하다가 강가로 뛰어나가 삽으로 무작정 자갈을 떠올리는 것이었다. 땀이 주르르 흐르고 온몸이 파김치가 되었다. 비록 몸은 고단했지만 한으로 응어리진 마음을 달랠 수 있어 좋았다. 이제 습관처럼 매일 자갈을 떠올리게 되었다. 어느새 웅덩이가 되고 그 웅덩이는 날이 갈수록 넓고 깊어졌다. 그러던 어느 해였다. 그날도 웅덩이가 넓어지는 새로운 재미를 느끼며 종일 열심히 삽질을 하고 저녁에는 곤히 잠이 들었다. 잠결에 남편이 나타났다. "여보 이제 때가 온 것 같소이다. 시간을 지체하지 말고 곡식이 있는 대로 술을 담그시오. 며칠이 지나면 나를 죽인 적의 무리들이 이곳으로 쳐들어올 것이니 그들에게 양대로 취하게 먹이시오. 그 후에는 당신이 알아서 하시구려."

꿈이지만 너무나 생생하였다. 어녀는 자리를 차고 일어나 시키는 대로 술을 담갔다. 며칠 후 신통하게도 오랑캐들이 쳐들어왔다. 그들은 닥치는 대로 사람을 죽이고 재산을 불살라 온 마을을 쑥대밭으로 만들었다. 그러나 어녀는 조금도 당황하지 않고 그들에게 예절을 갖춰 맞이하였다. 오랑캐들이 오히려 당황하였다. 대부분의 마을 사람들은 악을 쓰거나 아니면 당혹하여 도망질을 하는데 남자도 아닌 여자가 추호도 흐트러지지 않고 침착하였으니 당황스러웠던 것이다. 그래서 오랑캐들은 숙연하게 어녀를 대하였다. 그럴수록 어녀는 더욱 당당한 품위로 음식상을 차리고 미리 담가 두었던 술을 걸러 그들에게 정승으로 권하였다. 그들은 이제 침략자가 아니라 경사스런 잔칫집의 손님이 된 기분이었다. 아예 칼을 놓고 흥겨워 덩실덩실 춤까지 추었다. 온종일 법석을 떨다가 밤이 이슥해서야 지칠 대로 지쳤다. 그도 그럴 것이 며칠을 두고 강행군을 한데다 술까지 취했으니 온전할 리 없었다. 모두가 제멋대로 쓰러져 세상모르고 코를 골며 혼수상태가 되었다. 어녀는 비로소 한숨을 쉬며 올 것이 왔다고 생각했다. 그리고는 버둥거리며 죽어 간 남편의 얼굴을 떠올리며 치를 떨었다. 더 이상 지체할 수 없다고 생각하였다. 즉시 산속으로 뛰어가 피신해 있던 마을 장정들을 불러왔다. 마치 물건을 나르듯 한 사람씩 들어다 웅덩이에 처넣었다. 처음에는 버둥거렸으나 이미 힘이 풀린 오랑캐들은 반항을 할 수가 없었다. 칼이나 몽둥이로 싸움을 하지 않고 적을 간단하게 처리할 수 있으니 기쁘지 않을 수 없었다. 수백 명을 수장한 후 어녀는 자신도 모르게 웃었다. 심심풀이로 파 놓은 웅덩이가 이렇게 훌륭하게 사용될 줄은 몰랐기 때문이다. 그리고 이제 남편의 원한을 풀어 주었으니 살아서 할 일이 없다고 생각하곤 조용히 치마를 뒤집어쓰고 자기도 웅덩이 속으로 뛰어들었다.

훗날 사람들은 이 강에 어녀의 거룩한 혼이 잠들었다고 해서 어천(魚川)이라 불렀으며, 웅덩이는 오랑캐들을 무더기로 수장시켰다고 해서 이(夷) 웅덩이라 칭하여 오늘날까지 전하고 있다.[101]

---

101) 永川市, 『永川의 傳統』, 1982, pp.230-233.

황보능장과 용마바위

영천시에서 강줄기를 따라 4km쯤 올라가면 주남평야 일만 두락의 젖줄기인 금호강을 가로막은 주남신보가 있고 다시 절벽 아래 오솔길을 거슬러 오르면 주남구보가 나온다. 이 보의 서·북 양면은 넓은 갯벌이 펼쳐져 있으나 동쪽과 남쪽은 높이 100m가 넘는 절벽이 곧 쓰러져 보 안을 메울 듯이 비스듬히 기울어져 행여 넘어질까 지나는 이의 걸음을 재촉한다. 그 절벽의 중턱에 높이 10m 정도의 큰 바위덩이가 곧 떨어질 듯 바위는 절을 밀고 절벽은 바위를 잡아당기고 섰으니 이것이 바로 용마바위이다.

고려 초기, 이 절벽을 중심으로 뻗은 금강산(지금도 금강골로 불린다)에 큰 산성을 쌓게 되니, 당시의 성주는 황보 장군 또는 금강 장군이라 칭했으니 이 분이 곧 영천 황보씨의 시조이며 지금은 3사관학교 영내에 그의 무덤이 자리 잡고 있다.

용마바위의 절벽 위에서 능선을 따라 100m쯤 올라가면 외성이 있고 다시 200m쯤 걸어가면 내성이 나오게 되는데 이 내성은 이 근방에서 가장 높아 사방 20리를 내다볼 수 있는 좋은 전망내이나. 내성과 외성의 양변은 사연 방위선인 절벽을 이용하였고 나머지 양쪽은 토성을 높이 쌓았다고 한다. 지금도 3~4m의 토성이 오랜 세월 풍우에 깎인 채 풀숲에서 옛 모습을 그리워하고 있으며 성내의 너른 뜰에는 깨어진 기와 조각들이 여기저기 흩어져 당시의 웅장함을 얘기해 주고 있다. 당시 성주인 금강 장군이 국령(國令)을 받아 수년에 걸쳐 이 성을 완성할 무렵 성주는 물론 부역 나왔던 마을 사람들이 모두 잠든 어느 고요한 밤에 산이 무너져 내리는 듯한, 우레와 같은 소리가 산성은 물론 이 지방에 널리 깔린 적막을 깨뜨렸다. 이에 영문을 몰라 정신을 잃고 서 있는 인부들 틈에서 장군은 성큼성큼 밖으로 나갔다. 뜻밖에 성 밑 절벽에서 말의 울음소리가 크게 울리더니 괴상한 물체가 절벽 위로 솟아오르는 것이었다. 날개가 달린 말 한 마리가 하늘을 날아서 성 쪽으로 오고 있는 게 아닌가. 눈을 비비며 의아하게 여기는 장군 앞에 내려앉은 말은 무릎을 꿇어 주저앉는 것이었다.

장군은 하늘이 주신 선물로 알고, "너는 나를 받들고자 하는가?" 하니 말은 공손하게 머리를 숙였다. "나와 함께 지낼 만한 말이 없어서 걱정이었는데 마침 잘되었다." 하며 크게 기뻐했다. 다음 날 어제저녁에 서기가 서려 있던 곳을 자세히 살펴보니 절벽이 크게 갈라져 새로운 바위가 우뚝 솟아 있었다. 이것은 용마가 단단한 절벽의 중간을 뚫고 솟아 올라온 곳이며 우레와 같은 큰 소리는 이 바위가 깨어지는 소리였다. 얼마 후에 성이 완성되어 성의 이름을 금강산성이라 하고 장군 역시 금강 장군이라 칭하였다. 이 성의 낙성을 축하하는 잔치가 벌어졌다. 성주인 장군은 물론 군사들과 지금까지 성을 쌓느라 온갖 고생을 다한 마을 사람들이 다 모여 사방이 훤히 내려다보이는 외성 뜰에 자리를 잡았다. 잔치가 무르익어 군사들의 활쏘기, 칼 쓰기, 창 쓰기 등 여러 가지 행사가 진행되었다. 이제까지 구경만 하고 있던 장군이 여러 사람 앞으로 나서서 "낙성을 축하하는 뜻에서 나도 한 가지 경주를 해 보자." 하며 용마를 몰고 뜰아래로 내려섰다. "이 성이 완성되자 나의 말이 나타났으니 오늘 내가 이 말의 힘을 시험해 보겠다." 하고 말을 탔다. 이때 군사들은 무슨 경주일까 하고 모두들 궁금히 여겨 잔치자리는 숙연해졌다. "오늘 이 기쁜 날을 맞아 너의 힘을 한번 자랑해 보아라. 내가 이 활을 쏠 터이니 이 화살과 경주를 해 보는 거다. 만약 이 화살을 따르지 못하면 너의 목을 베리라." 하고 말에게 이른 장군은 마상에서 화살을 활에다 메겨 활줄을 힘껏 잡아당기고 말에 채찍을 가해 말을 달렸다.

이에 지켜보던 사람들은 무슨 경주를 하는지 알게 되었다. 모두들 숨을 죽이고 유심히 살펴보았다. 장군의 손에서 화살이 떨어진 뒤에 힘껏 절벽을 차고서 번개같이 하늘을 날기 시작한 용마는 절벽 아래 흐르는 강을 건너서, 들을 지나고 아득히 보이는 저편의 산기슭까지 단숨에 이르러서는 땅에 발을 내딛음과 동시에 곧 뒤돌아서면서 고개를 들고 큰 울음을 터뜨렸다. 마상에서 사방을 둘러보던 장군은 화살의 흔적을 찾을 길이 없었다. 이에 크게 화가 난 장군은, "약속대로 너는 화살을 놓치고 따르지 못하였으니 내 마땅히 너의 목을 베리라." 하는 말이 떨어짐과 동시에 장군의 시퍼런 칼이 말의 목에 닿았다. 이때였다. "씽" 하는 소리와 함께 날아온 화살은 장군이 칼에 맞아 비틀거리는 말의 머리에 꽂히었다.

그것은 분명히 장군이 쏜 화살이었다. 화살보다 용마가 훨씬 빨랐다는 것은 말할 필요도 없는 것이었다. 장군은 힘없이 말 등에서 내려앉아 크게 한숨을 내쉬며 "내가 너무 성미가 급했구나." 하고 후회했으나 이미 지난 일이었다. 용마는 붉은 피를 흘리며 주인을 잘못 만남을 후회하는 듯, 주인을 원망하는 듯 큰 눈알을 부릅뜬 채 비틀거리며 그 자리에 쓰러져 버렸다.

장군은 다시 한 번 자신이 성미가 급함과 자신이 쏜 화살의 힘이 말에 미치지 못함을 후회하며, 서운해하며 그 자리에다 죽은 말을 고이 묻으니 지금도 고경면 창하동에는 말무덤이라는 커다란 무덤 하나가 해묵은 솔밭 속에 자리 잡고 있으며 그로 인하여 그 인근 동네를 말무덤이라고 부르게 되었다고 한다. 그 후 장군도 용마에 대한 가혹했던 잘못을 뉘우침과 자신의 운명을 탓하던 나머지 끝내 자리에 눕게 되었다. 군사들과 마을 사람들은 장군이 회복되기를 빌었으나 아무런 소용도 없이 장군도 용마가 간 길을 걷게 되었다. 군사들은 장군을 말무덤에서 그리 멀지 않은 지금의 육군 3사관학교 영내에 고이 안치했다. 그 후 오늘에 이르기까지 용마바위에 남은 말발굽과 함께 금강산성과 금강 장군의 이름이 남겨져 있다.[102]

벙어비련

영천에서 남쪽으로 지방도로를 따라 20㎞쯤 가면 대창면 오길동이라는 동네가 있다. 채산(采山)을 등지고 야산들이 앞을 가로막고 있어 높지는 않지만 심산유곡이나 다를 바 없다. 채산에는 갖가지 나물과 약초가 자생하여 식탁을 풍성하게 만들어 주므로 마을 사람들은 무척 고맙게 여기게 되었다. 그런데 이 채산에는 불길한 전설이 있어 지금까지 전해져 오고 있다.

---

102) 永川市, 『永川의 傳統』, 1982, pp.237 - 239.

오랜 옛날에 채산 중턱에는 범 한 마리와 소 한 마리가 살았다고 한다. 가도 가도 끝없는 넓은 산속에 몸집이 큰 짐승이라고는 오직 두 마리밖에 없어 그들은 쉽게 친할 수 있었다. 범은 산속을 헤매다가 기름진 풀이 있으면 채식하는 소에게 일러 주었고, 소는 풀숲에 숨어 있는 토끼를 발견하면 범에게 알려 주었다.

두 짐승은 이렇게 의지하며 외로움을 달래던 중정은 더욱 깊어져 종족 보존까지 걱정하게 되었다. 그러나 소와 범은 새끼를 낳을 수 없었다. 결국 엉뚱한 걱정에 사로잡혀 두 짐승은 차츰 초췌해지고 기력을 잃게 되었다. 이를 지켜본 채산의 산신은 짐승의 생각이지만 가상스럽게 생각되어 하루는 그들의 앞에 나타나, "너희들은 정녕 부부가 되어 자식을 얻고 싶으냐?" 이 말에 두 짐승은 놀라는 기색을 하며 그렇다고 대답을 하였다. "그렇다면 소가 되고 싶으냐? 아니면 범이 되고 싶으냐?" 하고 다시 물었다. 그러나 두 짐승은 아무도 변신하고 싶은 생각이 없었던지 대답을 하지 않았다. 산신은 그들의 생각을 알고 있었다는 듯이, "서로가 변신하기 싫으면 똑같이 말이 되는 것이 어떠냐?" 그제야 수궁이 가는 듯이 두 짐승은 고개를 끄떡이며 그렇게 하겠다고 대답을 하였다.

산신은 다시 입을 열었다. "그렇다면 되었느니라. 오늘부터 백 일 동안 뱀만 먹고 다른 것은 막지 마라. 그러면 너희들은 똑같이 말이 될 것이다. 만약 그르치면 모든 것이 수포로 돌아가느니라." "하필이면 왜 뱀을 먹으라고 하십니까?" 두 짐승이 당황한 듯 물으니 "이 산에는 뱀이 많아 재가 가려워서 지겨우니 뱀이 없으면 나도 좋고 너희들도 부부가 되어 자식을 얻을 수 있으니 모두가 좋은 일이 아니냐." 하고는 다시 범을 따로 불러 소를 조심하라고 당부하였다. 우직한 놈이라 지금은 모르지만 아랫마을에 가면 제 종족이 얼마든지 있으니 자칫 기회가 있어 떠나 버리면 너만 고생하는 것이라고 일러 주었다. 그날부터 두 짐승은 말로 변신하기 위해 안간힘을 쓰며 버티었다. 그러나 육식하는 범은 그런대로 지낼 수 있었으나 채식하던 소는 말이 아니었다. 아예 먹을 생각조차 하지 않고 지나게 되었다. 그럴수록 범은 불안하여 달래기도 하고 역정을 내기도 하였다.

그러나 소는 여전히 굶고 있었다. 산신이 말한 것처럼 금시 소가 마을로 내려갈 것 같은 생각이 들어 아주 동네와 멀리 떨어진 구룡산 중턱의 준령으로 이루어진 마재로 이주하였다. 두 짐승은 무척 지쳐 있었다. 그러나 부부가 된다는 일념으로 이를 악물고 버티었다. 그러던 중 어느 날이었다. 범은 산신이 시키는 대로 채산으로 뱀을 잡으러 떠나고 소만이 혼자 끙끙 앓으며 누워 있었다. 이때 다른 소 한 마리가 그 앞을 지나치며 풀을 먹다가 의아스럽게 쳐다보는 것이었다. 누워 있던 소도 자기와 흡사한 생김에 크게 놀라며 벌떡 일어났다. 그리고 누구냐고 물었다. 지나치던 소는 오길동에 사는 소라고 대답하며 뒷산에서 풀을 뜯다가 길을 잃었다고 했다. 자기처럼 생긴 짐승은 하나도 없다고 믿었던 소는 의외의 사실에 당혹하여 그동안의 경위를 설명하고 길 잃은 소에게 도움을 청하게 되었다. 영악한 범이 아무리 생각해도 그냥 있지 않을 것 같았기 때문이다. 그리고 한 달 동안 굶었으니 기력이 쇠잔하여 싸움을 한다고 해도 물려 죽기 마련이었기 때문이다. 소 두 마리는 고개를 맞대고 의논하였다. 도망하면 범이 찾아올 테니 아예 힘을 합하여 죽여 버리자고 했다. 얼마 후 범이 돌아왔다. 언제나 같이 범은 뱀을 소에게도 먹기를 권하였다. 그러나 소는 빙긋이 웃으며 도저히 견딜 수 없으니 서로가 헤어지자고 했다. 만약 거절하면 혼자라도 떠나겠다고 했다. 범은 평소와 다른 소의 언동에 당황하며 어쩐 일이냐고 물었다. 이때 숨어 있던 길 잃은 소가 풀숲을 헤치고 나타나 종족을 만났으니 함께 떠나겠다고 거들었다. 범은 기가 막혔다. 부부가 되기로 약속하고 지금까지 고생한 보람이 한꺼번에 무너져 버렸으니 말이다. 그리고 혼자서 이 넓은 산속을 떠돌아다닐 것을 생각하니 도저히 견딜 수가 없었다. 차라리 둘 다 죽어서 영혼이라도 함께 있어야 되겠다고 생각했다.

범은 이를 악물고 덤벼들었다. 소 두 마리도 죽지 않으려고 있는 힘을 다하였다. 치열한 혈전이 오래도록 계속되었다. 얼마의 시간이 흐른 후 드디어 범은 죽고 말았다. 소도 지쳐 오줌까지 싸게 되었다. 지금도 이 산을 오르는 길을 오줌길이라 한다.

소는 그 길로 오길동을 찾아갔다. 그런데 죽은 범은 한을 풀지 못하고 뒤를 따라와 채산 중턱에 범바위로 굳어져 밤마다 울게 되었다. 그럴 때마다 마을의 소가 한 마리씩 죽어 가니 영문도 모르는 주민들은 걱정이 이만저만이 아니었다. 앉아서 당할 수만 없다고 생각한 마을 사람들은 여러 가지로 대책을 숙의했으나 별 신통한 수가 나오지 않았다. 그럴 즈음 다행스럽게 어느 신통한 점쟁이가 나타나 범의 원기 때문이라고 정중히 제사를 올려 넋을 달래 주어야 한다고 말했다. 마을 사람들은 시키는 대로 제사를 지냈다. 영험이 있는지 그 후로는 범의 울음소리는 들리지 않고 다만 채산과 마주보는 외양간을 짓지 않는다고 한다.[103]

부처가 된 도둑들

영천시 청통면 신원리, 거조암, 영산전 안에는 526분의 나한님이 봉안되어 있는데 다음과 같은 이야기가 전해져 온다.

수백 년 전에 이 암자에는 도를 터득한 스님이 한 분 살고 계셨다. 사람의 그림자도 없는 심산에 오직 바람과 짐승과 나무들과 이야기를 하며 생활하던 스님은 평야가 그리워 하루는 인가가 있는 마을 쪽으로 하산하였다.

때는 가을이라 엷은 빛살을 닮은 오곡이 파도처럼 출렁이고 소슬한 바람은 객기마저 느끼게 하였다. 그러나 스님은 몇 번인가 고개를 흔들며 속된 생각을 떨치려고 염불을 외우며 마음을 달래었다. 그럴수록 하늘은 여인의 얼굴처럼 맑고, 바람은 풀솜처럼 가슴을 어루만지는 것이었다. 스님은 다시 한 번 눈을 감으며 스스로를 달래기 위해 그 자리에 주저앉았다. 마침 앉은 곳이 탐스럽게 여문 조밭이었다. 스님은 조 이삭을 어루만지며 또 염불을 외고 있었다. 그런데 일은 여기서부터 벌어지고 말았다. 정신없이 염불을 외고 일어서려는데 앉은 자리에 조 이삭 세 개가 꺾여 있는 것이 아닌가. 여느 사람 같으면 아무런 느낌도 없었겠지만, 중생을 인도하려는 성직자의 마음은 살생으로 생각하여 가슴 아파하지 않을 수 없었다. 또한 땀과 정성으로 온 여름을 가꾸

---

103) 영천군, 『내고장 전통가꾸기』, 1981. pp.243 - 248.

어 온 농부에게도 크게 마음이 걸렸다. 스님은 결국 발길을 옮기지 못하고 그 자리에 다시 앉아 속죄를 하기 시작하였다. 그러나 이미 꺾인 조 이삭은 어찌할 수 없었다. 하지만 농부에게는 무엇인가 보상을 하여야 한다는 생각에 이르렀다. 스님은 무엇인가 생각이 난 듯 무릎을 치며 일어났다. 그 길로 농부를 찾아 동네로 들어갔다. 동네 어귀에서 스님은 주문을 외어 커다란 황소로 변신하여 조 이삭 3개 대신 농부 집에서 3년간 일을 해 주기로 작정을 한 것이다.

갑작스러운 황소의 방문에 농부는 무척 당황하였다. 말 못 하는 짐승이라 돌려보낼 방법도 없고 해서 우선 마구간으로 몰아넣었다. 그리고 동네는 물론 인근 마을까지 소를 잃어버린 사람을 수소문하였다. 한 달이 지나고 두 달이 지나도 소를 잃었다는 사람은 나타나지 않았다. 결국 주인이 나타나지 않자 농부는 소를 열심히 길렀으며, 소 역시 주인 못지않게 열심히 일하며 유순하기 그지없었다. 그리고 얼마나 영리하였던지 고삐도 필요 없고 일거리도 시킬 필요가 없을 정도로 스스로 일하고 처리하는 것이 사람과 다를 바 없었다. 이러한 소문이 떠돌자 하루는 험상궂은 사람이 찾아와 자신의 소라며 소를 몰고 가겠다고 하였다. 천성이 착한 농부는 두말하지 않고 그동안 얼마나 적징을 했느냐고 위로를 하면서 선선히 소를 내주었다. 그런데 놀라운 사실은 소가 움직이지 않았다. 달래기도 하고 때리기도 하였으나 장승처럼 굳어져 움직이지 않았던 것이다. 결국 오랜 시간을 버티다가 그대로 돌아가 버리고 말았다. 이튿날 또 다른 사람이 찾아왔다. 그러나 역시 소는 꿈쩍도 하지 않았다. 이렇게 찾아온 사람이 500명도 넘었지만 소는 꿈쩍도 않았다. 농부는 부처님께서 내려 준 선물이라 생각하고 이제는 찾아오는 사람을 믿지 않았다.

세월이 흘러 어느덧 3년의 세월이 흘러 가을이 가까워 오자 소는 가끔씩 흐느껴 울기 시작하였다. 농부는 소에게 병이 생긴 것이라 여겨 쉬게 하였으나, 소는 오히려 더 열심히 일하는 것이었다. 안쓰러워진 농부가 몰래 새벽 일찍 밭에 나가면 소가 미리 알고 먼저 나와 기다릴 정도였다. 가을이 무르익어 어느덧 3년 전 조 이삭 세 개를 꺾고 스스로를 응징하기 위해 소로 변신하여 농부 집으로 들어간 며칠 전이었다. 아침나절 밖으로 나가려는 주인을 향해, "주인님 이제 헤어져야 할 날이 온 것 같습니다. 모(某)일날 제 품삯을 주시는 셈 치고 큰 잔치를 베풀어 주십시오. 그리고 인근 동네까지 알려 많은 사람이 모이게 해 주십시오." 소가 낭랑한 사람의 목소리로 말하는 것이었다. 주인은 크게 당황하여 얼떨결에 그 자리에 부복하고 부들부들 떨며 말문이 막히고 말았다. 그도 그럴 것이 짐승이 말을 하니 육신은 짐승이요 혼은 사람이라, 바꾸어 말하면 짐승도 아니요 사람도 아니라 분명 신일지도 모른다고 생각한 것이다. 간신히 정신을 차린 농부는 어떻게 된 연유냐고 물었고, 소는 지나온 자초지종을 소상하게 이야기하였다. "그런 줄도 모르고 그동안 무례가 많았습니다." 농부는 정중히 사과를 하고 소의 부탁이 아니라도 헤어지게 됨을 아쉬워하며 큰 잔치를 준비하였다. 마침 잔칫날이 되자 풍악이 울리고, 술잔이 돌고, 모인 사람들은 덩실덩실 춤을 추었다. 이때 마구간에 누워 있던 소가 일어나 짙은 안개를 내뿜는 것이었다. 안개는 삽시간에 앞사람마저 보이지 않을 정도로 집안을 덮었다.

얼마간의 시간이 흐르고 안개는 차츰 걷히자 마구간의 소는 간 곳 없고, 붉은 장삼을 걸친 스님 한 분이 점잖게 걸어 나오는 것이었다. 모인 사람들은 의외의 사실에 넋을 잃고 부복을 하자 마당 가운데 정좌한 스님은, "내가 소로 있을 때 자기네 소라고 이 집을 찾아온 사람은 앞으로 나오너라." 위엄어린 음성이 떨어지자 좌중의 사람들은 서로 눈치를 살피며 엉금엉금 앞으로 기어 왔다. 모두가 500명이었다. "나는 실수로 조 이삭 3개를 꺾고 그 죗값으로 소가 되어 이 집에서 3년을 일해 주었는데, 너희들은 마음에 병이 들어 남의 소를 갈취하려 하였으니 무엇으로 죗값을 치르겠느냐? 너희들은 한결같이 산적임을 내 이미 알고 있거늘 그 죄는 헤어날 수 없느니라. 나처럼 소가 되어 죗값을 치르겠느냐 아니면 나를 따라가 득도하여 성불을 하겠느냐?" 이에 모두가 스님을 따라 도를 깨우치겠다는 약속하에 입산을 하였는데 그곳이 바로 이 거조암인 것이다. 결국 도를 닦은 499명은 성불하여 5백 나한상이 되었고 스스로 자리를 차지하여 앉게 되니 바로 500 나한절의 주인으로 오늘날까지 그 자리를 차지하고 있는 것이다.104)

불잠곡의 백사

영천시 자양면 신방동에 전해 오는 이야기이다.

이 동네에는 강씨 성을 가진 마음 착한 청년이 살았는데 하루는 그 아버지가 몹쓸 병에 걸려 몸져눕게 되었다. 효성 또한 지극한 강 청년은 백방으로 약을 구하여 아버지를 간호하였다. 그러나 시간이 갈수록 차도는 없고 오히려 악화되어 이제 죽는 날만을 기다리는 처지가 되었다. 어떻게 해서든지 아버지를 쾌유시켜야 한다는 일념으로 겨울 수박이 좋다 하자 눈 덮인 산속을 헤매기도 하고, 용의 비늘을 삶아 먹으면 낫는다 하여 저수지나 늪을 찾아다니느라 지칠 대로 지쳐 있었다. 그러던 어느 날이었다. 자정이 지나도록 잠을 이루지 못한 채 아버지의 병환을 걱정하고 있는데 갑자기 문이 열리며 싸늘한 기운과 함께 소복한 여인이 들어오는 것이었다. 강 청년은 소스라치게 놀라며 말문이 막힌 채 벌벌 떨고만 있었다. "놀라실 것 없습니다. 한 많은 여인이 소원을 풀고자 찾아왔습니다. 저를 도와주시면 은혜로 당신 아버지의 병을 낫게 해 드리겠습니다." 여인의 음성은 구슬을 구르듯 청아했으며 이목구비가 반듯한 얼굴은 절세의 미인이었다. 이윽고 정신을 차린 강 청년은 앉음새를 고치고 정중히 말했다. "무슨 사연인지는 모르지만 날이 밝아서 찾아올 일이지 깊은 밤에 이런 무례한 짓이 어디 있소." 여인은 조금도 흐트러지는 기색이 없이 담담한 표정으로, "죄송하기 이를 데 없습니다. 그러나 화급을 다투는 일이라 조금도 지체할 수가 없습니다." "화급을 다투는 일이란 도대체 무엇이요. 어디 듣기나 해 봅시다." 강 청년은 의아스런 생각이 들어 조급히 물었다. 여인은 망설이는 듯 조심스럽게 문을 열었다. "내일 아침이면 당신의 부친이 세상을 떠나십니다. 만약 제 소청을 들어주시면 낫게 해 드릴 수 있습니다."

강 청년은 당황했다. 아버지가 돌아가신다는데 아무것도 보이지 않았다. 더구나 얘기를 듣지 않았으면 모르지만 당장 내일 아침이란 말에 더 이상 생각

---

104) 영천군, 『내고장 전통가꾸기』, 1981. pp.251－254.

할 여지도 없었다. 무슨 청이라도 들어주고 아버지를 살려야 한다고 생각했다. "무슨 청이옵니까? 설령 내 목숨을 앗아 간다 해도 아버님을 낫게 해 주신다면 다 들어 드리겠습니다." 매달리다시피 다그치는 강 청년의 말에 여인은 무척 어려운 일이라고 전제하고 다음 말을 이었다. "나는 백 년 묵은 백사올시다. 때를 만나지 못하여 승천하지 못하고 산속을 헤매고 살았습니다. 이제 너무 늦어 마지막으로 사람이 되고 싶습니다. 그런데 사람이 되려면 10년 동안 사람과 동침을 해야 하거늘 마땅한 사람이 없어 기다리던 중 당신의 딱한 사정을 알고 이렇게 찾아왔으니 나는 사람이 되어 좋고 당신은 아버지를 구할 수가 있으니 모두에게 좋은 일이 아니요. 내 소청을 들어줄 수 있겠소." 강 청년은 기겁을 했다. 백사라는 말에 온몸에 소름이 끼치고 머리칼이 곤두서는 것 같았다. 도대체 어떻게 하면 좋을까. 하루도 무서운데 10년을 같이 살아야 한다니 죽는 것이나 마찬가지다. 그렇다고 거절할 수도 없다. 그것은 바로 아버지를 죽게 하는 불효이기 때문이다. "몹시 어려울 것입니다. 그러나 빨리 결정하셔야 합니다. 제 갈 길도 바쁘고, 당신 아버지 목숨도 화급을 다투고 있습니다." 여인은 내뱉듯 한마디 하고는 조용히 일어서는 것이었다. 강 청년은 놓칠세라 벌떡 일어나 옷자락을 잡으며, "내 들어 드리리다." 하고 엉겁결에 약속하고 말았다. 그제야 여인은 함박꽃처럼 밝게 웃으며 몇 번인가 고맙다는 인사를 치른 후 소매 끝에서 약 한 첩을 꺼내 주었다. 그리고 시간을 지체 말고 곧장 달여 드리라고 말하며 어디론가 홀연히 사라져 버렸다. 강 청년은 여인이 사라진 곳을 한참 동안 쳐다보다가 즉시 정신을 가다듬고 약을 달여 아버지에게 드렸다. 참으로 신통하기 그지없는 일이었다. 손발을 가누지 못하던 환자가 잠에서 깨어난 듯 기지개를 하며 일어서는 것이었다. 강 청년은 너무나 기뻐 엉엉 울기까지 했다.

그러나 기쁜 마음도 잠시뿐이었다. 이제 닥쳐올 백사와의 생활이 걱정이 되었다. 은혜를 입었으니 반드시 갚기는 해야 할 터인데 날름거리는 혓바닥과 꿈틀거리는 몸뚱이를 생각하니 도저히 견딜 것 같지 않았다. 그렇지만 도리가 없는 일이었다. 미물도 덕을 베푸는데 하물며 사람이 미물을 속일 수 있겠는가. 강 청년은 마음을 정리하고 조용히 그날이 오기를 기다렸다. 닷새가 지나고 열흘이 되었다. 마침 보름달이 눈이 부시도록 밝게 떠 있는 날이었다. 자정이 조금 지난 시간에 여인은 전번과 마찬가지로 소리 없이 찾아온 것이다.

 "이제 약속을 지키러 가야 되겠습니다." 여인의 말이 채 끝나기도 전에 강 청년은 일어섰다. 이미 결심한 일이라 망설일 것도 없었다. 여인이 안내하는 대로 그저 따라나선 것이다. 마을을 벗어나고 어딘지도 모르는 산속으로 깊이 들어가는 것이었다. 오래도록 걸어가다가 이윽고 어느 조그만 굴 앞에 멈추었다. "이곳이 우리가 살 곳입니다." 여인은 나직하게 말하고는 먼저 앞으로 기어 들어갔다. 강 청년도 따라 들어갔다. 이게 웬일인가. 굴속에 들어서기가 무섭게 여인은 커다란 백사로 변하여 몸을 칭칭 감아 오는 것이었다. 가슴이 답답하고 뼈가 으스러지는 것 같았다. 그러나 강 청년은 눈을 감고 당연한 것으로 생각하고 참았다. "이제 너는 어쩔 수 없다. 10년 동안 너와 살을 맞대고 살아야 내가 사람의 정기를 받을 수 있고 그 후 너의 피를 마시면 나는 사람이 되느니라." 강 청년에게는 청천벽력 같은 소리였다. 고생이야 이미 각오한 사실이지만 피를 마신다고 하니 이것은 죽음을 의미하기 때문이다. 이제 모든 것을 체념하고 백사가 시키는 대로 행동하여 죽을 날만 기다릴 뿐이다. 세월은 흘러 10년도 잠깐이었다. 바로 백사가 기다리던 그날 저녁이었디. 막 깅 청년의 목덜미를 물고 사람으로 화신하려는 순간 갑자기 뇌성이 일고 근처 바위가 깨어지는 큰 이변이 일어났다. 아랫마을 사람들은 밤새 오들오들 떨다가 날이 밝아 소리 나는 쪽을 찾아가 보니 그곳에는 깨어진 바위 속에 아담한 석불이 봉안되어 있었으며 그 밑에는 커다란 호랑이가 눈을 껌뻑이며 지키고 있었다. 그 후 사람들은 근처 부처님들이 모여 백사를 응징하고 강 청년을 구하여 석불이 되게 했으며, 호랑이를 이 불상을 지키게 한 것이라 믿었다. 지금도 이 협곡을 부처님들이 모여 강 청년을 구했다고 하여 불집골이라 부른다.105)

---

105) 영천군, 『내고장 전통가꾸기』, 1981. pp.254-257.

장군수와 쌀구멍

　은해사에서 가장 높은 꼭대기에 있는 중암암(中岩庵)은 돌구멍 절이라 불린다. 어느 해부턴가 원주스님 한 분만 절을 지키게 되었다. 어느 해 겨울 이곳에는 예년에 볼 수 없었던 큰 눈이 내려 팔공산 주위를 오통 설원 천지로 만들었다. 모든 길이 막히고 달빛마저 묻혀 버린 듯 보이는 것이라고는 하얀 눈뿐이었다. 원주스님은 괴이한 일이라 생각했으나 별다른 도리가 없어 불경만 외우고 그날그날을 보내고 있었다. 더구나 날씨마저 혹한이라 눈이 녹기는커녕 오히려 얼음장처럼 단단하게 굳어지기만 하였다. 이렇게 며칠을 보낸 뒤 이제 참말 걱정거리가 생긴 것이다. 다른 것은 참을 수 있지만 먹지 않고는 견딜 수가 없는데 쌀독이 비어 가고 있기 때문이다.

　드디어 그날이 오고야 말았다. 칡뿌리라도 캐어 먹으려 해도 뿌리는커녕 가지조차 보이지 않으니 난감하기 이를 데 없었다. 원주스님은 부처님의 뜻이라고 생각했다. 그러고는 마음을 가다듬고 조용히 합장을 하였다. "대자대비하신 부처님, 이제 속세에서 할 일은 끝나옵니까? 만약 그러시다면 부름에 따르겠습니다." 모든 것을 체념하고 속으로 열심히 기도를 하고 있는데 난데없이 산이 쩌렁쩌렁 울리는 호랑이의 울음소리가 들려왔다. 이어서 문살을 핥는 발톱소리가 요란하게 정적을 깨뜨렸다. "올 것이 왔구나."

　원주스님은 당연한 것이라 생각하고 일어나 조용히 문을 열었다. 금세 덮칠 줄 알았던 호랑이가 넙죽 엎드려 꼬리를 흔드는 것이었다. 실로 황소만큼 큰 짐승이었다. 어이없는 사실에 원주스님은 그 자리에 장승처럼 굳어 있을 뿐이었다. 호랑이는 무언가 이상한 소리를 내다가 드디어는 짜증스럽게 옷자락을 물고 당기는 것이었다. 그대로 끌려갔다. 법당 동쪽에 이상하게도 눈이 쌓이지 않은 곳이 있었다. 호랑이는 그곳까지 안내하고는 홀연히 사라졌다. 참으로 이상한 일이었다. 호랑이가 물지 않은 사실도 기이하지만 이곳까지 끌고 온 사실도 이상한 일이었다. 필시 무슨 사연이 있는 것일까? 원주스님은 사방을 훑어보았다. 달빛이 눈에 비쳐 사방은 대낮처럼 밝았다. 참으로 귀신이 곡할 노릇이었다. 바로 서 있는 뒤편 바위 앞에 쌀이 놓여 있지 않는가. 하루분은 족할 것 같았다. "부처님 감사하옵니다." 원주스님은 그 자리에 부복하여 부처님의 뜻이라 생각하고 감사를 드렸다. 다음 날에도 손가락 크기의 구멍에서 쌀이 흘러나왔다. 매일같이 일정한 양이 흘러나왔으며 원주스님은 구멍에서 흘러나오는 쌀로 지루하고 추운 겨울을 이겨 내고 있었는데 세월은 흘러 입춘 무렵이 되었다. 하루는 남루하게 차려입은 스님 한 분이 찾아왔다. "저는 태백산 암자에서 수도하던 중이온데 지난겨울 내린 눈으로 인해 암자를 잃었습니다. 몇 달간만 쉬어 가게 해 주십시오."

우선 식량이 걱정되었으나 하루분이라도 계속 구할 수 있으니 부족한 대로 나누어 먹으면 될 것이므로 불제자로 거절할 수 없어 쾌히 승낙하고 같이 생활하게 되었다. 다음 날 아침 바위구멍 앞으로 가니 어제까지보다도 많은 쌀이 흘러나와 있었다. 분명 두 사람분이었다. 그로부터 며칠이 지난 뒤 길을 잃고 헤매던 사냥꾼 몇 사람이 또 찾아왔다. 바위구멍은 어찌 알았는지 조금의 빈틈도 없이 사람의 숫자에 맞추어 쌀을 내놓는 것이었다. 이튿날 사냥꾼이 떠난 후에는 여느 때와 같이 두 사람분이 흘러나왔다.

원주스님보다는 손님으로 눌러앉은 스님이 더 신기하게 여기고 있었다. 한 달쯤 지났을까. 객승이 드디어 일을 그르치고 말았다. 조금 떨어진 산채로 숨어 들어가 팔공산을 무대로 온갖 못된 짓을 골라 하는 산적을 찾아간 것이었다. "원주스님을 처치하고 암자를 차지하면 평생 먹을 걱정을 하지 않아도 되니 아예 산채를 그리 옮기는 것이 어떻소?"

객승이 험상궂은 두목 앞에서 의기양양하게 그동안의 사실을 상세하게 설명하고 거사를 할 것을 종용하였다. 처음에는 산적들이 믿으려 하지 않았다. 그도 그럴 것이 팔공산 일대라면 손바닥을 펴 놓고 그림을 그리라고 해도 다 그릴 것인데 그 암자에 그런 신기한 바위가 있으리라고는 도저히 믿어지지 않았기 때문이다. 그러나 불쑥 찾아온 중이 너무나 진지하게 그리고 수차 강조를 하니 속는 셈 치고 따라가 보기로 했다. 틀림없이 바위구멍에서 쌀이 흘러나오고 있었다. 신이 난 산적 떼는 승방으로 들어가 원주스님의 목을 자르려 하였다. 순간 마른하늘에 번개가 치더니 눈 깜짝할 사이에 객승이 낙뢰에 맞아 숨지고 말았다. 그리고 집채만 한 바위덩이가 나머지 산적들을 내리덮을 듯 공중으로 뜨는 것이었다. "아니옵니다. 제가 이들을 개과천선시키겠습니다." 원주스님은 두 손으로 바위를 서너 칸 뒤로 물러 놓았다. 그 바위가 바로 건들바위로 중암암 뒤쪽에 있다. 그 후 불제자가 된 산적 중에 한 사람은 원주스님의 힘의 원천이 무엇일까? 궁금하게 생각한 끝에 원주스님의 뒤를 밟기 시작했다. 그날도 다른 날과 마찬가지로 원주스님은 석굴을 지나서 약 200m 서쪽에 위치한 약수터에 물을 마시러 간 것이었다.

"아, 저것이로구나." 확신에 찬 모습으로 그 물을 계속 마시던 중 역발산과 같은 힘이 솟구치게 되었다. 힘을 주체할 수 없게 된 산적은 "나에게 덤빌 자는 덤벼 보아라." 하며 아름드리나무를 송두리째 뽑아 들고 지나가는 행인을 때려죽이는 등 못된 일을 일삼았다. 그러던 중 어느 날 원주스님이 출타하고 없는 틈을 타서 온 절간의 스님들을 깨워 "나를 따르라, 내가 이곳의 주인이다." 하며 고래고래 고함을 지르며 소란을 피웠다. 그리고 바위구멍 앞으로 가서 구멍을 더 크게 만들면 쌀이 더 많이 나오리라 여겨 막대기로 쑤시기 시작하자 꽝 소리와 함께 난데없이 물줄기가 쏟아져 그 산적의 눈을 쳐서 죽여 버렸다. 그 후 그 구멍에서는 쌀 대신 물만 교교히 흐르고 있으며, 장군수라 불리던 약수터는 인간을 어리석은 곳으로 유혹한다고 하여 묻어 버렸다고 한다.106)

혼골

영천시 북안면 내포리 혼골(魂谷)은 저녁이 이슥해서 들어가면 모두가 시체가 되어서 나온다는 곳으로 다음과 같은 이야기가 전해진다.

어느 해인가 나라에서는 인재를 등용하기 위해 전국에 과거 실시의 방을 붙이게 되었다. 오랫동안 기다렸다는 듯 기뻐서 눈물까지 흘리던 영천 땅의

---

106) 영천군, 『내고장 전통가꾸기』, 1981. pp.262 - 265.

한 선비는 집안에서 대대로 가보로 전해 오던 상아빛 연적 등을 싼 괴나리봇짐을 짊어지고 한양으로 향했다.

며칠이 걸려 경상도 땅의 끝 추풍령 아랫마을에 도착하게 되었는데 아직도 해가 조금 남아 있는지라 마음이 급한 선비는 쉬어 가라는 주모의 말을 뿌리치고서 혼자서 추풍령을 넘게 되었다. 산등성이에 올랐을 즈음에 날은 어두워지고 바람이 세차게 불어 길을 잃고 헤매고 있는데 비까지 내려 선비는 어찌할 바를 몰랐다.

한참 정신을 잃고 허우적거리는데 불행 중 다행으로 반 마장쯤 앞에 가물가물 불빛이 보이는 것이었다. 이제는 살았구나 하는 마음에 즉시 찾아드니 웅장한 고가에서 가느다란 불빛이 새어 나오고 있었다. 선비는 용기를 내어 문을 두드리기 시작했다. 그러나 아무런 기척도 없었다. 하는 수 없이 처마 끝에서 하룻밤 새는 수밖에 없다고 생각한 선비가 풀썩 주저앉으려 하는데 삐걱 문이 열리며 소복으로 곱게 단장한 여인의 아름다운 자태가 홀연히 나타났다.

"과거 보러 가는 길손이온데, 길을 헤매고 있사오니 잠시 비만 피할 수 있게 해 주십시오." 하고 애걸하는 선비에게 여인은 어쩔 수 없이 승낙하고시 사랑채로 안내하였다. 잠시 후 진수성찬을 차려 와, "손님 시장하실 테니 찬이 없음을 나무라지 마시고 맛있게 드십시오." "이 무슨 황송한 말씀. 제 생전에 이 같은 진수성찬은 처음이오. 자, 감사히 먹겠소." 하며 걸신이 들린 사람처럼 먹어대는 선비를 물끄러미 바라보고 서 있던 여인의 눈에 이상한 광채가 돌았다. 이윽고 상을 물리고 숭늉을 떠가지고 온 여인을 바라본 선비는 깜짝 놀랐다. 자기 생전에 이처럼 아름다운 여인네를 본 적이 있던가. 이러한 사실을 아는지 모르는지 편히 주무시란 말만 남긴 채 안채로 사라졌다. 그러나 선비는 잠이 올 리가 만무하다. 밤새 뒤척이다가 삼경이 되었을 때쯤 묘안이 떠올랐다. 갑자기 아픈 시늉을 하며 죽는다고 고함을 질러 댔다. 이에 놀란 여인이 달려 나와서 무슨 연유냐고 묻더니, "이 깊은 산중에 더군다나 이 깊은 밤중에 어디 가서 약을 구하겠사옵니까." "여보시오 그렇다면 등이라도 좀 두드려 주시겠소. 체한 것 같아 죽을 것만 같소." 여자 혼자 있는 집에 외간 남자를 들여놓은 것도 난처한 일인데 이제 등까지 두드려 달라니, 그러나 죽어 가는 사람을 외면할 수 없는 일이다. 또한 비록 옷은 허술할지라도 당당한 체구하며 빼어난 인물이 귀골풍이라 은근히 마음이 없는 것도 아니다. 마지못한 척 선비의 등을 두드리고 쓰다듬어 주기까지 했다.

 "옳다구나, 이 기회를 놓치면……" 재빨리 돌아앉은 선비는 덥석 여인을 껴안았다. "부인, 일찍이 부인처럼 아름다운 여인을 본 적이 없소. 아내로 삼고 싶소." "아니 되옵니다. 저는 상을 당한 몸이라……" 하면서 몸을 빼내려는 여인에게, "내가 과거에 급제한 뒤에 우리 고향에 가서 살면 누가 알겠소." "그래도……" 그러나 그것은 마음뿐, 풍만한 육체는 어느 사이 선비의 품으로 파고들었다. 격정을 치르고 난 여인은, "선비님, 부디 과거에 급제하셔야 되옵니다. 그리고 돌아가는 길에 꼭 저를 데려가 주셔야 되고요." "부인 걱정 마시오. 남아일언 중천금인데 어찌 약속을 어기리오. 만약 약속을 어긴다면 후일 애 목숨을 앗아 가도 좋소." 하더니 괴나리봇짐 속에서 연적을 꺼내 "이것을 정표로 드리겠소." "선비님 이게 없으면 과거는 어찌 치르겠사옵니까. 부디 가져가시고 약속만 지켜 주십시오. 만약 저를 버리신다면 죽어서 여우가 될 것입니다." "그 무슨 방정맞은 소린가." 하고 황홀한 웃음을 지었다. 드디어 닭 울음소리와 함께 과거 길로 떠나면서 선비는 다시 한 번 약속을 꼭 지키리라고 맹세하고 훌훌히 길을 떠났다.

 과거장에 도착한 선비는 황망 중에 낙방을 하고 이를 상심하여 죽어 버릴까 생각했으나 문득 추풍령에서 만난 여인이 생각이 나서 10년이 걸리더라도 급제를 하여 돌아가리라 생각했다. 그리하여 선비는 우선 먹고살아야 했기에 염치 불구하고 어느 대갓집 청지기로 들어가게 되었다. 열심히 일을 한 덕분에 대감마님께서 많은 시간을 할애해 주셨고, 공수를 착실히 하였다. 그러는 사이 세월은 흘러 또다시 과거 날이 다가왔다. 저번 과거에 실패한 것을 교훈 삼아 열심히 공부한 보람이 있어, 급제를 하여 지방의 수령으로 금의환향하게 되었다. 그리고 반가이 맞이하여 준 마을 사람들의 주선으로 참한 색시를 얻어 아들까지 낳아 행복한 생활을 누리게 되었다. 그러던 어느 날 아침 관아로 향하는 선비 앞에 홀연히 한 여인이 나타나 잔뜩 노기 띤 얼굴로 선비를 노려보자, "누구요 당신." 떨리는 목소리로 선비가 묻자, "그대는 진정 나를 모르겠는가. 그렇다면 이것을 보아라." 하며 상아빛 그 연적을 땅바닥에 던져버렸다. 그제야 정신이 번쩍 든 선비는 수년 전의 일이 하나하나 머릿속에 그려졌다. "오늘 밤 진시 동구 밖 고목나무 앞으로 나오시오." 떨고 있는 선비에게 한마디 던진 여인은 안개 속으로 사라졌다. 당황한 선비는 저녁을 드는 둥 마는 둥, 걱정하는 아내의 목소리도 들리지 않는 듯, 부랴부랴 동구 밖에 이르니 여인이 먼저 와 기다리고 있었다. 자기를 따라오라고 이른 여인은 깊은 산속으로 걸어가다가 갑자기 꼬리가 아홉이나 달린 백여우로 돌변했다. "당신을 믿고 기다리다가 지쳐서 목을 매어 죽은 뒤 원한 맺힌 혼이 갈 곳 없이 헤매다 오늘 여우가 되어 그 원한을 풀고자 한다." 선비가 변명할 새도 없이 여우는 선비의 목을 찔렀다. 그 후로 날이 어두워 이곳에 들어간 사람은 모두 시체가 되어 나왔다 하며 한 많은 여우의 혼이 서려 있다 하여 혼골이라 불렀다 한다.[107)

노귀(奴歸)재

노귀재는 영천시와 청송군을 갈라놓은 재로서 약 400여 년 전 임진왜란 시 왜구가 쳐들어왔을 때 영천을 거쳐 화북면 상송리에 이르러 앞을 보니 높은 산이 많고 솔숲이 울창한지라 어렵게 넘어 청송 쪽으로 오던 중 사람을 만나 "이곳을 넘으면 어디냐?"고 물어보니 "청송이라고 한다".고 대답하자 왜구들이 돌아갔다고 한다.

왜구가 넘지 않은 이유는 당시 우리나라에 원병 온 이여송(李如松)을 무서워하던 차 청송의 송(松) 자와 이여송의 송(松) 자를 연관시켜 피해 돌아간 것이 아닌가 한다. 사람들은 우리 강토를 유린한 왜구들을 멸시하는 뜻에서 종 노(奴) 자와 되돌아갈 귀(歸) 자를 써서 '노귀재'라 불렀으며 그로부터 오

---

107) 영천군, 『내고장 전통가꾸기』, 1981. pp.268-271.

고 가는 많은 사람들에게 이 재가 재앙을 면하는 재로 널리 알려지고 있다.

노귀(老歸)재라고도 쓰는데 청송인들이 모두 이 재를 넘어서 타향으로 가지만 언제든 늙으면 돌아온다는 뜻으로 이렇게 부른다는 이야기도 있다.108) 또 다른 이야기도 비슷하게 전해지는데 일본이 우리나라를 침략하고 출정할 때 일본장수 가등천정(加藤淸正)의 누이가 그의 동생 청정에게 당부하기를 "한국에 가거든 삼송(三松)에 조심하라."고 하였다. 그의 누이는 왜원장(矮猿將) 풍신수길(豊臣秀吉)의 아내요, 천문지리에 통달하여 예언을 잘했기 때문에 누이의 말을 잘 명심하고 마침내 한반도에 들어와 영천 화북면을 지날 때 한 사람에게 다음 마을 이름이 무엇이냐고 물었다. 그러자 대답하기를 '상송(上松)이요.' 하였다. 가등은 그의 누이 말이 생각나 상송으로 가기를 꺼렸으나 하는 수 없이 가야만 했다. 상송에 도착한 그는 또다시 다음 동네 이름을 물으니 하송(下松)이라고 하지 않는가. 겁에 질린 그였으나 역시 전진해야 했다. 한참을 가다가 높은 재를 올라가다가 지나가는 나무꾼에게 다음 동네 이름을 물어보았더니 청송(靑松)이라고 말했다. 가등은 이제 정말 삼송(三松)이구나 생각하고 초조하고 겁나는 마음을 누를 길이 없어 발길을 돌려 다른 곳으로 가 버렸다. 삼송이라는 것은 실은 명나라 원병장이었던 이여송(李如松)의 셋째 자인 송(松) 자인 줄 모르고 가등은 지명을 오해했던 것이다. 이리하여 후세 사람들은 가등이 돌아간 이 고개를 왜구들이 돌아간 재라 하여 노귀재라고 부르게 되었다고 한다.109)

구만석(九萬石) 들

영천시 화북면 중리동에 구만석 들이라는 큰 들이 있다. 옛날에 이 마을에는 9형제를 가진 큰 부자가 있어 이 들을 혼자 독점하고 있었기에 생긴 이름이다. 이 부자는 이렇게 큰 부자였으나 인심이 흉악하여 모든 사람에게 손가

---

108) 慶尙北道, 慶北鄕土史硏究協議會, 『慶北마을誌』 上卷, 1990, p.568.
109) 柳增善, 『嶺南의 傳說』, 螢雪出版社, 1971, p.375.

락질을 받고 있었다. 어느 날 한 중이 와서 시주(施主)를 청하였더니 주인은 이르기를 "매일 손님이 많이 찾아와서 곤란하니 앞으로 손님이 오지 않도록 해 주면 많은 시주를 하겠노라."고 하였다. 중은 그렇게 하겠노라 하고 많은 인부를 부리어 뒷산에 올라가서 요소마다 산혈을 끊어 버렸더니 그 뒤부터 차차 살림이 줄기 시작하더니 수년 만에 패가망신(敗家亡身)하였다고 한다.110)

거북형의 명산 터

영천 서문동을 지나 대구로 가는 길을 1㎞쯤 가면 띵고개가 나온다. 거기서 나지막한 산을 돌아들면 '성당 공동묘지'가 있고, 그 뒤편에 아늑히 자리 잡고 있는 무덤이 있으니 이 무덤은 영천 지방에 살고 있는 정씨(鄭氏) 일문의 옛 조상무덤으로 해마다 시사를 모시고 있으나 여기에는 누구의 입에서 나왔는지는 모르겠으나 그들의 흥망성쇠에 관한 애달픈 사연이 있다. 조선 중엽이다. 당시는 풍수설의 난무로 허다한 희비극이 오고 가던 시대였다.

이곳에서 얼마 떨어지지 않은 마을에 서른을 넘겨도 장가들지 못한 정씨(鄭氏) 노총각이 가난한 살림살이에 홀어머니를 모시고 품팔이 나무꾼으로 근근이 생계를 유지하고 있었다. 그러나 뜻밖에 이 노총각의 집에 불행이 찾아왔으니 홀어머니의 중병이다. 그날따라 아랫마을에서 약을 지어 골짜기 길을 힘없이 걸어오다가 니끼당지(唐地)라는 조그마한 못에 왼 낚시꾼이 거북(혹은 자라라고 함) 한 마리를 잡아서 놀리고 있었다. 이 노총각의 눈에는 그 거북이 몹시 애달픈 눈으로 살려 달라는 표정으로 자기를 쳐다보았다는 것이다. 불현듯 살려 주고 싶은 마음에 힘에 겨운 돈을 주고 그 거북을 사서 못 속에 놓아 주었다. 거북은 몇 번이나 고맙다는 인사를 하는 등 갸웃거리며 연못으로 사라졌다. 그 뒤 며칠이 지나지 않아 총각의 어머니는 그만 세상을 떠났다. 장례도 제대로 치르지 못하고 이웃 사람들의 도움을 받아 저녁을 먹고 자기

---

110) 柳增善, 『嶺南의 傳說』, 螢雪出版社, 1971, pp.373 - 374.

어머니를 삭자리 염을 하여 산으로 갔다. 마침 뜻밖에도 그곳에 거북이 나타나서 앞장을 서더니 어느 곳에 이르러 "이곳에 장사를 치르시오." 하듯이 뱅뱅 몇 바퀴 돌고 사라졌다. 이에 그는 그곳에 장사를 치렀다. 아니나 다를까 그해부터 어렵게 않게 장가를 들고 땅도 싸고 살림도 늘어만 갔다.

6형제의 아들이 모두 기골이 건장하고 머리가 아주 영특하여 과거에 모두 장원하였다. 나라에서는 한 집안에 장원이 6명이나 나니 자연 화제가 되었다. 임금은 곧 풍수가를 보내어 그곳에 지리를 살피게 하니 과연 명산이며, 왕기(王氣)가 서린다는 보고를 받은 왕은 곧 엄령을 내렸다. 곳곳의 혈을 자르고 자라가 기어가는 모습이라 하여 자라같이 생긴 산등성이를 자르니 피가 솟아올랐다고 한다. 그래서인지 그 후부터 차차 집안에 마가 들어 쇠퇴되어 갔다고 한다.111)

노계(蘆溪)의 혼령

노계 박인로(朴仁老, 1561~1642)는 임진왜란 때 수군으로 많은 공을 세웠고 영남가(嶺南歌), 노계가(蘆溪歌) 등 9편의 가사와 70여 수의 시조를 남겨 조선 시가 사상에 많은 공헌을 하였다. 북안면 도천리 도계서원(道溪書院)에 모시고 있는데 이곳에 불가사의한 기적이 나타난다고 한다. 공이 돌아가신 후 삼년상이 끝날 때까지 달밤이면 군복 차림에 창(創)을 거꾸로 들고 서원 앞뜰을 배회하고 있는 것을 흔히 볼 수 있었다고 한다. 이것은 아마 생전에 이루지 못한 왜적 섬멸의 염원을 사후에라도 이뤄 보자는 애국 충절의 권화(權化)가 아니었을까 사람들은 말하고 있다. 그뿐 아니라 공의 제삿날이 가까워지자 벼를 말리기 위하여 명석에 널어 두었을 때 새들이 날아와서 까먹기만 하면 그 자리에서 죽어 버렸다고 하니 놀라운 일이었는데, 대개 백 년 동안 그런 일이 있었다고 한다. 이렇게 여러 가지 영험이 일어나고 보니 제수

---

111) 柳增善, 『嶺南의 傳說』, 螢雪出版社, 1971, pp.372-373.

(祭需)를 장만하는 종부(宗婦)는 여간 조심하는 것이 아니다. 만약 종부가 제수를 마련할 때 좀 때 묻고 깨끗하지 못한 의복을 입으면 갑자기 병이 나서 제사 참례를 못 하게 된다고 한다. 또 서원에 오를 때도 조심성이 있어야 하는데 하인들이 나막신을 간혹 신고 서원 뜰 축에 오르면 반드시 축 아래로 떨어져 중상을 입거나 혹은 죽는 일이 있었다고 한다.112)

장군바위

영천 대전동에 있는 장군바위에 전해지는 이야기이다.

아주 먼 옛날 이 마을은 도적 떼들에 의하여 자주 큰 피해를 입게 되고 또 홍수가 지면 큰 산이 깎여 나가니 장차 마을 운명이 위험한 것을 짐작한 사람들은 차차 다른 곳으로 옮겨 가기 시작했다. 그래서 마을 사람들 중에 아주 연로하고 학덕이 있는 분들이 모여 회의를 한 결과 도적 떼에게 죽음을 당하는 것보다 청년들이 부지런히 검술·창술 등의 무술을 배워 도적 떼를 격퇴해야 하니 집집마다 17세 이상의 청소년은 의무적으로 훈련해야 한다고 결정을 보았다. 그 후 부지런히 무술을 익혀 자신이 서게 되었을 무렵 어느 날 저녁 갑자기 도적 떼의 급습을 받아 청년들은 한번 싸우지도 못하고 참패를 당하자 온 동네는 노유(老幼) 부녀자들의 울음소리가 마을을 흔들었고 도적 데들은 소를 잡아 놓고 주육으로 포식하며 밤새도록 약탈과 강간을 자행하는 처참한 광경이었다. 밤이 깊어 어느덧 자정이 지났을 무렵 갑자기 뇌성벽력(雷聲霹靂)이 일고 폭풍우가 몰아치더니 뒷산이 무너지는 소리와 함께 사람들이 외치는 고함 소리가 들려왔다. 이와 함께 도적 떼들은 혼비백산하고 어디론가 사라졌다. 먼동이 트고 날이 샜다. 그때 한 청년이 헐레벌떡 달려오더니 하는 말이 뒷산에 난데없이 큰 바위가 생겨났는데 어디서 나왔는지 모르지만 그 바위에는 사람의 큰 손자국이 찍혀 있다고 하자, 온 동네 사람들이

---

112) 柳增善, 『嶺南의 傳說』, 螢雪出版社, 1971, pp.374-375.

우르르 다 뒷산으로 몰려가서 보고 하는 말이 "아마 엊저녁 천둥소리와 함께 그 바위가 생겼고 동시에 장수가 그 바위 속에서 나올 때 짚은 손자국이 틀림없다."고 믿었다. 그 후로는 이 장군만 믿고 무서운 도적들이 쳐들어와도 이 장군이 보살펴 주지 않을까 생각하며 안심하고 살게 되었다. 그도 그럴 것이 장군 바위가 생겨난 저녁에 뒷산에는 많은 도적 떼가 죽어 있었기 때문이다.113)

정도은 선생의 기적

고려 말 충신으로 알려진 정몽주(鄭夢周, 1337~1392)는 모친께서 태중에 난초를 땅에 떨어뜨려 놀라 깨어서 선생을 낳았다고 하여 몽란(夢蘭)으로 지었다가 나중에 몽룡(夢龍), 몽주(夢周)로 고쳤다고 한다. 선생이 강보에 싸였

113) 柳增善, 『嶺南의 傳說』, 螢雪出版社, 1971, pp.381 - 382.

을 때이다. 선생이 고고성(呱呱聲)을 터뜨린 이후로 매일같이 밤낮으로 쉬지 않고 울음을 계속하였으므로 집안사람들은 무슨 불길한 일이 생길 징조가 아닌가 하여 매우 걱정하고 있었다. 그러던 중 7일째 되던 날 한 점잖은 중이 찾아와서 시주를 청하기에 선생의 부친이 "시주는 어렵지 않습니다마는 한 가지 부탁이 있습니다. 뱃속에서 떨어진 이래로 갓난아기가 밤낮으로 울고 있으니 무슨 까닭이오?" 하고 물어보았다. 그러자 그 중이 방을 보여 달라 하기에 안내하였더니 선생이 누워 있는 방에 들어와서 사벽을 살펴보더니 이르기를 "이것은 도령님이 우는 것이 아니고 벽에 쓰여 있는 글을 읽고 있으니 걱정할 필요가 없습니다. 곧 백지(白紙)로 도배를 할 것 같으면 울음이 그칠 것입니다."고 하였다.

선생의 부친이 반신반의하면서도 그 중의 말대로 흰 종이로 도배를 하고 나니 비로소 울음을 뚝하고 그쳤다고 한다. 이처럼 포은은 날 때부터 생이지지(生而知之)요, 뛰어난 천품을 타고난 인물이었다고 한다. 그뿐만 아니라 선생이 돌아가신 후 기적은 또 나타났다. 명종 8년(1553)에 임고면 양항동 입구에 포은 선생을 모신 임고서원(臨皐書院)이 창건되었는데 그 후 임진왜란 때 왜적들의 방화로 인하여 서원은 송두리째 재로 변하였으나 선생의 영정(影幀)은 조금도 손상 없이 깨끗한 모양으로 서원 주위의 뽕나무에 걸려 있었다고 한다.114)

말무덤골의 유래

고경면 창상동을 별칭으로 말무덤골로 부르는데 골벌국(骨伐國)에 황보능장(皇甫能長)이라는 장군이 왜적을 무찌르기 위하여 완산동에 금강성(金剛城)을 쌓고 수비하던 중 자기가 아끼고 사랑하던 말을 적의 화살로 잃게 되자 애석한 마음에 이곳에 무덤을 만들어 기념하였기에 생긴 이름이라고 한다.115)

---

114) 柳增善, 『嶺南의 傳說』, 螢雪出版社, 1971, pp.381 - 383.
115) 柳增善, 『嶺南의 傳說』, 螢雪出版社, 1971, p.376.

08 상주시(尚州市)

경천대(擎天臺)와 용마(龍馬)

사벌과 중동을 가로질러 흐르는 낙동강 가 사벌 쪽 강변 절벽 경천대 밑 청소(靑沼)는 언제부터인지 용소라고 불리어 오고 있다.

번개처럼 날쌘 말이 백사장에 뛰어놀다가 물속으로 들어간다고도 하고, 어떤 사람들은 말에 날개가 달렸다고도 했다. 때로는 하늘을 날아다니다가 내려오더라고도 했다. 그 말을 용마(龍馬)라고도 하고, 천마(天馬)라고도 하고, 비마(飛馬)라고도 했다.

'세상에 그런 말도 다 있다니!'라며 정기룡은 군침을 삼켰다. 그리고 어느 날 경천대로 갔다. 마침 말 한 마리가 용소에서 뛰어나오는 게 아닌가? 회색 바탕에 검은 점이 큼직큼직하게 몸에 박혀 있는 아주 경쾌하게 생긴 말이었다. 멀찌감치 서 내려다보던 정기룡의 눈엔 빛이 나기 시작했다. 정말 듣던 대로 날쌘 말이었다. 재빠르기가 번개 같았다.

어머니의 젖무덤 같은 이 포근한 산야를 어찌 피로 물들일 수 있으랴. 정기룡은 어금니를 지그시 깨물었다. 저 말을 얻어서 내 한 몸이 분골쇄신이 되더라도 기어코 백성의 가슴속에 평화를 찾아 주고, 기쁨을 안겨 주리라. 이렇게 다짐한 정기룡은 우선 용마를 얻을 궁리를 했다. 그러나 그 말을 얻기란 그리 쉬운 일이 아니었다. 사람소리만 나면 번개같이 물속으로 들어가고 말아 여간 어려운 일이 아니었다. 어떻게 하면 저 말을 얻을 수 있을까? 정기룡은 궁리를 거듭하였다. 6일째 되던 날이었다. 정기룡은 무릎을 탁 쳤다. 그러고는 강가에 달려갔다. 백사장에다 사람 같은 허수아비를 세워 놓았다. 그리고 말의 동정을 살폈다. 허수아비를 처음 본 말은 가까이 오지도 않았다. 말은 그 이튿날도 그랬다.

며칠이 지났다. 말은 허수아비가 움직이지도 않고, 가만히 있으므로 마음을 놓았는지 조금씩 가까이 다가갔다. 그러다가 찔끔 뒤로 물러서기도 하며 경계를 풀지 않았다. 며칠이 지났다. 말은 허수아비에 몸을 문지르기 시작하였다. 허수아비에게 마음을 놓은 모양이다. 이 기회를 노리던 정기룡은 말이 나오기 전에 허수아비 속에 숨었다. 그날도 용마는 아무 의심 없이 허수아비에 몸을 문지르고 있었다. 정기룡은 번개처럼 달려들어 갈기를 움켜쥐고, 말 등에 뛰어올랐다. 말은 마구 뛰기 시작했다. "내가 네 주인이거늘 나를 버리고 어디로 가려느냐. 아무 말 말고 나를 섬기는 착실한 부하가 되어라." 말 위에서 정기룡은 호통을 쳤다. 정기룡의 우렁찬 목소리에 놀란 말은 알아들었다는 듯이 고개를 끄덕였다. 정기룡은 말을 한참 쓰다듬다가 말에게 채찍을 가했다. 말은 마치 구름같이 가벼운 발걸음으로 정기룡을 싣고는 강변 모래사장을 한 바퀴 돌았다. "과연 하늘이 내린 사람에 하늘이 내린 말이로구나." 이 광경을 보던 사람들은 감탄의 말을 잊지 않았다.

예부터 성인이 나면 기린이 나고, 장군이 나면 용마가 난다는 전설이 있듯이 훗날의 정기룡 장군을 위해 하늘이 보내 준 용마가 어찌 주인을 몰라보았으리오. 임진왜란 7년 전쟁을 이 용마와 함께 산야를 달렸으니 경상도엔 이 용마의 발굽이 아니 거친 데가 없을 지경이었다. 지금도 푸른 용소에는 아는지 모르는지 무심한 새들은 목소리를 가다듬고 울고 흰 구름이 쉬어 가며 강변 스쳐 가던 비바람도 여기 와서 숨을 돌리고 간다.116)

---

116) 상주군, 『尙州의 얼』, 1982, pp.300-302.

북장사의 괘불(掛佛)

상주 북장사에는 영산회 괘불에 대한 이야기가 전해지는데 이 괘불은 길이 12m, 폭 8m의 거대한 괘불로 영험이 있는 일들이 여러 차례 일어났는데 절에 경사가 있을 때 또 가뭄이 계속될 때 비가 오게 하는 힘이 있다고 하여 이곳 사람들은 믿고 있다.

"이 괘불은 영험이 있어서 가뭄이 심할 때 괘불을 노천에 걸고 기우제를 지내면 곧 비가 온다."고 한다. 1966년 가뭄 때 상주 읍내 북천(北川)에 이 괘불을 걸고 기우제를 올린 일은 우리의 기억에 생생하다. 당나라에서 왔다는 스님 한 분이 북장사를 찾아왔는데 아마 탱화를 그리는 유명한 화승(畵僧)이 었던 모양이다. 마침 북장사에서는 거대한 탱화를 제작할 참이라 주지 스님은 그를 반겨 맞아 주었다. "지금부터 3일 동안 이 법당 안에서 일할 것이니 들여다보지 말아 주시오." 화승은 북장사 주지에게 이렇게 일러 놓고 법당으로 들어갔다. 사흘째 되는 날이었다. 그날따라 법당은 쥐 죽은 듯 고요했다. 도대체 어떤 그림을 그리기에 저토록 고요할까? 아니 왜 들여다보지도 말라고 했을까? 법당 뜰을 쓸던 부목승은 의이한 생각에 짖기 시작했나. 일을 하면 무슨 소리라도 들린 텐데 숨소리 하나 들리지 않다니? 또다시 부목승은 의문에 잠겼다. '이건 분명 엉터리일 것이다. 도대체 뭘 하는지 들여다볼 수밖에' 부목승은 주지스님의 엄명도 잊은 채 살그머니 법당으로 올라가 문구멍으로 들여다보았다. 그런데 어찌된 일인지 스님은 간곳없고 파랑새 한 마리가 온 방안에 광채를 뿌리며 부리에 붓을 물고 그림을 그리다가 문구멍으로 들여다보는 부목승 쪽으로 목을 돌리더니 이내 사라지는 것이 아닌가? 부목승은 깜짝 놀라 눈을 의심하며 법당문을 열고 들어갔다. 그러나 아무리 불러도 스님은 간 곳이 없었다. 절이 발칵 뒤집혔다. 모두들 찾았지만 화승은 간곳없고 파랑새가 날아간 자리에는 오른손 한 짝을 미완성으로 남긴 괘불만이 자리를 지키고 있었다.[117]

---

117) 상주군, 『尙州의 얼』, 1982, pp.302-304.

감암정

이안면 아천리에 전해지는 이야기이다. 홍민헌의 손자 이해가 자기 조부모의 지난 일을 추모하여 조모(유씨 부인)가 기도를 드리던 바위 위에 1653년에 정자를 세워 감암정이라 이름하였다. 임란을 당하여 국가가 위태롭게 되자 한 선비로서 의분에 못 이겨 의거에 참가, 왜적과 싸우다가 장렬히 전사한 홍약창과 그의 아들 민헌이 아버지의 원수를 갚기 위하여 참전, 적과 싸우다가 역시 전사한 사실과 민헌의 처 유씨 부인이 유복자를 잉태하고 홍씨 가문의 대를 잇기 위하여 큰 바위 밑에서 지성으로 생남 기도를 드려 득남 후 훌륭히 기른 사실을 기리기 위하여 조성된 각이다.

성균 진사였던 홍약창은 원래 낙동 지방에 살고 있던 선비였다. 왜란이 발발하여 상주성이 실함된 후 의병장 이봉을 도와 왜병을 맞아 싸우다가 많은 전공을 세우고 장렬히 전사했다. 이 소식을 들은 아들 민헌은 가족을 안전한 곳에 피하라 이르고 아버지의 원수를 갚기 위하여 전진에 뛰어들어 수많은 왜병을 죽이고 장렬하게 전사하니 그의 말이 주인의 의관을 물고 피난 중인 가족에게 전하고 말도 기진하여 쓰러졌다. 함창읍지의 충효록에 의하면 당시 세인들이 만고의 충효지문이라 칭찬하였다 한다. 부자 순국 후 미망인으로 시어머니 동래 정씨, 며느리 진주 유씨만이 남았는데 때마침 며느리 진주 유씨가 유복자를 잉태하였는지라 고부간에 약속하기를 아들을 낳으면 살아서 살기르고 딸을 낳으면 3대의 여자 모두 자결키로 하고 그날로 큰 바위 밑에서 생남 기도를 지성으로 드렸더니 영험이 있어 아들을 낳으니 이분이 현재 이곳에 살고 있는 홍씨들의 중시조가 되었다고 한다. 세인들은 하늘과 땅이 감동하여 생남하였다 하여 당시 동명 병현리를 감암이라 개칭하여 오늘에 이르고 있다.

상사바위

　갑장사 남쪽으로 낭떠러지 위에 자리 잡고 있는 큰 상사바위에 전해지는 이야기이다.

　신라 시대에 어떤 젊은이가 수도를 하러 이곳을 찾아왔다. 그의 고향에는 사랑하는 여인이 있었으나 인생무상을 느낀 바 있어 속세를 떠나 수도하기에 여념이 없었다.

　그러던 중 수도하러 간 젊은이를 기다리던 그의 애인은 그리움에 지쳐서 죽고 말았다. 죽은 혼은 구렁이가 되어 자기가 생시에 사랑하던 젊은이를 찾아갔다. 수도하는 젊은이를 발견한 구렁이는 젊은이의 몸을 칭칭 감아 버렸다. 수도에 너무 몰두한 젊은이는 처음은 몰랐다가 차차 몸이 이상함을 느껴서 눈을 떴다. 구렁이는 자기가 사랑하던 연인임을 말했다. 그리고 같이 죽어서 구렁이가 되어 함께 살자고 하였다. 그러나 젊은이는 수도 중이었기에 이 말에 현혹되지 않고 불경을 외기 시작했다. 한참을 외우니 구렁이는 힘이 빠지는 듯하더니 어디론가 사라져 버렸다. 날이 밝고 해가 떴다. 바위 위에서 간밤의 번우를 씻는 듯 멀리 바라보다가 절벽 아래에 그 구렁이가 떨어져 죽어 있는 것을 발견했다. 젊은이는 이를 불쌍히 여기어 제사를 지내고 이곳을 영원히 기념하기 위하여 '상사바위'라고 이름 지었는데 오늘날까지 전해지고 있다. 또 이런 얘기도 전해져 온다. 지금부터 600년 전이라 한다. 가을 어느 날 이름도 없는 수도승 한 분이 이 갑장사를 찾아 머물게 되었다. 그런데 이 절에는 이전부터 이 절을 지켜 온 예쁜 여승이 있었다. 그 여승이 독경과 염불에 전념하는 수도승의 뒷바라지를 도맡게 되었다. 이로부터 이 여승은 그 늠름한 수도승을 잊지 못하는 마음에 사로잡혀 고민하기 시작했다. 그러나 세월은 하염없이 흘러만 갔다. 그해 겨울이 지나고 이듬해 봄이 골짝에 쌓인 눈을 녹이며 이 깊은 산골에도 찾아들었다.

　수개월 동안의 고민은 그녀의 심신을 초췌케 하였다. 더더구나 수도승은 며칠 안 있으면 다른 곳으로 옮겨 가게 된다. 그런 이별을 생각하니 마음은 더욱 초조해지는 것이다. 드디어 수도승과의 이별의 날은 왔다. 하고 싶은 말

한마디 못 하고 헤어져야 했다. 다시 못 볼 이 기막힌 이별은 그녀로 하여금 비장한 결심을 하게 되었다. 여승은 깨끗한 옷으로 갈아입었다. 늘 괴로울 때마다 찾아가는 그 벼랑 끝에 서서 아래를 굽어봤다. 개미처럼 작게 보이는 수도승이 좁은 산길을 따라 내려가고 있는 것이 보였다. 그녀는 아래를 향하여 소리쳤다. "한 번만 뒤를 보아 줘요." 그 소리는 메아리가 되어 골짝을 울렸다. 비단 폭을 찢는 듯한 여승의 외침에 수도승은 걸음을 멈추고 뒤를 쳐다봤다. 여승은 이미 몸을 허공에 던져 포물선을 그리며 떨어지고 있었다. 한 떨기 꽃처럼 떨어지고 있었다. 수도승은 다시 발걸음을 돌려 걷기 시작했지만 그의 입에선 나무아미타불만 외우고 있었다고 한다.[118]

이상향(理想鄕) 우복동(牛伏洞)

소가 엎드린 모양을 우복동이라 한다. 지세를 보면 서쪽은 백두대간의 속리산 바위병풍에 첩첩이 막혀 있다. 평화롭고 살기 좋은 마을이다. 북쪽은 백두대간 늘재를 넘어야 괴산으로 연결되며, 남쪽은 갈령을 넘어야 멀리 상주로 갈 수 있다. 고개를 넘지 않는 유일한 관문인 동쪽의 문경 가는 길은 가파른 벼랑이 연이어 있는 쌍룡계곡이 막고 있다. 이 땅에 사는 사람들의 영원한 이상향으로 여겨 온 십승지(十勝地)의 다른 이름이다. 우복동을 한꺼번에 조망할 수 있는 최고의 명당은 장암리에 있는 견훤산성이다.

옛날부터 전해 오는 이야기로 한 나무꾼이 산속으로 나무를 하러 갔다. 그날은 어찌하다 보니 산속 깊은 곳으로 들어갔던 모양이다. 나무를 하려고 지게를 내려놓을 참이었는데 웬 사슴 한 마리가 나무꾼의 눈에 들어왔다. 나무꾼을 보고도 겁을 먹은 모습은 아니었다. 나무꾼은 지게 작대기로 사슴을 훔치는 시늉을 하였다. 그래도 사슴은 태연히 서 있기만 했다. 오히려 나무꾼을 더 정답게 바라보는 듯했다. 별난 사슴이 다 있군. 나무꾼은 사슴에게로 슬금

---

118) 상주군, 『尙州의 얼』, 1982, pp.313 - 315.

슬금 다가갔다. 사슴은 나무꾼을 힐끔 보며 걷기 시작했다.

빠르지도 느리지도 않은 걸음걸이였다. 나무꾼이 따라오다 서면 사슴이 또 서고 나무꾼이 따라오면 다시 슬금슬금 사슴은 가고 해서 나무꾼은 호기심이 일었다. ‘그것 참 이상한 일이로다. 한번 따라가 볼 수밖에 없지.’ 나무꾼은 사슴을 따라 이 골짜기 저 골짜기를 다녔다. 얼마를 그렇게 따라갔을까? 사슴은 바윗돌 사이에 뚫린 조그마한 굴속으로 쏙 들어가 버렸다. 나무꾼도 그냥 내친걸음이라 따라 들어갔다. 굴속에 무엇이 있을 것 같은 생각이 들었다. 굴은 이상하게도 안으로 들어갈수록 크고 넓었다. 깊이 들어가면 캄캄할 것 같은데도 그 굴은 들어갈수록 밝아 오더니 나중에는 환한 세상이 되었다. 나무꾼은 이게 어떻게 된 굴인지 딴 세상이 있을까 하고 신기하게 생각했는데 저편 소나무 밑에 두 노인이 바둑을 두고 있는 게 보였다. 나무꾼은 바둑을 두는 노인에게 다가가 보았다. 두 노인은 모두 길게 흰 수염이 나 있었다. 소나무 가지에 학이 앉아 있고 나무 아래에는 이름 모를 꽃들이 피어 향기를 풍기고 있었다. 바람은 불어 나무꾼의 가슴 속까지 시원하게 해 주었다. 어디선지 거문고 뜯는 아름다운 소리가 들려왔다. 두 노인은 아무런 걱정도 없고 괴로운 일, 슬픈 일도 없는 듯한 얼굴로 말없이 바둑을 두었다. “젊은이, 거문고 소리 나는 곳으로 가 보게나.” 노인 하나가 눈길을 주며 젊은이이게 말했다.

“거기 가면 젊은이를 환영할 걸세, 젊은이도 여기 오년 우리처럼 다정한 이웃이 되거든.” 옆의 노인 하나가 다시 거들었다.

나무꾼은 노인의 말대로 거문고 소리가 나는 데로 가 보았다.

“어서 오십시오 젊은이. 젊은이는 이제 다정한 이웃입니다.”

허연 수염의 노인 하나가 빙긋이 웃으며 말했다. 나무꾼도 허리를 굽혀 인사를 했다. “안녕하십니까? 갑자기 이렇게 찾아와서 죄송합니다.” “원, 별말씀을. 여기는 편안하고 즐겁게 있는 곳이지요. 저길 보시지요. 저렇게 흥겹게 놀고 있답니다.”

노인이 가리키는 곳에는 한 무리의 젊은이들이 즐겁게 놀고 있었다. “여기에는 부자도 가난한 사람도 없다오. 도둑도 남을 속이는 사람도 홍수도 가뭄도 없다오. 사람을 죽이는 전쟁은 더욱 없소이다. 가히 살 만한 곳이라 할 수 있지요." "예, 그렇습니까? 참 살기 좋은 곳이로군요." 나무꾼은 자기도 여기에 와서 살면 좋을 것이라 생각을 해 보았다. 어느새 어여쁜 처녀가 음식을 한 상 가득 차리고 들고 나왔다. "젊은이, 시장할 턴데 실컷 드시지요. 보아하니 고생이 많은 것 같소." 나무꾼은 황송했다. 밥은커녕 죽도 겨우 먹는 처지인데 뽀얀 밥은 더욱 나무꾼의 구미를 당겼다. 나무꾼은 정신없이 밥을 퍼먹었다. 한참이나 밥을 먹은 나무꾼은 자기도 모르게 숟가락을 멈추었다. '이런 흉년에 쌀밥을 혼자서 먹다니.' 나무꾼은 아내와 자식들이 떠올랐다. 배고프다고 우는 자식들이 불쌍하였다. 나무꾼은 목이 메어 밥이 제대로 넘어가지 않았다. "여보 젊은이 걱정하지 마시고 실컷 배불리 드시오."

나무꾼은 다시 밥을 먹기 시작했다. "젊은이, 젊은이는 여기 와서 살고 싶은 생각이 드는 게지요." 나무꾼은 그만 엎드려 다시 절을 했다. "어르신네, 소원이옵니다. 이 살기 좋은 곳에서 저도 함께 살게 해 주실 수 있는지요." 노인은 고개를 끄덕이며 빙그레 웃었다. 나무꾼은 매우 기뻤다. 이렇게 배불리 먹고 편안하게 살 수 있는 곳이라니 꿈만 같은 일이 아닐 수 없었다. 그런데 나무꾼에게는 한 가지 걱정이 생겼다. 아내와 자식도 함께 살 수 있도록 해 줄 수는 없는지. "어르신네 제 한 몸 편히 살 수 있으면 뭐 합니까? 아내와 자식도 함께 살 수 있도록 해 주실 수는 없는지요?" 노인은 한참 동안 나무꾼을 바라보더니 입을 열었다.

"젊은이의 소원은 들어줄 수가 없지. 나는 이 마을의 촌장일세. 내 말을 꼭 지켜 줘야지 그것을 어기면 절대 아니 되네." "그러고 말고요. 어르신의 말씀인데." "그러면 젊은이의 소원대로 아내와 자식을 데리고 와서 살게 해 주겠네. 그러나 가족을 데리고 올 때 절대로 여기에 온다고 말을 해서는 안 되네." 나무꾼은 촌장 어른의 말대로 그 굴을 나와서 집으로 왔다. 나무나 한 짐 하여 갖고 온 줄 알았는데 빈 지게로 싱글벙글 웃고 들어오는 남편의 모습을 보고 아내는 이상히 여겼다. "여보, 내일 당장 이사 가야겠소. 아무 소리 말고 이사 갈 준비를 하시오." "아닌 밤중에 홍두깨라더니 갑자기 이사라니요." "아녀자는 그대로 남편의 말에 순종하면 되는 것이오. 어서 준비나 해요." 아내는 점점 모를 일이었다. 남편의 정신이 이상한가 싶었지만 그렇지 않고 너무나 진지한 모습이었다.

울며 겨자 먹기로 옷가지 몇 개를 챙겨서 이사 갈 준비를 했다.

"아무리 영문을 모르지만 이웃에게 인사는 하고 가야지요." 나무꾼과 아내는 그날 저녁 이웃에게 작별 인사를 다녀왔다. 이웃들도 도무지 어떻게 된 일인지 영문을 알 수 없었다. "도대체 어디로 이사를 가는지요." 물어보아도 이웃 덕분에 잘 있었다는 말뿐이었다.

날이 밝았다. 나무꾼네 식구가 봇짐을 싸고 집을 떠나는 참이었다. 나무꾼과 제일 친한 친구가 찾아왔다. "야, 이 사람아. 갑자기 이게 무슨 영문인가? 가더라도 이렇게 헤어질 수 없으니 간단하게 주막에 가서 이별 술이나 간단하게 하세." 나무꾼은 그것마저 거절할 수가 없었다. 할 수 없이 식구들을 남겨 두고 친구와 함께 주막으로 갔다. 술잔이 몇 번 돌고 돌았다. "야, 이 사람아. 아무리 그렇기로서니 나한테까지 비밀로 한단 말인가? 자네 무슨 죄라도 졌는가? 꼭 쫓겨 가는 모습이야. 이 죽마고우마저 버릴 셈인가?"

"아니야, 이 사람아. 그게 무슨 섭섭한 말인가? 그건 나중에 여기 와서 이야기해 줌세." "원, 사람도 참으로 섭섭하네 그려." 술잔이 몇 번 돌아가자 나무꾼은 취기가 돌았다. 친구의 말대로 이사 가는 이야기를 들려주지 못하는 것이 가슴 아팠다. 비밀은 꼭 지켜야 하는데 어쩌지 하고 망설이다가 그만 말문을 열고 말았다. 술기운으로 해서 나무꾼의 마음이 약해졌는지도 모를 일이었다.

"그럼 자네만 알고 남에게는 절대로 이야기해서는 안 되네. 절대 비밀로 해야 되네." "나도 남자인데 어서 말이나 해 보게."

나무꾼은 그만 그동안의 일과 이사 내력을 털어놓았다. "그랬었군. 그럼 자네가 거기 가서 살다가 그 촌장님께 말씀 잘 드려 나도 거기 가서 살도록 해 주게." 친구는 나무꾼에게 간절한 부탁을 했다. "그러지, 그리고 말고, 꼭 그럼세." 마음씨 착한 나무꾼은 그만 말해서는 안 되는 약속을 어기고 말았다. 나무꾼은 친구와 헤어져 산속으로 들어갔다. 사슴을 따라가던 굴을 찾으려고 했으나 도저히 찾을 수가 없었다. "그것 참 이상한 일이로다. 이 부근 어디였는데." 나무꾼은 바위를 아무리 찾아보아도 찾을 수가 없었다. 영영 찾을 수

없다고 했다. 나무꾼의 이상향의 꿈은 물거품처럼 꺼져 가 버렸다. 나무꾼은
인정에 그만 털어놓은 말 때문인지도 모르고 지금도 어디에서쯤 이상향(理想
鄕)을 찾으러 다니고 있을지 모를 일이다.119)

공갈못의 전설

　함창 공갈못(恭儉池)은 얼음이 얼면 용이 얼음 위에 밭갈이를 하니 그 얼
음이 갈라 터지는 형상을 보고 다가오는 해의 흉년·풍년을 점쳤다고 전한다.
　옛날 상주에 사는 김이라는 사람이 경주를 갔다 오는 길에 아리따운 어느
미녀를 만나 같이 동행하게 되었다. 그런데 이 여자의 얼굴이 너무나 아름답
고, 옷차림도 황홀하여 불길한 예감이 드는 동시에 두려움과 공포까지 느꼈다.
대구 독명원(犢鳴院)에 도착하여 하룻밤을 묵게 되었다. 그날 밤이었다. 미녀
는 갑자기 물을 이고, 방으로 들어가더니 물을 방 안에 쏟아 버리고 황룡으로
변했다. 얼마 뒤 다시 미녀가 되어 "나는 경주 용담(龍潭)에 사는 용녀인데
지금 상주 공검지(공갈못)에 가면 그 못에 있는 암용과 싸움이 일어날 것이니,
당신은 나를 도와주시오."라고 했다. 김은 어쩔 줄을 몰라 그러면 어떻게 도
우면 되느냐고 물으니 용녀는 공검지에 모일 모시에 세 용이 서로 싸움을 할
것이라 했다. 세 용 가운데 청룡은 웅룡(雄龍), 즉 나의 남편이요, 황룡은 나
요, 백룡은 나의 출가를 방해하는 암용이니 그 백룡을 죽여 달라고 청했다.
김은 죽여 줄 것을 약속하고, 그날 그 시간에 공검지로 나갔다. 과연 세 용이
엎치락뒤치락 결사적으로 싸우고 있었다. 김은 급히 허리에 찼던 칼을 뽑아
백룡을 향해 친다는 것이 잘못되어 청룡의 허리를 자르고 말았다. 청룡은 피
를 흘리며 못 속으로 들어가 버리고, 황룡이 나타났다. 김을 향하여 당신은
어찌하여 백룡을 죽여 달라고 했는데 청룡인 나의 남편을 죽였느냐고 원망했
다. 그리고 노려보며 당신은 나의 남편을 죽였고, 나를 과부로 만들었으니 원

---

119) 상주군, 『尙州의 얼』, 1982, pp.309 - 313.

수이긴 하지만 나와 같이 살아야 된다고 했다. 김은 그럼 집으로 가서 부모 형제와 처자들에게 작별을 고하고 오겠다고 공검지를 나섰다. 집으로 가는 길에 갑자기 열이 오르고, 머리가 아파서 자리에 눕게 되었고, 이튿날엔 죽고 말았다.

김의 집사람들은 크게 놀라 무당을 데려다 알아봤더니 용신의 장난이라 했다. 못가에 제단을 쌓고 무당을 불러 기도를 하게 했다. 그때 못 속에서 황룡이 나타나더니 "나는 당신이 오기를 학수고대했는데 오늘에야 왔구려." 하면서 황룡은 무엇인가 포옹하는 몸짓을 하며 못 속으로 들어갔다. 그의 시체를 안고 들어가 부부가 되어 잘살고 있다고 한다.

아득한 옛날 상주 함창에 있는 못은 비가 좀 많이 오면 둑이 끊어져서 마을 사람들 피해가 컸다. 어느 해 여름, 비가 많이 오자 또 둑이 끊어져 고심하고 있을 즈음, 하루는 한 낯선 스님이 마을에 나타나 이 이야기를 듣게 되었다. 이에 스님이 말했다.

"그 못 둑을 끊어지지 않게 하려면 산 사람을 세워 놓고 그 위에 둑을 쌓아 올리면 이후로는 절대 끊어지지 않을 것이오."

스님의 말을 들은 사람들은 이구동성으로 그렇게 해 보지고 했으나 문제는 둑을 쌓아 올리는데 사람 기둥으로 설 사람이 없었다.

며칠을 보내고 있었는데 전날의 스님이 또 나타나 "사람 기둥으로 설 사람이 없으면 제가 서지요." 하였다. 동네 사람들은 모두 좋아하면서 그 스님을 사람 기둥으로 세워 놓고 둑을 쌓아 올렸다. 둑이 완성된 다음에는 스님의 극락왕생을 빌면서 큰 재를 지냈고 그 후로는 아무리 비가 억수같이 쏟아져 내려도 못 둑이 끊어지는 일이 없었다고 한다. "상주 함창 공갈못에 연밥 따는 처녀야 연밥 줄밥 내 따다 줄께 내 품에 잠들어라." 못에 연꽃이 만발하면 더욱 못물은 맑아 처녀들이 연밥을 따서 이 노래가 불리었으며 지금도 전해 내려오고 있다.120)

---

120) 상주군, 『尙州의 얼』, 1982, pp.316-319 참고.

조자룡 굴(趙子龍 窟)

　우리나라 삼국시대 초기 은척면 남곡1리에서 중국 전국시대에 용맹을 떨친 영웅 성산 조자룡이 태어났다고 전하여 온다.

　조자룡은 남곡1리에 있는 칠봉산 둘째 봉우리 남쪽의 동굴 속에서 태어났다. 그는 태어나면서부터 힘이 세어 굴을 막고 있던 큰 바위를 밀치고 나왔다. 굴에서 아래를 내려다보면 조자룡이 태어날 때 밀어냈다는 길이 5m 되는 큰 바위가 그대로 있다.

　조자룡은 열심히 무예를 닦고 있었는데 하루는 칠봉산 동남쪽에 있는 폭포에서 요란한 말 울음소리가 들려 내려가 보니 금빛 찬란한 용마가 있었다. 이 폭포는 울수폭포라 부르는데 조자룡은 이 용마를 하늘이 주신 선물이라 여겨 말에 올라타고 튀어 오르니 울수폭포에서 1.5㎞ 거리가 넘는 해발 7m의 성주봉 산곡대기에 다다랐다. 말이 뛰어내릴 때 생겼다는 말발굽자국이 지름 2.5m나 되는 큰 반석 위에 지금도 선명하게 남아 있다. 이곳에서 산 위쪽으로 500m 더 올라가면 조자룡이 무예를 즐겨 닦은 후 즐겨 마셨다는 약수터가 있다. 조자룡이 약수를 마시고 일어설 때 생겼다는 투구 자국이 선명하게 남아 있다. 옛날부터 아기를 못 낳는 부인이나 청운의 뜻을 지닌 선비들이 소원 성취를 위해서 이곳에 찾아와서 약수를 마셨다고 한다.[121] 전설 속의 명소로 칠봉산 밑에는 신라 선덕여왕 때 의상대사가 창건하였다는 황령사가 있다.

---

121) 상주군, 『尙州의 얼』, 1982, pp.319－320.

시루봉의 호랑이 전설

지금으로부터 약 백여 년 전에 병천리에는 류씨 성을 가진 장사 한 분이 살고 있었다. 그의 동생은 평온리에 살고 있었는데 어느 날 동생의 가중 환난이 심하여 굿을 한다는 소식을 전해 듣고, 형제간의 일인지라 수수방관할 수 없어 옷을 차려입고 아침 일찍 길을 떠났다. 갈령을 넘고, 장자불재를 넘어 하루 동안이 거의 걸려 동생 집에 도착하니 해는 이미 져서 어둑어둑한 가운데 마당에선 벌써 인근 주민들이 모여 무당의 굿판이 한창이었다.

그가 들어가지 못하고 사립문 쪽에 서서 잠시 쉬며 굿판을 구경하고 있을 때 뒤에서 누가 두루마기 자락을 당기는 듯하였다. 이상히 여긴 그가 뒤를 돌아보는 찰나에 확 낚아채어지며 웬 짐승의 등에 올라 앉혀져 오던 길 장자불재를 순식간에 넘었다. 경황이 없는 중에 애써 정신을 차려 보니 갈령재 말랭이에 벌써 이르렀고, 자신은 호랑이 등에 실려 있음을 알게 되었다. 순간, 정신이 아찔하였으나 정신을 가다듬고, 앉아 가는데 갈령의 정상에서부터는 길로 가지 아니하고, 서령 방면 산상을 나는 듯이 달렸다. 더욱 놀라운 것은 우거진 숲속임에도 불구하고, 나뭇잎 히니 자기 몸에 스치지 않아 비호의 날랜 위력을 절감하니 더욱 정신을 가다듬게 되었다. 그때에 멀리 동네의 불빛이 보이므로 생각하니 자기 동리인 것 같아 '왜 나를 데려오는 것일까?' 의구심이 솟구쳤으나 호상에 가는 팔자인지라 마음을 편히 먹기로 하였다. 이윽고 도장산을 내려선 호랑이는 병천 류장사 집 앞에서 잠시 머뭇거리다가 그대로 청화산 시루봉 정상 암벽 상에 류장사를 내려놓았다. 갑자기 등이 화끈함을 느껴 깜짝 놀라 앞뒤를 살펴보니 어느새 자신은 바위 위에 엎어져 있었고, 어디서 왔는지 호랑이 새끼 두 마리가 나와 자기 등에 흐르는 피를 핥아 먹고 있었다. 그 아픔과 쓰라림은 감히 말로 형용할 수조차 없었으나 더욱 정신을 차리려고 애를 쓰는 동안 마침내 아침 햇살이 밝아 와 주위가 눈 안에 들어왔다.

그가 겨우 엎드린 채 살펴보니 호랑이는 간 곳이 없고, 자기 등을 핥던 새끼 두 마리만 깊이 잠을 자고 있었다. 피 멎은 등을 겨우 지탱하여 일어나 보니 십 장 바위 위에 있는 호랑이 굴 앞인 것을 알게 되어 잠들어 있는 호랑이 새끼를 바위 아래로 던져 버렸다.

그리고 자신은 굴 옆에 있는 수십 년 묵은 나무 가지를 잡고, 나무 위에 올라가 숨어 있었다. 얼마 후에 호랑이가 나타나서 새끼가 죽었음을 알고는 포성을 지르며 야단하다가 새끼들을 물고 딴 곳으로 사라졌다. 그래도 류장사는 감히 나무에서 내려올 생각을 못 하고 있다가 오후 석양이 깃들 무렵에야 마침 채약꾼들이 그 앞을 지나는 것을 보고 크게 소리쳐 구조되어 귀가할 수 있었다. 집으로 돌아온 류장사는 이 세상에서 호랑이 타고 유람한 사람은 나밖에 없다고 하고 지냈는데 채약꾼들에 의해 구조된 지 3년 만에 죽었다. 그 이후로 사람들은 류장사를 업고 간 호랑이를 시루봉 호랑이라 하며 두려워했다고 전해지고 있다.

류(柳) 효자각

상주시 이안면 아천(감바우)에서 서쪽으로 약 1km쯤 도장골 마을에 효자각이 하나 서 있다. 옛날 이 마을에 류씨가 살고 있었는데 칠순에 가까운 아버지가 병석에 누워 있었다. 아들은 약을 구해 와서 아버지 병을 고치려고 애썼으나 헛일이었다. 어느 날 꿈에 어떤 노인이 나타나 밤 고개에 가서 대추를 따 와 달여 드리면 병이 나을 것이라고 하였다. 아들은 눈이 하얗게 덮힌 밤 고개에 갔다. 추운 겨울에 어찌 대추가 열려 있겠는가? 아들은 눈 위에 꿇어 앉아 하루 종일 대추나무에 대추가 열게 하여 달라고 믿고 빌었다. 해가 질 무렵 정말로 대추나무 가지에 싹이 돋고 대추가 열리기 시작했다. 그 대추를 따서 아버지에게 달여 드렸더니 거짓말처럼 병이 나왔다. 아들의 지극한 정성에 하늘이 감동하였다고 동네 사람들이 칭찬이 자자하였다. 류 효자의 효성을 기려 그의 집 앞에 효자각을 세웠던 것이다.

09 문경시(聞慶市)

맏바위와 아차산

후백제를 세운 견훤이 어렸을 때의 일이라 한다. 문경 어느 고을에서 그는 홀어머니와 살고 있었는데 때마침 그 마을에 한 가지 커다란 걱정거리가 있었다. 마을 뒷산에 큰 바위가 있고 바위 밑으로 굴이 있는데 그 굴에 백마가 살고 있었다. 말의 성질이 워낙 난폭하여 사람들이 가까이 접근할 수 없는데다 밤만 되면 들판을 마구 달리며 심어 놓은 곡식을 뜯어 먹어서 마을 사람들은 농사를 지을 수가 없을 지경이었다. 그리하여 기회만 있으면 그 백마를 잡으려 하였으나 워낙 날쌔고 시니워서 좀처럼 죽일 수가 없었다.

그래서 마을 사람들은 만나기만 하면 그 일을 가지고 의논을 했다. "여보게, 그 굴 안에 불을 지르면 어떨까?" "말도 말게나. 전에도 한 번 그랬다가 말이 뛰어나오면서 발로 차는 바람에 사람만 죽고 만 것을 자네는 모르고 있나?" 이러한 마을 사람들의 걱정을 들은 어린 견훤이 말참견을 했다. "아저씨들, 그까짓 말 한 마리 가지고 무얼 그러세요? 내가 그놈을 잡을 테니 두고 보세요." "허, 고놈 말은 좋다만 어른들한테 너무 버릇없이 큰소리를 치는 구나." 마을 사람들에게 장담을 하고 난 견훤은 허수아비 하나를 만들어서 백마가 살고 있는 굴 앞에 세워 놓았다.

그러자 처음엔 백마가 잔뜩 경계를 하면서 굴 안에서만 있다가 갑자기 뛰어나오며 허수아비를 걷어찼다. 그러자 허수아비는 힘없이 쓰러졌는데 견훤은 이러한 일을 여러 번 반복하였다. 나중에 백마는 허수아비를 조금도 무서워하지 않고 유유히 그 앞을 지나다니게 되었다. 그러자 견훤은 스스로 허수아비처럼 옷을 입고 두 팔을 벌린 채 굴 밖에 서 있었다.

이런 줄을 모르고 백마는 견훤의 앞을 태연하게 지나갔다. 그러자 견훤은 재빨리 백마의 갈기를 잡아챘다. 그리고 준비했던 굴레를 얼른 씌우고서 백마 등에 올라탄 것이다. 백마는 미친 듯이 몸부림을 치고 뛰면서 견훤을 떨어뜨리려 하였지만 말갈기를 움켜잡은 견훤은 끝까지 떨어지지를 않았다. 이 광경을 본 마을 사람들은 손에 땀을 쥐면서 저마다 탄성을 질렀다. "하, 견훤이란 놈은 이제 보니 큰 장수가 될 놈이로군." "그러게 말이야. 그걸 모르고 지난번엔 야단만 쳤지. 앗! 백마란 놈이 발굽을 치켜세우고 요동을 치네 그려." "그래도 차츰 기운이 지치는 모양이야. 아까보다 덜 기를 쓰는구먼." 마을 사람들의 말과 같이 크게 소리를 지르면서 백마가 차츰 조용해지기 시작하더니 끝내는 견훤을 등에 태운 채 가만히 서 있게 된 것이다.

견훤의 지략과 용맹에 백마가 지고 만 것이다. 그 후부터 견훤은 날마다 백마를 타고 길을 들였는데 얼마 후 천하에 둘도 없는 좋은 말이 되었다. 그 빠른 속력은 나는 화살을 능가했고, 기민한 머리는 견훤의 심중을 곧잘 헤아렸다. 견훤은 날마다 백마를 타고 무예를 연습했는데 얼마 후엔 활쏘기의 명수가 되었다. 하루는 이쪽 산에서 저쪽 산으로 활을 쏘아 놓고서 말을 달려서 화살보다 빨리 뛰어가 보기로 하였다.

"백마야 만일에 화살보다 늦게 달리면 네 목을 베겠다." 견훤의 이 같은 말에 백마는 알았다는 듯이 고개를 끄덕였다. 드디어 견훤은 저쪽 산꼭대기를 향해서 활을 쏘고는 백마에게 채찍을 내리쳤다. 백마는 날다시피 달려서 금세 그 산꼭대기에 당도하였으나 산 위에 있는 소나무에는 어느새 화살이 박혀 있었다. 견훤은 분노한 얼굴로 사정없이 백마의 목을 내리쳤다. 그때 "휘익" 하는 소리와 함께 화살 하나가 날아와 소나무에 박히는 것이었다. 견훤이 이 것을 보고 "아차" 했을 때는 이미 백마의 목이 땅에 뒹굴고 있었을 때였다. 소나무에 박혀 있던 화살은 견훤이 전날 연습을 할 때 쏘았던 화살인 것이다. 이로 인해 백마가 살던 굴 바위를 말바위라고 부르고 견훤이 말의 목을 베고

나서 "아차" 했다 하여 그 산을 아차산이라고 불렀다고 한다.[122]

새재 성황당과 최명길(崔鳴吉) 전승

조선시대 때 유명한 군사상의 요새지인 문경새재에 전해지는 여러 가지 이야기 중 한 가지만 소개한다.

조선 인조 때 병자호란의 강화파의 대표 최명길은 우의정, 좌의정을 거쳐 정사원훈일등공신에 완성부원군까지 지낸 분이다. 공이 소년 때 안동부사로 있는 외숙을 뵈러 안동으로 갈 때 새재를 지나게 되었다.

그때 마침 꽃같이 어여쁜 젊은 여인이 공의 뒤를 바짝 따라오면서 혼자 가기가 무서우니 같이 가기를 요청한다. 공은 쾌히 승낙하고 같이 동행하면서 그 여자의 정체가 궁금하여 속으로 살피고 있었다. 그 여자도 눈치를 차렸는지 방긋 웃으면서 "공이 저를 의심하는 모양이니 내 정체를 말씀하리다." 하면서 "저는 사람이 아니고 새재 성황신이온데 안동 사는 모 좌수가 서울 갔다 회로에 성황당 앞을 지나면서 성황당에 걸려 있는 치마를 보고 욕심을 내어 치마를 훔쳐 내어 제 딸년에게 주었으니 이런 고약한 자가 어디 있습니까? 지금 좌수 딸을 죽이러 가는 길인데 우연히 공과 동행하게 되었습니다."고 하면서 공의 눈치를 살핀다. 공은 속으로는 놀랐으나 태연자약하게 "인명은 재천인데 그만한 일로 죽일 것까지는 없지 않느냐?"고 말했다. 그 여자는 한참 아무 말이 없더니 다시 입을 연다. "공은 미구에 정사공신으로 영의정에 오를 몸이요. 병자호란이 일어나면 큰 공을 세울 것입니다. 그러나 명나라는 망하고 청이 흥할 것이니 부디 청과 화친하여 이 나라 사직을 보전하셔야 합니다. 오늘 좌수의 딸을 죽일 것이로되, 공의 체면을 봐서 징벌을 할 것이니 공은 이리이리하여 제 체면을 세워 주시오." 하고는 사라졌다. 공은 이상히 여기고 서둘러 안동 좌수를 찾으니 좌수 딸이 급사(急死)하여 집안이 발칵 뒤집혀

---

122) 문경군, 『내고장 전통가꾸기』, 1982, pp.129 - 130.

상하가 경황이 없다.

　공은 주인을 찾아 인사를 차린 후, "당신의 따님을 살릴 수 있으니 당신 따님의 방으로 가자."고 하였다. 주인은 어쩔 줄 몰라 공을 딸 방으로 인도하였다. 새재에서 보던 성황신이 좌수 딸의 목을 누르고 있다가 공을 보더니 얼른 일어나며 "이제야 오십니까?" 하고 인사를 한다. 성황신과 공이 대화를 하는 것은 좌수나 집안사람들에게 소리는 들리나 모양은 보이지 않았다. 공이 말하기를 "새재 성황당에서 가져온 치마를 빨리 불사르고 깨끗한 음식으로 제사를 드리면 회생할 것이니 염려 말라."고 했다.

　좌수는 백배사례하고 공의 말대로 치성을 드렸더니 딸은 소생하였다. 이로써 최명길이 좌수를 시켜 사당을 짓게 하니 지금 남아 있는 성황당이다.

견훤(甄萱)과 금하굴

　문경시 가은읍 갈전리의 아차동이 견훤이 출생한 곳이라는 전설이 있다. 아차동의 한 부유한 가정에 미혼의 규중처녀가 있었는데, 밤이면 가만히 처녀 방에 미목이 수려한 초립동이 나타나서 처녀와 같이 정담을 나누고 동침하다가 새벽이 되면 흔적도 없이 사라지고, 다시 밤이 되면 나타나고 하기를 무릇 수개월 만에 처녀가 아이를 잉태하여 배가 부르게 되니 어쩔 수 없어 사실을 부모에게 실토하였다. 처녀의 부모는 그 말을 듣고 깜짝 놀라서 딸에게 이르기를 그 사나이가 오거든 이번에도 평상시와 같이 동침하다가 그 사나이 모르게 옷소매에 실 꿴 바늘을 꽂아 두라고 하였다. 이윽고 밤이 되어 가만히 엿보니 정말 미목이 수려한 초립동인지라 하회를 기다리기 위하여 그대로 두고 새벽에 초립동이 사라진 후 실을 따라서 찾아가 보니 금하굴로 들어간지라 굴속으로 들어가 본즉 커다란 지렁이의 몸에 실이 감기어 있었다. 그 후로는 초립동이 나타나지 않았는데 처녀는 열 달이 지난 후에 옥동자를 분만하였으니 이가 곧 견훤이라 전한다. 이후 금하굴 속에서는 풍악소리가 수백 년을 계속하여 흘러나와 유람객이 쇄도하여 동네에 피해가 많았으므로 동민들이 그 굴을 메웠더니 풍악소리가 들리지 않게 되었다. 그러나 부락 운이 다함인지 불상사가 속출하므로 해방 후 다시 매몰되었던 굴을 원형대로 파냈으나 풍악소리는 들리지 않았다고 한다.[123]

문경새재 산신령

조선 태종 때 처음으로 조령의 길을 개척할 때의 일이다. 문경현감이 긴급히 조정에 전하여야 할 중대 안건이 있어 현감은 요성역졸 중에서 신체가 건장한 역졸을 골라서 조정에 상계(上啓)할 장계를 가지고 급히 다음 역까지 전달하라는 명령을 내렸다. 현감의 명령을 받은 역졸은 다음 역을 향해 문경새재를 넘어가는데 새재의 중간 지점에 이르렀을 때 호랑이에게 변을 당하였다. 문경현감은 체송한 역졸이 호환(虎患)을 당한 줄도 모르고 조정에 상계하였으니 그 비답만 내릴 줄 알고 기다리고 있던 차 조정에서는 문경현감에게 관계 사건의 전말을 상세히 보고하라는 엄명이 내렸다. 문경현감은 깜짝 놀라 요성역으로 가서 체송한 역졸을 호출하였더니 그 역졸은 지금까지 귀임하지 않고 행방불명된 사실이 드러났다. 이 사실을 안 현감은 즉시 그 사실을 보고하지 않았다고 호령하고 그 역졸의 행방을 탐색하기 위해 문경새재 일대를 수색한 결과 호랑이가 먹다 남은 신체 일부와 행장(行裝)이 발견되었다. 현감은 또다시 지연된 사유와 아울러 사건의 경위를 상보(上報)했다. 이 장계를 받은 태종대왕은 크게 노하여 즉시 봉명사(奉命使)를 차원(差員)하여 문경새재 산신령을 잡아오라는 엄명을 내렸다. 봉명사는 주야배도(晝夜倍道)하여 문경새재에 도착, 산신령을 포착하려고 하나 산신령을 잡을 묘리(妙理)가 나지 않았다. 궁여일책으로 새재 산신사(山神祠)에 제문을 지어 제를 올려 제문을 불사르고 혜국사에 머물면서 다음 일을 기다렸다. 그날 밤 달빛이 무척이

---

123) 문경군, 『내고장 전통가꾸기』, 1982, p.132.

나 밝고 맑아 잠도 못 이루고 누워서 이리저리 뒤척이고 있는데 삼경(三更) 쯤 되어 천지가 진동하는 듯한 호랑이 울부짖음이 일어나더니 잠잠해졌다.

그 이튿날 새재 산신각 앞마당에 산처럼 큰 호랑이 한 마리가 죽어 있었다. 봉명사(奉命使)는 그 호랑이 가죽을 벗겨 태종대왕께 바치고 사실을 임금께 아뢰었다. 그 후부터 문경새재에는 호환이 사라졌으며 그 사건이 있은 후 전씨(錢氏)라는 보통 사람과는 다른 재주가 뛰어난 사람이 유숙하고 있는데 그의 꿈에 새재 산신령이 현몽하기를 "나는 새재 산신령이오. 나라에 득죄하여 아직 면죄를 못 받았으니 그대가 나를 위해 나라에 상소하여 억울한 죄명을 씻어 줄 수 없겠는가?" 하고 간청했다. 그가 쾌히 승낙하고 즉시 새재 산신령에 관한 사죄상소를 올렸더니 죄를 사(赦)하였다 한다.124)

성황당 처녀지신

문경시 마성면 신현리 고모산성이 있는 석현(돌고개) 마을의 돌고개 성황당은 영남과 한양의 유일한 통로다. 약 삼백 년 전 과거길에 오른 어느 선비가 마성면 신현리 조그마한 초가집에서 하루 저녁을 유숙하게 되었는데, 그 집에는 부녀가 살고 있었으며 딸은 아름답고 마음씨 또한 착해서 아버지는 늘 딸의 장래를 생각하여 오던 중 이 선비의 인품이 또한 범상치 않음을 알고 자기 딸을 맡아 달라고 간청하므로 이를 승낙하여 수삼 일을 머물다가 과거길을 재촉하고 삼 년 이내 급제한 후 다시 만날 것을 언약하고 떠났으며, 처녀는 매일 장원급제를 치성 드려 그 선비는 대과에 급제하여 암행어사가 된 뒤엔 옛 언약을 잊어버리고 지방 순시에 나서 십 년이 흐르게 되었다. 삼 년이 지나도 언약한 남편이 오지 않으매 그간 아버지마저 죽게 되어 고생을 참다 못해 남편을 원망하며 자살을 한 후 큰 구렁이로 변하게 되었다고 한다. 그 후부터 이곳을 지나는 행인들이 구렁이에게 자주 피해를 입는다는 말을 듣고

---

124) 문경군, 『내고장 전통가꾸기』, 1982, pp.134 - 135.

선비는 그때야 이 구렁이를 그 처녀의 원귀(寃鬼)로 생각하고 혼을 위로코자 제사를 지낼 때 뇌성벽력과 함께 구렁이가 나타나 눈물을 흘리며 사라진 뒤론 이런 일이 없어졌으며 이 처녀의 혼을 위로키 위해 이곳에 성황당을 짓고 매년 제사를 지내고 있다.[125)]

월방산의 산신당

문경시 산양면 봉정리 마을 뒤에 있는 산신당에 전해지는 이야기이다.

옛날 이 마을에 한 마음씨 고운 아낙네가 산에 나물 캐러 갔다가 미끄러져 몹시 상처를 입어 정신을 잃고 누워 있었다. 이때 꿈에 이 산신당의 그림과 같은 백발노인이 나타나서 "이 앞의 벼랑 사이에서 흘러나오는 물이 있으니 그것을 먹고 바르면 나을 것이다."라 하고 사라졌다. 그래서 그 여인은 꿈속의 노인이 시키는 대로 하였더니 상처는 씻은 듯이 없어졌다. 마을에 돌아온 그 여인의 이야기를 들은 심술궂은 한 사나이가 그것은 새빨간 거짓말이라고 하고 산신당에 달려가서 벽에 걸린 산신 그림의 눈을 소나무 가지로 미구 찌르고 벼랑에서 새어 나오는 물을 마구 파헤쳐 놓고 집에 돌아와서 잠을 자려 하니 귀신이 나타나기 시작하여 3일 만에 그 사내는 숙어 버렸다고 한다. 그 후부터 우물물은 흙탕물로 변하고 밤이면 마을의 개나 돼지 등의 가축이 호랑이의 피해를 무수히 입게 되었다. 그래서 동민들이 의논한 결과 매년 정월 대보름날에 쌀을 모아 음식을 차려 제사를 드려 제액초복(除厄招福)의 축원을 드리기로 하여 지금도 이와 같이 하고 있는데 제관은 아무리 추운 정월이라도 냉수로 목욕재계를 해야 한다고 한다.[126)]

---

125) 문경군, 『내고장 전통가꾸기』, 1982, p.136.
126) 문경군, 『내고장 전통가꾸기』, 1982, pp.139 - 140.

농암과 견훤

천마산(天馬山)에 얽힌 이야기이다.

천상의 옥황상제께서는 무남독녀의 공주가 있었는데 공주는 구호(口號)라는 총각과 남의 눈을 피하여 서로 사랑하여 오다가 끝내는 옥황상제께 발각되어, 구호는 인간세상으로 유형을 받아 유배되었다. 서로 애석한 마음을 금치 못하며 헤어질 때 구호는 공주로부터 이별의 눈물과 함께 보물상자 둘과 백마 한 필을 받았다. 유배된 구호는 바로 이 천마산으로 내려와 나날을 보내는데 하루는 어떤 처녀가 슬피 우는 것을 보고 그 연유를 물었더니 자기는 아비(阿鼻)라는 처녀로 간밤에 부친이 호환(虎患)을 당하였으나 여자의 몸이라 어찌할 수가 없어 우노라고 대답했다. 이 말을 들은 구호는 그 범을 잡아 버릴 터이니 안심하라고 이르고, 그 후 천마산 일대를 돌아다니다가 맨손으로 범을 잡아 처녀의 원수를 갚아 주었다. 그리고 그들은 의사가 상합하여 동거 중에 아비가 잉태하여 만삭이 되어도 해산할 줄을 모르고 있었는데 마침 구호의 형기는 만료되어 하늘나라로 다시 오르게 되었다. 이에 구호는 어찌할 바를 몰랐다. 아비를 데리고 가자니 공주에게 면목이 없고, 두고 가자니 불쌍한 생각이 들어 드디어는 '에라 모르겠다. 운명에 맡기자.' 하고는 아비를 데리고 천상에 오르자 이를 본 옥황상제와 공주는 그만 대노하여 다시 내쫓으니 구호가 타던 백마는 떨어져 천마산이 되고 아비와 구호는 천마산 동쪽에 떨어져 두 개의 바위 곧 농바우(籠岩)가 되었다 한다. 구호와 아비가 떨어져 바위가 된 지 얼마 후에 한쪽 바위가 반으로 갈라져 그 속으로부터 한 손에 칼을 든 장한이 나타났으니 이가 곧 견훤이었다 한다.127)

---

127) 문경군, 『내고장 전통가꾸기』, 1982, pp.141 - 142.

민무리굴의 전설

문경시 마성면 정리1리 앞산 너머에 있는 굴에 전해 오는 이야기이다. 굴속에는 커다란 동물이 살고 있었는데 그 모양은 구렁이 형상이고 이름은 '지키미'라고 불리었다.

이 희귀한 동물의 뱃속에는 진귀한 보석들이 가득 들어 있다 한다. 이 사실을 안 일본군 소위 하나가 이 동물을 잡으려고 와 동물을 잡고 보니 너무 어려 아직 뱃속에 보물이 들어 있지 않아 다시 굴속으로 살려 보내 주었다 한다. 이러한 일이 있은 후 여러 해가 바뀌었다. 어느 날 농부가 소를 굴 앞에 매어 두었는데 소의 고삐만 남고 소는 온데간데없었다.

그래서 이 사실을 안 동네사람들은 "굴속의 괴물이 잡아갔다."고 저마다 말하였다. 이런 일이 있은 후 여러 해가 지나 한 소녀가 굴 근처에서 나물을 캤는데, 집에 돌아오지 않아 굴속의 괴물에게 잡혀갔다고 믿었다. 또 굴속에는 하루에 한 번씩 조수(潮水)를 한다. 그러나 가뭄에는 사흘에 한 번 정도는 할 조수가 일주일이 지나도 하지 않는다. 이것을 보아 그 사실은 믿기 힘들다. 이 동물이 천 년이 지나 용이 되어 하늘로 승천하려는데 부정이 타서 하늘로 승천하지 못했다 한다. 하늘로 승천하지 못한 이 동물을 이시미라 한다. 그전엔 이 굴 앞에는 건장한 청년도 가기를 꺼렸다. 요즘은 굴은 예전처럼 괴변 없이 맑기만 하다.[128]

구랑리의 유래

조선 초기에 전해지는 이야기라 한다. 교통이 발달되지 못한 첩첩산중에 한 마을이 있었다. 이 마을에 양친부모를 봉양하며 초식으로 생계를 이어 가는 한 효자가 있었다. 어느 해 봄에 아버지를 여의고 어머니와 함께 살게 되었는

---

128) 문경군, 『내고장 전통가꾸기』, 1982, pp.142 - 143.

데 하루는 이 총각이 나무를 하러 산에 올랐다. 널찍한 큰 바위에서 낮잠을 달게 자고 있는데 꿈에 한 백발노인이 나타나 총각을 보고 "너의 아버지 산소를 산 너머 언덕으로 이장을 하면 자손이 삼정승과 육판서의 벼슬자리에 오르게 될 것이다." 하고 일러 주었다. 그런데 삼정승, 육판서가 되는 데는 약속이 있었다. 10년간 벙어리 생활을 해야 된다는 것이다. 꿈을 깬 총각은 그 길로 집으로 내려와 어머니와 아버지의 묘 이장을 상의한 결과 거절을 하시는 어머니 몰래 이장을 하고 말았다. 그 후 총각이 벙어리 생활을 하며 어느덧 세월은 흘러 10년이 되는 마지막 날 동네에 아홉 처녀가 모여 와서 벙어리 총각을 붙잡아 뒷산 나무에 매어 달아 두들기고 놀리고 하며 웃음판을 이루는 중, 어느덧 시간이 흘러 10년이 꼭 차는 시간이 되어 드디어 이 총각이 입을 열었다. "이놈들" 하고 소리치니 아홉 처녀들은 놀라 엎드려 용서를 빌며 애원했다. 용서해 준다면 총각의 소원을 들어주겠다고 약속했다.

총각은 오늘 저녁 아홉 처녀 전부가 우리 집에 와서 나의 아내가 되겠다는 약속을 하자고 했다. 사방이 컴컴해지자 아홉 처녀는 모였다. 그러자 총각은 모두 아내가 될 것을 약속받고, 자기 집으로 돌려보냈다. 총각은 날이 새자 벽돌을 찍어 집을 짓기 시작했다. 방이 아홉 칸이었다. 어느덧 세월은 흘러 총각은 다시 처녀들을 불렀다. 방 한 칸에 한 사람씩 살게 하였는데 아홉 처녀는 다 같이 아기를 갖게 되었다. 얼마 후 아홉 처녀는 한날 밤에 전부 귀동자를 낳게 되었는데 총각이 이 방 저 방을 다니며 아기가 나는 대로 1, 2, 3 …… 번호를 숯으로 벽에 기재했다. 아홉 아들은 무럭무럭 자랐으며 후에 첫째, 둘째, 셋째 아들은 정승을, 넷째부터 아홉째 아들까지 여섯은 판서가 되었다. 이 아홉 아들이 자랄 때 이름을 무슨랑, 무슨랑……하고 불렀기에 그 후 이 마을을 구랑리라고 했다고 전한다.129)

---

129) 문경군, 『내고장 전통가꾸기』, 1982, pp.148 - 150.

새재성황신과 최명길

　문경새재 제1관문 안에 있는 새재 성황당은 누구의 손에 의해 세워졌는지 알 수 없으나 여러 차례 중수를 했다는 기록이 있다. 이 성황당신에는 병자호란 때 화의파의 주장인 지천(遲川) 최명길(崔鳴吉)에 얽힌 이야기가 전해지고 있다.

　최명길이 약관일 때에 안동부사로 있는 외숙을 찾아 가는 길에 새재를 넘게 되었다. 구절양장(九折羊腸) 같은 험한 산길을 한참 가다가 뒤를 돌아보니 소복단장을 한 아름다운 여인이 따라 오는 게 보였다. 여자의 걸음걸이가 빨라 잠깐 동안에 자신을 앞질러 가는 것을 보고 이를 무엄하게 생각한 최명길이 걸음을 재촉하여 여인의 뒤를 쫓아가도 걸음의 속도가 일정하여 도저히 따를 수가 없었다. 이상하게 여기고 더한층 걸음을 재촉하고 있는데 여인이 비명을 지르기에 달려가 보니 여인이 발을 헛디뎌 비탈에 구르고 있는지라, 급히 달려가 여인을 부축해 구해 주었다. 이런 사연으로 동행케 되어 그 여자에 대해 하나하나 궁금하던 것을 물었다.

　여인은 한참 최명길을 쳐다보더니 말하기를 "나는 세재의 성황신인데 며칠 전에 이 새재를 자주 왕래하는 대상이 중국비단 치마저고리 일습을 나에게 바치고 갔는데 어제 안동 사는 좌수가 성황당 앞을 지나다가 가지고 가서 자기 딸에게 입혔기에 내가 그 옷을 찾고 그의 딸을 죽일 심산으로 안동으로 가는 길이라."고 했다. 최명길은 내심 깜짝 놀랐으나 겉으로 태연자약하게 "소행은 괘씸하지만 사람을 함부로 해하면 하늘의 도리가 아니다."라고 하면서 조처를 잘하라고 부탁했다.

　최명길이 안동에 도착하여 부사인 외숙에게 문안을 드리고 좌수의 집을 물으니 어느 곳에 살고 있다고 함에 급히 달려가 보니 좌수 집에서는 아침까지도 건강하던 딸이 갑자기 죽었다고 하여 곡소리가 낭자하였다. 주인을 찾아 수인사 후에 내가 댁의 따님을 살릴 수가 있으니 좀 보자고 하니 주인이 쾌히 승낙하므로 처녀 방에 가 보니 새재 성황당신이 좌수(座首) 딸의 목을 누르고 있다가 최명길을 보더니 급히 일어나 밖으로 나갔다. 잠시 후 좌수의 딸은 혼수상태에서 깨어났다. 주인이 백배사례한 것은 물론이고 신의(神醫)로 우러러보면서 몸 둘 바를 몰라 했다.

서울로 돌아가는 길에 새재성황당을 지나면서 보니 성황당신이 길 떠날 준비를 하고 있는지라 또 어디를 가려고 하느냐고 물으니 성황신의 말이 "지금 천자(天子)가 만주에서 탄생하여 상제께서 천하제신에게 명하여 천자를 호위하라는 명을 받고 만주로 가려는 참이었는데 때마침 잘 만났다."고 하면서 "당신은 뒷날 큰 벼슬을 하여 일인지하 만인지상이 될 것이니 그때에 천자가 우리나라를 쳐들어오면 백성을 살리고 종묘사직을 보전하는 데 앞장서야 하며 그 길은 화의(和議)의 길밖에 없으니 명심하라."고 당부하고 사라져 버렸다. 뒷날 병자호란 때 인조가 남한산성에서 농성할 때 척화파의 완강한 반대를 물리치고 화의를 성립시켰다. 최명길의 관은 전주요, 호는 지천이며 인조(仁祖) 정사원훈(靖社元勳)으로 완성부원군(完城府院君) 영의정(領議政)이 되었다.130)

한미산성(麻姑山城)

문경시 마성면 신현리 고모산성(姑母山城)에 전하는 이야기이다.

"임진왜란이 일어나자 나라에서는 한편으로는 명나라로 사신을 보내 원군을 청하고 급히 신립(申砬) 장군을 대장군으로 삼아 왜적을 막게 했다. 신립 장군은 충청도를 지나 소백산맥을 넘어 영강을 끼고 있는 이곳에 처음으로 방어진을 쳤다. 그러자 천태산(天台山) 마고(麻姑)할미가 하룻밤 사이 치마로 돌을 담아 와 하늘에서 이곳에 부어 성을 쌓았다. 천태산 마고할미가 쌓은 산성이라 사람들은 그 후 이곳을 마성이라고 부르게 되었다."131) 고모할미와 고

---

130) 聞慶文化院, 『내고장 전통가꾸기(Ⅱ)』, 1999, pp.84-85.

131) 고모노구와 마고노구가 경쟁을 하며 밤중에 바짓가랑이에 돌을 담아 하룻밤 사이에 구름 타고 다니며 성을 만든 것이 이 고모산성과 문경의 마고산성이라고도 한다.

부할미가 경쟁을 하며 하룻밤 새에 쌓았다는 전설이다. 또 고모산성은 문경새재 가기 전 한양으로 가는 길목인 진남교반을 끼고 축성된 성으로 진남문을 지나지 않고는 한양으로 갈 수가 없다고 한다. 또 임진왜란 때에 왜병이 이곳의 견고한 석성(石城)을 발견하고 그 위용에 압도당해 계곡 맞은편 산을 우회해서 이 성을 공격하려고 하였으나 성 밑에 이르러 보니 군기만 나부끼고 성 위에 까마귀가 나는 것을 보고는 성안이 텅 비어 있는 것을 알고는 너무나 좋아서 춤을 추었다고 한다.

10 경산시(慶山市)

꾀 많은 전우식

　옛날 경산에 전우식이라는 사람이 살았는데 그는 아주 못살았다. 그런데 이 사람이 서울 사람한테 돈을 빌려 쓰고 갚을 날짜가 지났다. 서울에서 돈 받을 사람이 돈을 갚아 달라고 하자, 차일피일 미루다가 담판 짓기를 아무 때까지 갚겠다고 하였다. 갚을 날짜가 되어 돈을 빌려 준 사람이 받으러 왔다. 전우식이 서울에서 처음 돈을 빌릴 때는 자기 집에 청룡, 황룡이 그려져 있고 논이 33마지기나 된다고 하였다. 그러나 그 말은 초가집에 비가 새어 천장이 빗물로 적셔지는 모양을 청룡, 황룡이 그려진다고 했던 것이나. 돈을 받으러 온 사람이 집에 와 보니 집안 살림이 형편없었다. 맥이 탁 풀려 33마지기가 있다는 논에 가 보자고 했다. 거기에 가 보니 못이 하나 있었는데 그 옆에 손바닥만 한 논이 있었다.

　33마지기는 곧 못과 논을 모두 합한 것이었다. 돈 받으러 온 사람이 기가 막혀 입을 딱 벌리고 있는데, 전우식은 이것이 내 논이고 이것이 내 못이라고 했다. 돈 받을 사람이 돈을 내놓으라 하면서 전우식을 다그치자, 이 사람을 어떻게 꼬여서 남매지에 데리고 갔다.

　옛날에 남매지 근방에는 사람 하나 정도 다닐 수 있는 길이 있었는데 그리로 갔다. 그곳에서 돈 받을 사람이 계속 돈을 내놓으라고 하자 전우식은 계속 자기 말을 안 듣고 돈 내놓으라고 하면 남매지에 빠져 자살하겠다고 했다. 그랬더니 돈 받을 사람이 "당신이 빠져 죽든 말든 내가 알 바가 아니니, 돈이나 내놓으시오?" 하였다. 그러자 전우식은 물에 풍덩 뛰어들었고 오랫동안 나오질 않았다. 전우식은 남매지 건너편으로 헤엄쳐 나가 물풀을 얼굴에 덮고 건너편을 살짝 보니 돈 받으러 온 사람이 그때까지 그 자리에 앉아 있었다. 한편 돈 받으러 온 사람은 해가 서산에 지는데 전우식이 나타나지 않자, 정말로 죽었는가 보다 하고는 돌아가 버렸다. 그 후에 전우식은 어떤 생각을 짜내었다. 자기의 두 눈 중에 한 눈을 가려 애꾸처럼 하고 그 돈을 빌렸던 집에 다시 갔다. 그리고 그 주인에게 인사를 하고 "나는 전 아무개인데 우리 형이 당신 때문에 물에 빠져 죽었으니 돈으로 배상을 해 주시오." 하였다. 그리하여 결국에는 그 집에서 돈을 받아 집으로 돌아왔다 한다.[132]

남매지의 유래

경산시 계양동에 있는 남매지에는 애틋한 이야기가 전해지고 있다.

조선 선조 때 경산시 어느 조그마한 마을에 오누이와 눈먼 홀어머니 세 식구가 가난하나 정답게 살았다. 오빠는 남의 집 머슴살이 중에도 틈틈이 공부하여 입신출세를 꿈꾸었다.

그러던 어느 날 그때까지 비밀로 해 오던 아버지의 사인을 어머니가 말해 주었다. 과거에 실패한 후 화병으로 돌아가셨고 어머니는 남편을 잃고 울다 울다 눈이 멀었다고……. 얘기를 듣고 난 아들은 더욱 결심이 강해졌다. '꼭 과거에 급제하여 아버지의 원을 풀어 드리리라.' 책이 없어 남의 집일을 해 주고 그 대신 책을 빌려 보는 어려움 속에서도 강한 의지와 근면 앞에 드디어 문리가 환히 터졌다. "머슴 주제에 공부를 하면 뭘 하노?" 마을 사람들의 놀림도 귓전으로 넘긴 채 공부하여 보람이 있으나 과거 날이 다가와도 한양까지 갈 노잣돈이 없다. 걸어서 한양을 갔다 오려면 적어도 1년 머슴살이한

<hr>

132) 경산시, 경산문화원, 『경산문화유적총람』, 1996, pp.451 - 452.

새경은 있어야 했다. 그 많은 돈이 있을 리 없다. "돈 없으면 영영 상놈으로 죽는구나." 세 식구는 서로 얼싸안고 울었다.

누이동생은 어떻게 하든 돈을 마련하여 오빠를 출세시키고 아버지의 유한도 풀어 드려야겠다고 마을서 제일 부자인 황부자 집에 식모살이할 것을 약속하고 돈을 구해 오빠를 한양으로 보냈다.

짚신 삼아 엉덩이에 차고 누룽지 긁어 한 짐 진 채 오빠가 떠나자 부랑배인 황부자 아들은 우격다짐으로 처녀를 겁탈했다.

목숨보다 귀중한 정절을 잃은 처녀는 마을 앞 커다란 못에 몸을 던졌고 눈먼 어머니는 딸을 건지려다 그만 숨지고 말았다.

한양 간 아들은 드디어 장원급제 하여 그리던 고향으로 금의환향했으나 그를 기다리는 것은 청천벽력 같은 슬픈 소식뿐이었다.

호강시키려던 어머니도, 기뻐해 줄 누이동생도 한꺼번에 잃어버린 아들은 살아갈 의욕을 깡그리 잃어버렸다.

그는 황부자 아들의 비행을 상소하는 글을 남긴 채, 보름달이 찢어지도록 밝은 어느 날 밤 어머니와 누이동생이 잠든 연못 속으로 걸어 들어갔다. 그 후 마을

사람들은 불쌍한 오누이를 기념하기 위해 이 못을 남매지라 불렀다고 한다.[133]

거북돌의 눈

불교가 탄압을 받고 있을 때의 이야기이다. 원래 와촌면의 불굴사는 굉장히 큰 절로 은해사도 이 절의 말사였다. 그러나 불교가 탄압을 받기 시작하자 스님들은 민간사람들한테 괄시를 많이 받았었다. 지나가는 과객들은 절에 와서 괜히 중을 업신여기고 밥 해 달라, 뭐 해 달라 하며 큰소리를 쳤다. 그러다가 조금만 잘못해 주면 덮어 놓고 중을 때렸다. 정말 과객의 폐단이었다. 그러나 스님들은 과객들에게 항거할 수 없었다. 스님들은 참다 참다 더 이상 참을 수 없게 되었다. 그때 마침 한 점잖은 과객이 이 절에 왔다. 스님들은 "여보시오. 우리 절에 손님 좀 적게 오도록 하는 방법이 없을까요?" 했다.

과객은 그것은 별로 어려운 일이 아니라고 했다. 산 너머 솔밭에 가면 큰 거북돌이 하나 있는데, 그 거북의 눈을 빼 버리면 손님이 더 이상 오지 않을 것이라고 했다.

그 절의 스님들은 과객 때문에 워낙 지쳐 있었으므로 좋아하며 거북의 눈을 빼 버렸다.

그러자 하늘에 갑자기 뇌성벽력이 치고 비가 오고 하더니 이 산, 저 산이 다 떠내려와서 절이 다 묻혀 버렸다. 암자고 절이고 다 묻혀 버리고 이제는 큰 '미륵님' 하나밖에 남아 있지 않고 이 절을 따르던 은해사가 큰 절이 되고 이 절은 은해사의 암자가 되어 버렸다.[134]

---

133) 경산시, 경산문화원, 『경산문화유적총람』, 1996, pp.449 - 450.
134) 경산시, 경산문화원, 『경산문화유적총람』, 1996, p.403.

환성사 거북바위

전설에 의하면 환성사는 심지왕사가 절을 짓고 난 후부터 갑자기 절이 번창하기 시작하여 하루에도 수백 명이 넘는 신도들이 드나들어 잠시도 한가한 날이 없었다고 한다.

절에서는 매일같이 수백 명이 넘는 사람들의 밥을 해 대려니 이에 소모되는 곡식도 곡식이려니와 취사에 시중드는 식솔 또한 엄청난 숫자가 상시 고용되어야만 했다. 콩나물 반찬을 하려면 보통 시루로는 감당할 수가 없어 둘레가 수십 자가 되는 돌시루를 만들어 콩나물을 해 먹이기도 했다고 한다.

고려 때 이 절의 주지 이름은 전해지지 않으나 또 한 번 이 절에서 위대한 선사가 났으므로 사찰에서 이를 기념하기 위해 일주문을 세우고 대웅전 앞쪽에 큰 연못을 파 누각을 짓고 이름을 수월관이라 했다. 이는 달이 떠 연못에 비치는 광경을 수월관에서 보면 너무나 아름답기 때문에 지어진 것이라 한다. 이 선사께서 수월관 앞 연못을 보며 "만일 이 연못을 메우면 이 절의 불기가 쇠하리라." 하고 예언했으므로 역대 주지 스님들이 이 연못을 소중히 관리했다고 한다. 그러나 세월이 흘러 수백 년이 지나니, 이 이야기를 아는 이가 적어지고 전설처럼 희미한 기억 속에만 남게 되었다. 또한 절 입구에는 큰 거북바위가 있있는데 그 모양이 서북이와 너무 많이 닮아서 붙인 이름이라고 한다.

심지왕사가 이곳에 절터를 잡을 때 이 바위를 보고서 이 바위가 있는 한 이 절은 쇠하지 않을 것이라 하였는데 이 또한 희미한 기억 속의 전설이 되었다.

조선 초에 불교를 심하게 억압했으나 환성사만은 하루도 신도가 끊이지 않았다고 한다. 이때 한 스님이 이곳에 주지로 있으면서 젊어서는 큰 덕으로 불자들의 숭앙을 받았으나 늙어서는 게으름이 늘어 손님이 많은 것이 귀찮게 되어 혼자 곰곰이 생각한 끝에 사람을 시켜 절 입구의 거북바위의 목을 자르게 했다.

거북바위의 목을 정으로 깨뜨리니 갑자기 연못의 물이 붉게 변하여 이것을 구경하려는 사람들로 절이 오히려 더 소란해졌다고 한다. 그러던 어느 날한 거지같은 객승이 찾아와 묵고 가기를 청하니 주지가 이를 귀찮게 여기며구석진 골방을 주고 음식 접대도 제대로 하지 않자 이튿날 객승이 길을 떠나면서 "이 절에 사람이 많은 것은 저 연못 때문이니 저것을 메우시오."라고말했다.

주지는 이 말을 듣고 즉시 마을 사람들을 불러 연못을 메우게 했다. 그런데흙을 한 삽 퍼붓자 갑자기 연못 속에서 금송아지 한 마리가 날아오르더니 슬피 울고는 산 너머 동화사 쪽으로 날아갔다 한다. 동네 사람들은 겁을 먹고더 이상 메우려 하지 않자 주지는 절의 사람들을 동원해 메우게 했다. 꼬박백 일이 걸려 연못을 메우고 마지막 한 삽 흙을 퍼붓자, 갑자기 온 절에 불이붙기 시작하여 그 웅장하던 건물들을 모조리 불태우고 겨우 대웅전과 수월관만 남았다. 그 이후로는 절에 사람들의 발길이 끊어지고 말았다고 한다.

지금은 당시에 남은 건물들이 보물로 지정되고 또 현재 주지스님이 원형을잘 보존하기 위해 많은 노력을 기울인 결과 새로 사찰이 부흥하기에 이르렀고 신도들의 발길 또한 눈에 띄게 늘어나면서 영험이 있는 사찰로 알려지게되었다.135)

죽음을 부른 남매지의 가물치

옛날에 남매지 근방에 '오'씨가 모여 살았다. 그중에 어떤 한 사람이 장에갔다 돌아오는데 못 한가운데 빨간 불이 있는 것을 보았다. 그때는 가뭄이 매우 심하던 때라 못이 바싹 말라 있었다. 이상히 여긴 그 사람은 빨간빛 나는곳으로 가 보니 아무것도 없었다. 그래서 다시 나와서 보니 또 빨갛게 보여서그 위치를 확인하는 말뚝을 박아 두었다. 그 이튿날 말뚝 박은 곳에 가 보니

---

135) 경산시, 경산문화원 『경산문화유적총람』, 1996, pp.397 - 399.

아무 이상한 점이 없어서 그곳을 파 보기로 했다. 그곳을 파 보니 중앙에 큰 가물치 한 마리가 있어서, 그 가물치를 집에 가지고 와서 국을 끓여서 동네 사람들과 함께 나누어 먹었다. 그런데 이 국을 먹은 동네 사람이 모두 죽어서 마을도 망하고 말았다고 전해 오고 있다.

큰 못이 가뭄에 바닥을 드러내면 그 못을 지키는 지킴이가 바닥 속에 숨어야 되나 그러지 못하여 그 형상을 드러내는 경우가 있다. 이 지킴이가 가물치거나 잉어 또는 자라 등으로 지칭되는데 대부분 보통의 몇 배 크기의 큰 모습으로 그려진다. 큰 함지박에 넣으니 꽉 차거나 등을 휘어 함지박 속에 두 번 획 돌려 넣었다는 등의 이야기가 전해진다. 이 지킴이를 살려 주지 않고 국을 끓여 먹거나 회를 쳐서 먹으면 탈이 나서 큰 욕을 보거나 죽게 된다는 것이다. 남매지 지킴이인 가물치는 그러한 이야기라고 여겨진다.[136)]

백천동에서 사동 가는 곳의 당맨때이 기자(祇子) 전설

백천동에서 사동으로 넘어가는 작은 고갯길에 암당과 수당이 있었는데 이 암당과 수당에 자손이 없는 사람들이 기도를 드리면 자손을 본다는 소문이 널리 퍼지면서 이곳에는 많은 사람들이 매일 기도하러 몰려들었다고 한다.

이 암당과 수당에 기도하러 온 사람들이 떡을 놓고 기도한 후 돌아가면 토끼와 여우, 두꺼비가 나와 서로 먼저 이 떡을 먹으려고 다투었는데 꾀 많은 토끼가 제일 먼저 "이 떡은 잘생긴 사람이 먹어야 되는데, 지금 사람이 아무도 없으므로 귀가 잘 생긴 내가 제일 먼저 먹겠다."고 하자 여우가 "나는 쓸개가 하나 더 있으므로 내가 먼저 먹어야 한다."고 했다. 그러자 두꺼비가 얼른 받아 배를 들어 보이며 "나는 배에 황금을 가지고 있고 등에는 험한 태산을 지고 있으므로 제일 먼저 먹어야 한다."고 하며 서로 다투어 아무도 먼저

136) 경산시, 경산문화원, 『경산문화유적총람』, 1996, pp.447 - 448.

떡을 먹을 수가 없자 토끼와 여우, 두꺼비는 하는 수 없이 셋이서 잘 의논하여 사이좋게 나누어 먹었다고 한다.

옛날에는 이곳에 큰 살구나무가 있었는데 늘 새끼줄이 쳐져 있었고 떡이 놓여 있었으며, 임신을 하지 못하는 부녀자들이 빌면 큰 효험이 있다는 이야기를 듣고 많은 부녀자들이 모여와 정성을 다하여 빌었다고 하나 1980년도쯤이 수자산 밑 뱀사골로 새로운 도로가 나고 밤나무가 자라면서 그 흔적이 사라져 가고 있는 실정이다.[137]

납돌 약수탕

신석리에 있는 납돌 약수탕에는 다음과 같은 전설이 전해져 내려오고 있다.

지금부터 약 150여 년 전 이곳에서 생활하던 안동 권씨가 슬하에 딸 6명을 두고 대를 이을 아들이 없어 납돌내지 안 산기슭에 있는 두꺼비 바위에서 기도를 올리던 중 바위가 약수탕 자리로 옮겨 가는 꿈을 꾸었다. 안씨는 다음 날 땔감을 구하러 산에 갔다가 꿈속에서 옮겨 간 바위가 하도 신기하여 그곳에 가 보니 바위 굴 속에서 흘러내리는 물을 보았다. 이상히 여겨 이 물을 마시니 평소 앓아 오던 위장병이 깨끗이 치료되었고 또한 그 후 해마다 바라던 아들을 3형제나 낳아 가문이 크게 번창하게 되었다. 이 사실이 마을과 마을로 전파되어 각처에서 각종 병을 앓고 있는 수많은 환자들이 찾아오자 권씨는 그곳 약수탕에 아예 집을 지어 오래도록 잘살았다고 전해 오고 있다. 특히 이 약수탕은 철분이 많아 위장병에 효험이 크다 하여 많은 사람들이 납돌 약수탕을 즐겨 찾았으나 1993년 12월경에 육군 8315부대가 확장공사를 하면서 약수탕마저 없어져 지금은 그 흔적조차 볼 수 없는 영원한 전설로 사라지게 되었다.[138]

---

137) 경산시, 경산문화원 『경산문화유적총람』, 1996, p.446.
138) 경산시, 경산문화원 『경산문화유적총람』, 1996, p.442.

용산 무지개샘

　용성면 곡란리의 용산에 있는 무지개샘은 면민 기우처가 되어 한발이 심할 때 면민의 대표가 비 내리기를 기도한 곳이다. 아주 옛날, 무지개샘에는 이 산을 지키고 이 고장의 우수(雨水)를 맡아보고 있는 용이 살고 있었다. 이 용은 꼬마 장수들이 자기의 산에 성을 쌓으려는 것을 몹시 못마땅하게 여겨, 장수들이 큰 바위를 껴안고 날아오르는 것을 미처 산에 닿기도 전에 안개를 피워 들 한가운데로 떨어지게 만들었다. 아무리 해도 성을 쌓을 수 없는 장수들은 그것이 용주(龍主)의 짓임을 알고 간곡히 사정하였다. 이 성을 쌓음으로 인하여 이 고장을 침범하려는 적을 막고 이 지방 사람들을 구하는 일이니 용서해 달라고 하였다. 산성의 산정을 우리 인간들에게 넘겨주는 대신 용은 샘을 굽어보는 모든 산천을 영도해 달라고 당부하니 용은 자기의 영토가 넓혀짐에 기꺼이 성을 쌓게 하였다. 장수들은 이제는 되었다고 먼 곳에서 돌을 날라 오는 번거로움을 피하고 용이 살고 있는 샘 주위의 돌들을 마구 날라 갔다. 이것을 괘씸히 여긴 용은 그로부터 석 달을 가물게 하였다. 장수들이 사는 평지는 물론이고 그 일대에서 더위와 갈수에 정신을 잃고 있었다. 그들은 참다못하여 용을 찾아가서 자기들의 잘못을 뉘우치고 엎드려 빌고 있으니, 3일째인 대낮에 억수 같은 소나기가 내렸다. 그때 샘에서 무지개가 하늘로 피어나니, 그로부터 이 샘을 '무지개샘'이라 부르게 되었으며, 이 지방 유일의 기우처(祈雨處)가 되었다고 한다.[139]

성암산 산신령의 거처 범굴

　조선시대에 세찬 바람이 불고 눈보라까지 휘몰아치는 어느 추운 겨울밤에 어두움을 헤치고 마을에 가서 그 이튿날 먹을 양식을 구하여 범굴암으로 오

---

139) 경산시, 경산문화원, 『경산문화유적총람』, 1996, pp.391 - 392.

르고 있는 한 노승(老僧)이 있었는데 이 노승은 한 손으로는 바위를 잡고 다른 한 손으로는 나무를 잡으며 간신히 발걸음을 옮기고 있던 중이었다.

이 스님은 일찍이 인적이 드문 성암산 정상에 외따로 암자를 세우고 그 암자를 범굴암이라 부르고 동자 하나를 데리고 수도에 전념하고 있었다. 스님이 암자를 비우면 어린 동자는 홀로 암자를 지키며 스님이 돌아오시기를 눈이 빠지게 기다리곤 하며 스님의 수도생활을 도우고 있었다. 이상히도 이날따라 날은 어두운데 쌓인 눈길을 걷는 스님의 발걸음은 무겁기만 하여 잠시 서서 숨을 돌리며 쉬려고 하는 참인데, 바로 그 옆에 두 눈을 붉히면서 큰 입을 딱 벌리고 있는 큰 호랑이를 보고 깜짝 놀랐다.

스님은 정신을 차리며 두 눈을 부릅뜨고 호랑이를 똑바로 쳐다보며 큰 소리로 호통을 쳤다. 그러나 호랑이는 꼼짝도 하지 않으며 눈물을 흘리며 애절한 목소리로 자꾸만 입안을 들여다보라는 것이었다. 스님은 하도 이상하여 가까이 가서 입안을 들여다보니 웬일인가 스님이 오히려 깜짝 놀라지 않을 수가 없었다.

호랑이는 여자들이 흔히 꼽고 다니는 비녀가 목구멍에 걸려 많은 고통을 받고 있던 중 이 노승을 만나게 되어 호랑이가 노스님에게 간절한 도움을 청한 것이었다.

노스님은 절호의 기회라 생각하고 용기를 내어 호랑이를 쳐다보며 아낙네나 잡아먹고 사람을 괴롭히는 사나운 심승이라고 호통을 치며 복에 걸린 비녀를 뽑아 주니 호랑이는 그제야 자기 잘못을 뉘우치고 고개 숙여 참회를 하였다. 그래서 이 스님은 호랑이를 도로 불쌍히 여겨 범굴로 데리고 와 동자와 한식구가 되게 하였다. 그로부터 동자승과 호랑이는 친구가 되어 열심히 수행생활을 계속하였다. 그 후 몇 년이 지나 동자승은 성암대사가 되었으며 호랑이는 성암산 산신령이 되어 사람을 괴롭히거나 해치지 않았으며 오늘날까지 성암산 수호신이 되어 중생들의 등불이 되었다고 전해지고 있다.[140]

---

140) 경산시, 경산문화원 『경산문화유적총람』, 1996, pp.444 - 445.

남천면 신석리의 납돌사

신석리 마을 뒷산 기슭에는 신라 선덕여왕 때 세웠다는 납돌사란 절이 있었다. 그러나 지금은 그 흔적조차 찾을 수 없으며 이 부락에 처음 정착하였다는 안동 권씨와 밀양 박씨가 북쪽 산등성이 너머 잠시골에 농사를 짓기 위해서 납돌사의 개울물을 산 너머에 보내려고 산등선을 수십 자 파니 그 속에서 붉은 피가 솟구쳐 공사를 계속할 수가 없어 하는 수 없이 중지하였다 하며 또 납돌사의 주지가 불경을 할 때 개울가의 물소리가 너무 요란하여 중생들에게 홍보가 되지 않는다는 이유로 이 물길을 돌리려고 땅을 파는 과정에서 산줄기에 피가 솟구쳐 중단하였으나, 그로 인하여 번창하던 마을이 삽시간에 각종 재난이 발생하여 사찰과 마을 전체가 폐가가 된 것은 산의 혈이 끊어졌기 때문이라 전해 오고 있다.[141]

오목천의 이름 유래

오목천은 금호강 합류 지점부터 자인에서 남산까지의 지류인데 6·25 전쟁 때는 수십만의 피난처가 된 곳으로도 알려져 있다. 전설에 의하면 임진왜란 때 곽재우 장군이 왜적을 물리치기 위하여 부하들을 이끌고 하천변에 진지를 구축하였는데 때마침 주위에는 많은 까마귀들이 서식하고 있었다고 한다. 그런데 야간에 왜적 둘이 진지를 습격하게 되는데 곽재우 장군과 부하들은 아무것도 모르고 깊은 잠에 빠져 있었다.

이때 까마귀들은 일제히 울기 시작하였다. 장군이 하도 이상하여 밖에 나와 보니 적군이 습격해 오고 있는 것을 알게 되었다. 장군과 부하들은 급히 진지를 정비하여 적군을 물리칠 수 있었다. 그 후부터 이 천을 오목천으로 이름 지어 부른다고 전한다.[142]

---

141) 경산시, 경산문화원, 『경산문화유적총람』, 1996, p.441.

북더샘에 관한 전설

옛날 하대2리에 소나무가 울창하고 경사가 심한 사릿길에 장군이 태어난다는 장군샘이 있었는데 정말로 어느 해 장군이 될 아이가 태어났다고 한다.

장군이 될 아이를 낳은 우매한 부모가 그 아이가 장차 자라서 혹시나 역적이나 되지 않을까 두려워한 나머지 아이를 죽였다고 한다. 그러자 그 아이가 죽는 날 하늘에서 용마가 내려와 북을 치면서 크게 슬퍼했다고 한다. 그 후부터 그 샘을 '북더샘'이라 부른다고 한다. 현재 이 샘은 그 흔적은 찾아볼 수 없고 이 이야기만 전해지고 있다.143)

부엉새와 여우의 울음과 죽음

남산면 사월리에서는 옛날부터 "부엉새나 여우가 울면 마을에 초상이 난다."는 전설이 전해져 오고 있다. 1981년 가을에도 밤새 부엉이가 울더니 그 다음 날 마을에 살고 있던 건강하던 젊은 사람이 자동차 사고로 갑자기 목숨을 잃었다고 한다. 지금도 이 마을 사람들은 부엉이나 여우가 울지 않을까 큰 걱정을 하며 살아가고 있다.144)

비오재

이 이야기는 조선시대부터 전해지는 이야기라 하나 확실한 시기는 알 수 없다.

용성면 가척리에는 소금장수로 연명하는 한 젊은 부부가 있었다고 한다. 이

---

142) 경산시, 경산문화원, 『경산문화유적총람』, 1996, p.437.
143) 경산시, 경산문화원, 『경산문화유적총람』, 1996, p.434.
144) 경산시, 경산문화원, 『경산문화유적총람』, 1996, p.433.

들 부부의 금실은 남달랐고, 특히 소금장수 아내의 미모는 근방에서도 빼어났었다. 소금장수를 하는 젊은 신랑은 지금의 비오재를 넘어 바닷가에 나가 소금을 팔아 오가면서 마을에 필요한 생필품을 구입하는 방물장사꾼으로 그가 장삿길에 나서면 넉넉히 2~3일은 집을 비워야 했고, 그동안 젊은 아낙은 문을 안으로 굳게 내걸고 독수공방하여야만 했다. 신혼생활 중 이들 부부의 정분은 더욱 각별했고 남편 또한 아내를 위하는 마음은 날이 갈수록 깊어 갔다.

이러던 이들 부부간의 금실에 이웃에 살고 있던 노총각이 시기를 하기 시작했고, 급기야는 친구의 아내를 탐내는 흑심을 품게 되었다. 이웃 노총각은 소금장수가 장삿길에 나선 이후 매일같이 젊은 아낙이 살고 있는 소금장수의 집을 기웃거렸고 이러던 그는 자신도 모르게 소금장수의 아낙을 짝사랑하게 되었다.

매일같이 소금장수의 집 주위를 맴돌던 노총각은 몇 번이고 젊은 아낙을 찾아 희롱도 해 보고 겁도 줘 보았으나 아낙의 마음은 갈수록 돌같이 굳어 있었다. 총각은 갖은 수단으로 끈질기게 그녀를 회유하였으나 끝내 마음이 변하지 않자, 급기야 소금장수를 살해할 것을 결심했다.

그는 친구인 소금장수가 돌아올 날짜에 미리 동네 밖 고갯길에 숨어 있다가 소금장수가 장삿길을 마치고 고갯길을 숨 가쁘게 오르고 있을 때 순식간에 들이닥쳐 돌로 머리를 내리쳐 숨지게 했다.

일순간에 당한 일이라 소금장수는 고함 한 번 쳐 보지 못하고 그 자리에서 숨을 거두고 말았다. 소금장수를 살해한 노총각은 시신을 급히 계곡에 숨기고 태연히 소금장수 아낙을 만나 소금장수가 장사일 중에 사고로 죽었다는 소식을 인편에 들었다 하고는 자신과 같이 멀리 떠나가 살자고 하였다. 이 말에 소금장수 아낙은 그 자리에서 혼절을 하였다. 이웃이 부산하자 근방에 살던 아낙들이 이 집에 모여들었고, 혼절한 소금장수의 아낙은 이들에 의해 몇 시간 후에 다시 회생은 하였다.

이 상황을 지켜보던 노총각은 겁에 질려 그만 멀리 도망하였고, 정신을 되찾은 소금장수 아낙은 동구 밖 고갯길에 나가 그때부터 장삿길에 나간 남편이 돌아올 때까지 기다렸다.

식음을 전폐하고 오로지 남편이 돌아오기만 기다리던 아낙은 울며불며 고 갯길을 오르내리다 그만 지쳐 숨을 거두었다. 그 아낙은 죽어서도 영혼이 까 마귀가 되어 남편을 잊지 못하고 이 고갯길을 맴돌며 남편 돌아오기만 기다 렸다고 한다.

이 고개는 이 같은 한 여인의 한 맺힌 사연이 망부의 한으로 서려 후일 이 길을 오르내리는 지방민들이 망부의 애틋한 사랑을 위로하기 위하여 이 고개 를 비오(飛烏)재라 하고 이들 부부의 아름다운 사랑을 전하고 있다.145)

송림리 한지와 장군들

용성면 송림리는 개척 당시 마을 언저리에 소나무가 우거져 있었다 하여 송림이란 지명이 붙었다. 이 마을 개척 이전에 마을 동북간에 신라 때 창건한 송림사라는 큰 고찰이 있었다는데 어느 시대인지는 확실히 알 길이 없고 다 만 큰 화재로 이 절은 모두 전소가 되었다고 한다. 당시 사찰이 있었다는 이 마을 주변에는 소나무 외에도 자연산 닥나무가 많이 서식하고 있어 송림리 개척과 거의 같은 시기에 송림사에 기거하던 한 스님이 닥나무로 한지를 만 들게 된 것이 유래가 되어 구한말까지 이 마을은 영남권에서도 빼어난 한지 마을로 알려졌다. 송림사의 폐사 원인은 누군가에 의하여 실화로 소실되었다 고 하는데 당시 절터가 있었던 곳은 지금의 송림지와 송림댐 사이에 큰 가람 이 배치되어 있었다고 하는데 일제 때 송림지를 준설하면서 군데군데 남아 있던 사찰 석조물은 송림지 제방 축조에 사용되었으므로 이후에는 절터라는 흔적조차 찾아볼 수가 없었다. 일설에는 송림사가 불타자 그 절의 부처님의 불력으로 남은 사찰건물이 지금의 칠곡군 소재 송림사로 갑자기 옮겨졌다는 전설도 있다. 송림사가 번창한 시기에 이 마을이 개척되면서 송림사에 기거하 던 한 스님의 한지 제작 기술을 이어받은 송림리 주민들은 너나할 것 없이

---

145) 경산시, 경산문화원, 『경산문화유적총람』, 1996, pp.422 - 424.

한지 제작에 종사하게 되어 한때 용성면에서 손꼽히는 부촌이었다. 원래 송림리에는 다른 지방에 없는 민간 토속 신앙이 전래하였는데 이가 곧 한장군 신앙이다. 한장군은 자인면에서 발원한 전설에 의하여 이 지방민들이 민간 신앙으로 추앙한 것인데 마을 사람들은 이 마을 앞산에다 조그마한 사당을 짓고 해마다 오월 단옷날에 온 마을 사람들이 뜻을 모아 한장군제를 올렸다. 일제 강점기에 와서 왜놈들의 저지로 단오제가 일시 중단되자 마을 앞 한장군 사당은 폐허되고 주변의 칡덩굴이 사당을 에워싸고 후일에는 그 흔적조차 찾아볼 수 없게 되었다. 그러나 한장군 추앙 당시 이 마을 주민들이 오르내리며 주워 모았던 돌무더기와 칡덩굴은 현재까지도 무성하여 이 마을 사람들은 이곳을 '장군듬'이라 부르며 감히 근접하지 못한다고 한다.146)

한장군 전설

한장군은 신라 또는 고려시대 사람이라고만 전해 올 뿐 확실한 연대는 알 길이 없고 이름도 모르지만 전설이 아닌 실존했던 인물로 고을의 수호신이다. 당시 왜가 도천산에 진을 치고 백성들을 괴롭히자 장군은 이를 해결할 방도를 마련하였다.

도천산 밑 버들 못 둑에서 장군은 여자로 가장하여 그의 누이와 함께 꽃관을 쓰고 춤을 추었다. 꽃관을 쓰고 춤을 추는 광대가 둘러서서 놀음을 벌이고 풍악을 울려 흥을 돋우고, 못에는 화려하게 꾸민 배를 띄웠다. 둘레에는 어느덧 구경꾼들이 몰려들었고 춤과 가락은 한결 흥겨워졌다. 이것이 곧 지금까지 전해져 오고 있는 여원무이다. 장군의 뜻대로 구경꾼 중에는 도천산에서 내려온 왜구의 무리도 섞여 있었다.

왜병은 흥겨운 여원무에 정신을 잃고 구경을 하고 있었다. 이때 장군은 미리 준비했던 칡으로 만든 그물로 얽어 한꺼번에 쳐서 없애고 또 칼로 찔러

---

146) 경산시, 경산문화원, 『경산문화유적총람』, 1996, pp.420 - 421.

죽였다. 아름다운 꽃춤의 주인공이 무서운 장군으로 바뀌었다. 무당과 구경꾼들의 손에도 모두 비수가 번쩍였다. 그물에 휘말린 왜구의 무리들은 외마디 비명을 지르며 차례로 쓰러져 갔다. 춤추던 이도 모두 한장군이 미리 배치해 두었던 무사들이었으며, 칡으로 만든 그물을 미리 깔아 두었던 것이다. 그들은 몰죽음을 당했고 못물은 피로 물들었다. 지금도 못 둑에는 한장군의 칼 흔적을 지니고 있는 바윗돌이 있는데, 사람들은 검흔석이라고 부른다. 한장군의 사당은 자인면 서부리와 원당리, 진량면 마곡리, 용성면 송림리에 있었다. 이 중 용성면 송림리의 경우 옛날 바구나무 숲에 한장군 사당이 있었으나 지금은 돌무더기만 남아 있다.[147]

며느리가 빠진 연지못

자인면 일언리 마을 뒤편에 위치한 연지못에 전해지는 이야기이다.

예전에 참으로 못된 시어머니가 있었다. 찌꺼기 밥이 남으면 며느리한테 한 숟갈 주고 없으면 주지 않아 며느리는 밥 굶기를 예사로 했다. 그러나 착한 며느리는 참았다. 하루 참고 이틀 참고 수삼 년을 참고 살았다. 며느리는 배고픔을 참지 못해 시어머니 몰래 무엇을 먹으려고 해도 철저한 감시를 받고 있어서 시어머니 모르게 아무런 음식도 먹을 수가 없었다.

착한 며느리는 참고 참다가 더 이상 이렇게 사느니 죽는 것이 낫다고 생각하고 어느 날 세수를 하고 새 옷으로 곱게 단장하고 시집올 때처럼 분을 바르고 연지를 찍고 이곳에 몸을 던져 죽었다. 그 이후로 사람들은 이곳을 연지못이라고 불렀다고 한다.[148]

---

147) 경산시, 경산문화원, 『경산문화유적총람』, 1996, pp.413-414.
148) 경산시, 경산문화원, 『경산문화유적총람』, 1996, pp.411-412.

마을 어귀의 상엿집

자인면 일언리에는 예전에는 상엿집이 없었다. 그래서 사람이 죽으면 이웃 마을에 가서 상여를 빌려 쓰곤 했는데 20여 년 전쯤 해서 "우리도 상엿집을 만들어서 상여를 보관하자."고 마을 사람들이 제안했다. 그래서 마을 입구에 있는 도랑 옆에다 상엿집을 지었다. 상엿집을 짓고 난 뒤부터는 어쩐 일인지 나이 많은 사람도 아닌 젊은 청년들이 하나씩 죽어 나갔다. 마을에서는 이상하다고 생각했지만 어찌할 도리가 없었다. 그러던 중 하루는 어떤 영감님이 이 앞을 지나가면서 "아하! 이 마을을 보니 상엿집이 마을 앞에 있는데 사람이 죽으면 빨리빨리 내보내려고 마을 입구에 있는 것 같으니 틀림없이 사람들이 많이 죽겠구나."고 했다.

그제야 사람들은 서둘러 상엿집을 옮기자 해서 상엿집을 뜯어서 마을 뒤에 있는 공동묘지로 옮겼다. 그 후로부터는 청년들이 더 이상 죽지 않았다고 전하고 있다.149)

도천산

도천산에 전해지는 이야기이다.

도천산에는 장군바위가 있는데 이 바위에 한 장군이 앉았던 곳은 평평하고, 주먹으로 때린 부분에는 주먹자국이 남아 있다고 한다. 또한 임진왜란 때 명나라 장수 이여송이 우리나라의 지도를 펴놓고 보니 장군이 많이 태어날 형상이라 하여 붓으로 혈을 끊었는데 옛날에는 실제로 산허리가 잘록하였으나 요즈음은 우거진 수목으로 많이 덮였다. 혈이 끊긴 후 장군들이 그 산에 올라가면 죽었고 또한 바위에서 피가 솟구쳤다고 한다. 소나무를 베면 움이 트지 않았는데 그 후 도천산에서는 소나무를 베어도 다시 움이 트고 개미는 사람

---

149) 경산시, 경산문화원 『경산문화유적총람』, 1996, p.409.

을 물지 못한다는 전설이 있다.[150]

도막샘

옛날 안동 하회마을의 류도식이 자인 원님으로 있을 때 유명한 약수가 있다는 말을 듣고 물을 먹으러 갔는데 도막샘이었다. 그런데 이 유명한 샘의 이름이 없어 이름을 지어 주어야겠다고 생각하고 있을 때, 당시 고을원의 이방으로 있던 문장복이 "나리, 그 샘이 있는 땅은 우리 땅이니 내가 원하는 이름을 지어 주십시오."라고 하니 "그래 뭐라고 지어 줄까?" 하고 류도식이 물으니 문장복이 "'도막샘'이라고 지어 주십시오." 하고 아뢰니, "그러면 샘의 이름을 도막샘이라고 하여라." 해서 이때부터 도막샘이라 전해진다. 또한 여기서 나오는 물은 '금학약수'라고 전해지기도 하는데 이는 샘이 금박산에 자리 잡고 있어 금박산의 옛 이름이 금학산이라는 데서 유래된 것으로 본다. 전해오는 말로는 이 샘의 특징이 비가 오나 가물 때나 항상 물의 양이 똑같이 고여 있고 또한 몸이 간지러울 때나, 위가 좋지 않을 때, 쪽머리가 아플 때, 옻이 올랐을 때 이 물을 마시면 효험이 있어 옛날에는 많은 사람들이 이 물을 마시러 왔다고 한다.

물을 마신 후 물값이라면서 동전 한 닢씩 샘 주위 돌 틈에 끼워 두고 가기도 하였다는 이야기가 구전되고 있다.

샘의 좌측 위 바위에 보면 아래로 아래와 같은 글이 새겨져 있다. '금학약수천착개(金鶴藥水泉鑿改)' '학곡신기문장복(鶴谷新基文章復)' 이것으로 보아 그 당시 이 샘이 위치하고 있던 땅이 문장복의 땅이라는 것을 증명해 주는 것 같다.[151]

---

150) 경산시, 경산문화원 『경산문화유적총람』, 1996, p.408.
151) 경산시, 경산문화원 『경산문화유적총람』, 1996, pp.406 - 407.

울명고개

임진왜란 당시 남편을 전쟁에 출전시킨 한 여인이 3남매를 업고 안고 손에 잡고 피난을 하다가 울명고개까지 왔을 때 왜군은 뒤따르고 걸린 딸자식 때문에 더 이상 도망갈 수가 없어 걸린 딸을 버려두고 도망가려 하였다. 그러자 딸이 눈치를 알아차리고 치맛자락을 붙들고 떨어지지 않아 다급한 어머니는 딸이 쥔 치마를 벗어 버리고 피난을 가 버렸다. 그 후 딸은 어머니의 치마를 안고 울다 울다 죽었다 하여 울명고개라 한다. 그 후에도 초행과 신행가마는 이 고개를 넘지 않고 돌아다닌다고 전한다.[152]

혈이 끊긴 금박산

진량면 현내리에 위치한 금학산은 산봉우리가 마치 학의 머리와 같이 생겼다 하여 후에 금박산으로 바뀌었다고 전해 오고 있다. 이 산봉우리가 학의 머리와 같다 하여 이 산 아래에는 비석을 세우는지 지붕에 기와를 이을 경우 학의 머리가 무거워져서 마을이 망한다고 한다. 지금도 이 산 아래에는 비석을 세우지 않으나, 새마을 운동으로 인하여 초가지붕은 모두 슬레이트나 기와로 개량되었다. 한편 임진왜란으로 인하여 명나라에서 원군을 이끌고 온 명나라 장수 이여송이 우리나라의 지형을 살펴본 결과 많은 장수가 태어날 형상이라 이를 두려워한 나머지 전국 명산에 붓으로 혈을 끊었다 한다. 이때 금박산도 혈이 끊겨 이 산 아래에는 인물이 나지 않는다고 하며 지금도 혈이 끊긴 자리가 남아 4.5m 정도씩 산중턱이 끊겨 있어 이곳이 금박산에 오르는 통로로 사용되고 있다. 이 산봉우리는 영천시 대창면과 경산시 진량면, 용성면 등 2개 시 3개 면의 경계로 6·25를 전후하여 공산당 지하 공작대원들의 봉화대로도 사용되었고 날씨가 가물 때에는 여기서 기우제를 올리기도 하였다.

---

152) 경산시, 경산문화원, 『경산문화유적총람』, 1996, p.405.

참고문헌

경주시, 『고도경주』, 1982.
손대호, 『신라전설』, 청구출판사, 1968.
경주시, 『신라의 전설집』, 1980.
황종찬 엮음, 『새 천년의 미소: 서라벌의 설화』, 하나로, 1998.
영일군, 『내고장 전통가꾸기』, 1981.
迎日郡史編纂委員會, 『迎日郡史』, 1990.
慶尙北道敎育委員會, 『慶尙北道地名由來總攬』, 1984.
포항문화원, 『포항 마을의 유래와 전설』, 2002.
김천시, 『내고장 우리향토』, 1983.
금릉군, 『내고장 우리향토』, 1983.
안동군, 『내고장 전통가꾸기』, 1985.
安東市史編纂委員會, 『安東市史』, 1999.
구미시, 『내고장 전통가꾸기』, 1982.
善山郡, 『善山의 脈絡』, 1994.
龜尾文化院, 『龜尾市誌』, 2000.
永川市, 『永川의 傳統』, 1982.
영천군, 『내고장 전통가꾸기』, 1981.
柳增善, 『嶺南의 傳說』, 螢雪出版社, 1971.
상주군, 『尙州의 얼』, 1982.
문경군, 『내고장 전통가꾸기』, 1982.
聞慶文化院, 『내고장 전통가꾸기(Ⅱ)』, 1999.
경산시, 경산문화원, 『경산문화유적총람』, 1996.
경산시, 『慶山市誌』, 1997.

김환대(金煥大) ──────────────────────────────

▌약력

경북 경주 출생
대학에서 고고미술사학을 공부하고
대학원에서 역사교육을 전공하였다.
경주문화유적답사회장, 관광칼럼니스트 ,
문화재 해설사로 문화유적답사 관련 단체에서 활동
문화재 관련 강의와 어린이 문화체험 학습,
삼국유사 현장기행 답사를 진행하고 있다.
문화유산답사회 우리얼 대구 · 경북지역장 역임

▌주요 논저

『신라왕릉』
『경주남산』
『한국의 탑』
『한국의 불상』
『경북지역 통일신라 9세기 불상연구』
『포항의 문화유적 알기』
『영천의 문화유적 알기』

경·북·市·편

내 고향의 전설

초판인쇄 | 2010년 7월 26일
초판발행 | 2010년 7월 26일

엮은 이 | 김환대
펴 낸 이 | 채종준
펴 낸 곳 | 한국학술정보㈜
주　　소 | 경기도 파주시 교하읍 문발리 파주출판문화정보산업단지 513-5
전　　화 | 031) 908-3181(대표)
팩　　스 | 031) 908-3189
홈페이지 | http://ebook.kstudy.com
E-mail | 출판사업부　publish@kstudy.com
등　　록 | 제일산-115호(2000. 6. 19)

ISBN　　978-89-268-1229-7 03380 (Paper Book)
　　　　　978-89-268-1230-3 08380 (e-Book)